elefante

elefante

Conselho editorial
Bianca Oliveira
João Peres
Tadeu Breda

Edição
Tadeu Breda

Assistência de edição
Luiza Brandino

Preparação
Alyne Azuma

Revisão
Laura Massunari
Mariana Brito

Capa & direção de arte
Bianca Oliveira

Diagramação
Victor Prado

SEMENTES DE PODER

INJUSTIÇA AMBIENTAL E SOJA GENETICAMENTE MODIFICADA NA ARGENTINA

AMALIA LEGUIZAMÓN

TRADUÇÃO

GABRIELA MONCAU

Para meus pais,
Mirta e Osvaldo

INTRODUÇÃO

"Nós temos a melhor agricultura do mundo."

Com o "nós", Leo se referia aos argentinos. Ele é agrônomo e professor de ensino médio em uma escola técnica agrícola local. Era dezembro de 2009 quando nos encontramos em Flores [nome fictício], uma pequena cidade rural, 290 quilômetros a leste de Buenos Aires. Depois de passarem boa parte da vida na capital, Leo e a esposa se mudaram para o campo à procura de um ritmo de vida mais tranquilo para criar os três filhos pequenos. Flores é bem pequena, distribuída perfeitamente em quarteirões padronizados no coração dos Pampas, região das famosas pradarias da Argentina, a histórica casa dos *gauchos*[1] e das carnes de primeira. Comparada a Buenos Aires — que, com uma região metropolitana de treze milhões de habitantes, está entre as maiores cidades do mundo —, Flores pode parecer o retrato perfeito da vida bucólica. É segura e silenciosa, e os vizinhos se cumprimentam na rua. A natureza a rodeia. As fazendas se misturam com o quintal dos moradores. Do lado de fora das casas, uma paisagem verde e vasta se estende até o horizonte, encontrando um céu azul limpo.

Esse mar verde são as fazendas de soja. Em duas décadas, a Argentina passou por uma rápida transformação agrária ao adotar precocemente a implementação intensiva da soja genetica-

1 O termo, na Argentina, se refere aos pastores de gado dos Pampas. Ver p. 74. [N.T.]

mente modificada. Essas plantações foram transformadas para suportar a pulverização de herbicidas à base de glifosato, uma biotecnologia desenvolvida e comercializada pela Monsanto (agora Bayer) chamada Roundup Ready. A Argentina adotou a soja resistente a herbicidas em 1996, como parte central da sua estratégia de desenvolvimento nacional baseada na extração de recursos naturais para exportação. A soja geneticamente modificada ocupa metade das terras cultiváveis do país e representa um terço do total das exportações. Depois dos Estados Unidos e do Brasil, a Argentina é o terceiro maior produtor e exportador de safras geneticamente modificadas. O "boom da soja" é celebrado dentro e fora do país por trazer modernização e crescimento econômico (Leguizamón, 2014; Newell, 2009).

A Argentina propagandeia o modelo da soja geneticamente modificada como um sucesso absoluto. Nos grandes jornais, as manchetes anunciam lucros recordes e afirmam que "somente a biotecnologia pode salvar o mundo".[2] Os planos nacionais de desenvolvimento dão centralidade à biotecnologia e às modificações genéticas. Atores estatais e empresariais apresentam a soja transgênica como o "maná" para resolver a fome e a pobreza globais, enquanto a Argentina reivindica seu papel de "celeiro do mundo". Nas cidades da soja, nos Pampas, as pessoas exclamam "todos vivemos do campo" e louvam a sojicultura. Até setores urbanos se aliam à população rural contra o governo, quando ele propõe aumentar os impostos de exportação, limitando a produção sojeira.

Contudo, ao mesmo tempo que gera crescimento econômico, o "boom da soja" cria um imenso dano social e ecológico (Aranda, 2015; Cáceres, 2015; Lapegna, 2016; Leguizamón, 2014; Pengue, 2005). Pequenos vilarejos rurais como Flores estão desaparecendo à medida que as pessoas migram para municípios maiores ou áreas urbanas, em busca de empregos

2 "Sólo la biotecnología salvará al mundo", *Clarín*, 29 jan. 2001.

e das benesses da vida na cidade. A terra está concentrada nas mãos de alguns grandes setores do agronegócio, que cultivam extensas áreas com a ajuda de tecnologia de ponta e um pequeno contingente de mão de obra especializada. A soja substituiu plantações tradicionais, como o trigo, e a criação de gado, levando à insegurança alimentar. A expansão da fronteira agrícola na região norte do Chaco provocou um desmatamento rápido e em grande escala, devastando ecossistemas e ameaçando meios de subsistência. A violência contra famílias camponesas e indígenas está se acirrando. Os riscos à saúde decorrentes da exposição a agrotóxicos aumentam. Em cidades rurais, médicos documentam o crescimento no número de casos de leucemia, câncer, abortos espontâneos e malformações fetais.

Ao redor do mundo, organismos geneticamente modificados (OGM) encontram forte resistência (Magdoff & Tokar, 2010; Motta, 2014; Stone, 2010). No Brasil, na Índia e na África do Sul, grandes coalizões de camponeses, estudantes, cientistas e consumidores se organizam para contestar a biotecnologia transgênica, levantando questões sobre o impacto da agricultura geneticamente modificada e do uso de agrotóxicos (Motta, 2016; Schurman & Munro, 2010; Scoones, 2008; Patel, 2008). No Canadá e no México, agricultores entraram com ações judiciais contra a Monsanto devido à contaminação genética de suas safras (Fitting, 2011; Kinchy, 2012). Na Índia, agricultores queimaram sementes da Monsanto em grandes fogueiras depois que o aumento do endividamento por compra de sementes levou muitos camponeses ao suicídio (Patel, 2008). Na França, pequenos agricultores se organizaram para contestar as culturas geneticamente modificadas, os acordos de livre-comércio e a agricultura industrial (Heller, 2013). Em toda a União Europeia, leis mais rígidas para regular culturas geneticamente modificadas e agrotóxicos foram aprovadas sob o princípio da precaução. OGM são proibidos na França e na Alemanha e estritamente rotulados no Reino Unido.[3] No estado da Califórnia, nos Estados Unidos, trabalhadores do campo se organizaram contra os riscos sanitários da pulverização de pesticidas nas grandes fazendas industriais, e cada vez mais os setores urbanos estadunidenses preocupados com a questão têm protagonizado movimentos por justiça alimentar, em defesa dos produtos orgânicos e contra a biotecnologia (Harrison, 2011; Alkon, 2014).

Em contraste, na Argentina não há nenhuma campanha ou coalizão organizada nacionalmente contra os OGM (Lapegna, 2016; Leguizamón, 2016b; Motta, 2016; Newell, 2009). Enquanto alguns movimentos locais têm surgido para protestar contra os danos à saúde causados por agrotóxicos, e organizações camponesas têm se manifestado contra o desmatamento e os despejos violentos, suas demandas permanecem basicamente desconhecidas e têm enfrentado dificuldades para conseguir apoio, inclusive das próprias pessoas que são impactadas negativamente por essas questões. A maioria da população rural que vive perto das fazendas de soja tem pouco ou nenhum poder de decisão sobre a produção agrícola e não lucra com a soja transgênica — ao contrário, carrega o fardo da exposição aos agrotóxicos no corpo e na vida. Por que, então, não há mais mobilização para deter ou pelo menos desacelerar o ritmo da expansão da soja transgênica? Por que, diante da injustiça ambiental, as pessoas não resistem? E por que, contradizendo o forte sentimento anti-OGM em todo o mundo, a Argentina é complacente com a expansão em larga escala da soja geneticamente modificada? Esse é o quebra-cabeça que este livro se propõe a resolver.

3 Sobre as regulamentações da União Europeia, ver Qaim (2016); NAS (2016).

Sementes de poder conta a história da rápida conversão agrária da Argentina, com base na adoção inicial e na implementação intensiva da soja geneticamente modificada e tolerante a herbicidas. Essa história revela como atores poderosos são capazes de obter apoio para impor o extrativismo como modelo nacional do desenvolvimento socioeconômico e, além disso, promover inação diante da injustiça ambiental. Eu me debruço sobre o caso da adoção da soja transgênica para destrinchar o que chamo de *sinergias do poder*, que criam e legitimam o sofrimento humano, a desigualdade social e a degradação ambiental.

Para compreender esse processo crítico, precisamos entender a história e a formação da política econômica argentina, assim como a sua cultura nacional. A Argentina é um país em desenvolvimento que, desde o fim do século XIX, depende da exportação agrícola para obter renda estrangeira. Como muitas outras nações latino-americanas, foi incapaz de se libertar da condição, desde o passado colonial, de sociedade "exportadora de natureza" — termo usado por Fernando Coronil (1997) ao falar sobre a dependência da Venezuela em relação ao petróleo. Fundamental para que esse vínculo fosse duradouro, um programa de reestruturação neoliberal no fim do século XX afrouxou as regulamentações para, de início, possibilitar a produção de soja transgênica em larga escala e, em seguida, torná-la mais lucrativa. Por fim, commodities não tradicionais como a soja obtiveram preços mais altos no âmbito internacional ao longo da primeira década do século XXI, principalmente por conta da alta demanda chinesa e indiana. Nesse contexto bastante conveniente, poderosos atores corporativos e estatais promoveram a produção da soja transgênica como se fosse um modelo de desenvolvimento socioeconômico que beneficiaria a todos os argentinos. Na realidade, quem está colhendo a maioria dos ganhos políticos e financeiros são eles.

Aqui revelo de que forma uma poderosa sinergia de atores influentes — do Estado ao agronegócio nacional e transnacional, incluindo seus aliados na mídia e nas ciências — atribuiu usos e significados à biotecnologia transgênica que se sustentam em desigualdades estruturais e simbólicas profundamente enraizadas. Ao fazê-lo, eles conseguiram obter a aceitação e diminuir o poder dos movimentos sociais que, de outra forma, poderiam ter afastado do extrativismo a trajetória do desenvolvimento da Argentina. Contribuindo com análises sobre a economia política do meio ambiente, mostro como a cultura, o discurso e a identidade nacional são centrais para os interesses materiais das pessoas que estão no poder (Rudel, Roberts & Carmin, 2011). Esses atores poderosos usam a cultura para moldar e legitimar uma economia política que é profundamente desigual em termos de classe, gênero e raça. Ao colocar o foco nessa sinergia, expando os estudos sobre justiça ambiental para sublinhar como significados, mecanismos e estratégias políticas e econômicas, bem como culturais e simbólicas, no caso específico da Argentina (mas não só), podem gerar um consenso e um apoio a um modelo de extrativismo que sabidamente acarreta danos humanos e ecológicos.[4]

As raízes culturais desse modelo remontam à própria constituição da Argentina enquanto nação, no século XIX, quando a elite liberal iniciou um projeto "civilizatório" que levou aos mitos dominantes de construção e identidade nacional. Esses mitos estabeleceram a Argentina como uma nação moderna e

4 Certamente não sou a primeira socióloga a questionar por que comunidades continuam complacentes diante da injustiça social e ambiental. Ver, por exemplo, o importante trabalho de Auyero e Swistun (2009); Beamish (2002); Bell (2016); Crenson (1971); Cable, Shriver e Mix (2008); Gaventa (1982); Lapegna (2016); Lukes (2005); Norgaard (2011); Roscigno (2011); Shriver, Adams e Messer (2014). No entanto, a quantidade de estudos sobre a condescendência ainda é relativamente limitada. "A atenção à inação continua sendo a exceção, em vez do cerne da maior parte das análises sociológicas" (Roscigno, 2011, p. 354).

europeia, como o "celeiro do mundo" na virada do século XX, a *belle époque* em que o país se apegou à mesma promessa de desenvolvimento de outros Estados colonizados, como Canadá e Austrália (Pigna, 2009; Shumway, 1991 [2008]). Quando retomamos as origens estruturais e históricas desses valores e dessas crenças fundantes da identidade nacional argentina, vemos seus impactos duradouros nas percepções da população sobre a natureza, a vida no campo, a produção agrícola e o papel da nação na economia global.

Este livro dá visibilidade a uma complexa trama de poder que se esconde por trás do discurso que promete inovação tecnológica para o desenvolvimento. Atores poderosos que operam por meio das esferas majoritariamente masculinas do Estado e das corporações, e se estendem até o agronegócio local, a fazenda e a família, fazem uso de várias estratégias para obter consentimento, incluindo a redistribuição econômica e a referência a mitos de identidade nacional e conhecimento científico. Os "sujeitos do poder" — as pessoas comuns que fazem acontecer as operações cotidianas nas comunidades rurais dos Pampas, aqueles que vivem, trabalham e brincam dentro ou nos arredores das fazendas de soja — tendem a destacar os benefícios da soja transgênica. Como Leo, muitas das pessoas que não controlam a atividade sojeira nem lucram com as fazendas se sentem incluídas nesse "nós" que se vangloria de ter "a melhor agricultura do mundo". De certa maneira, isso faz sentido, considerando que nos últimos anos a exportação de soja trouxe riqueza ao setor agrário, um grande alívio depois de décadas de crise. Mas é uma situação no mínimo intrigante, já que cada vez mais gente está adoecendo enquanto a soja cresce em seus quintais. Apesar dos conhecidos riscos ambientais e sanitários dos pesticidas, os habitantes das zonas rurais dos Pampas costumam desconsiderar os potenciais danos, minimizar a toxicidade e enfatizar as qualidades da biotecnologia de ponta e as recompensas econômicas da produção de soja — argumento que eles aceitam porque colhem benefícios econômicos e culturais e porque não "veem" a realidade de forma negativa, devido à construção estratégica de um discurso de que não há riscos advindos da pulverização de agrotóxicos.

A teoria e o método da justiça ambiental destacam como as dinâmicas desiguais de poder na sociedade resultam em uma distribuição também desigual dos custos e benefícios dessas práticas produtivas. Graças às amplas pesquisas em justiça ambiental, sabemos, com uma precisão quase matemática, que as pessoas na base da pirâmide de poder — as comunidades pobres e racializadas — arcam com uma carga desproporcional dos custos desses modelos de produção. Enquanto isso, aqueles que colhem os benefícios vivem muito bem, normalmente intocados pelos impactos ambientais causados por suas decisões (Bullard, 1990; Cole & Foster, 2001; Mohai, Pellow & Roberts, 2009). Sabemos, também, das motivações que impulsionam aqueles que detêm o poder de decisão: a busca, acima de tudo, pelo aumento dos lucros e pelo crescimento econômico (Foster, Clark & York, 2011; Gould, Pellow & Schnaiberg, 2008; Rudel, Roberts & Carmin, 2011; Schnaiberg & Gould, 1994). Mas sabemos muito menos sobre as estratégias que os atores corporativos e estatais mobilizam para legitimar injustiças — isto é, como geram complacência diante de situações injustas (Auyero & Swistun, 2009; Bell, 2016; Gaventa, 1982; Lukes, 2005; Shriver, Adams & Messer, 2014). A maneira como as múltiplas dimensões de desigualdade — de classe, gênero, raça/etnia, divisões rurais/urbanas e toda a história do colonialismo — se intersecionam, exacerbando a injustiça ambiental, também é pouco estudada (Gould, Pellow & Schnaiberg, 2008; Pellow & Brulle, 2005; Pellow, 2018).

Este livro investiga um aspecto pouco pesquisado nos estudos de justiça ambiental ao olhar para atores que, na maior parte das vezes, estão ausentes das análises: aqueles que estão "no meio", entre a distribuição de poder e seu papel de criar e reforçar a injustiça ambiental. No "topo" estão aqueles que detêm o poder: os CEO do agronegócio, os produtores de soja e os governantes; esses indivíduos controlam e lucram com a produção agrícola e conseguem mobilizar a ciência, a mídia e as leis a seu favor. Na "base" estão os pobres e os destituídos, aqueles que, por uma questão de classe, gênero e/ou raça, ocupam as camadas mais baixas da sociedade: camponeses indígenas e mulheres trabalhadoras. Aqueles que estão "no meio" acompanham o espectro de gênero, raça e classe; são camponeses dos Pampas, descendentes de europeus que colhem, indiretamente, alguns benefícios da produção de soja: são empregados do agronegócio, proprietários que arrendam suas terras, esposas de produtores de soja e outros profissionais e empresários que se beneficiam com o desenvolvimento econômico rural, mas não fazem parte do "setor agrícola". O que essas figuras que estão "no meio" têm em comum é que, embora não controlem as fazendas, colhem alguns benefícios da produção de soja (principalmente em forma de aluguel e renda). Contudo, pelo fato de morarem nas proximidades das instalações tóxicas (as fazendas, no caso), também arcam com os custos ambientais e sanitários do extrativismo. Como demonstro, talvez sem querer ou sem saber, elas são estratégicas na reprodução do status quo. Este livro ilustra a situação complexa e ambígua dos moradores rurais que ocupam os Pampas, ao mesmo tempo que revela as estratégias adotadas por setores mais poderosos para reprimir a dissidência quando os pobres se mobilizam contra as injustiças.

Esta obra pode não terminar com a mensagem de esperança de outros trabalhos sobre as lutas por justiça ambiental. Ainda assim, entender como atores poderosos obtêm aceitação diante da distribuição desigual dos custos sociais e ecológicos do extrativismo, e por qual motivo pessoas comuns reproduzem um sistema injusto, é essencial para uma melhor compreensão das forças que criam — mas que também têm o potencial de desafiar — a injustiça ambiental na Argentina e no mundo.

O QUE SÃO CULTURAS GENETICAMENTE MODIFICADAS?

Culturas geneticamente modificadas são o resultado de um método de inserção de genes nas plantas, conhecido como DNA recombinante.[5] Com uma arma genética, cientistas inserem o gene de outro ser vivo, bactéria ou vírus no DNA das células da planta, para que ela desenvolva uma característica desejada. Os proponentes dessa tecnologia fazem afirmações ousadas sobre seu potencial de projetar culturas que tenham características para salvar o mundo, como um aumento no valor nutricional. O arroz dourado enriquecido com vitamina A é um dos exemplos clássicos de como a biotecnologia transgênica pode salvar os pobres e famintos. No entanto, a despeito dos bilhões de dólares investidos ao longo de décadas, o arroz dourado ainda não foi liberado comercialmente para cultivo. Além disso, críticos argumentam que seria uma resposta absolutamente inadequada para lidar com os problemas sociais e ambientais das Filipinas, o país-alvo dessa tecnologia.[6] O alcance das cultu-

5 Uso os termos "geneticamente modificada" (GM), "manipulada geneticamente" ou "transgênica" de forma indistinta para me referir às plantas que resultam de genes *splicing* de DNA recombinante (em particular, as culturas GM tolerantes a herbicidas e resistentes a insetos: soja, milho, algodão e canola). Se defensores dessa tecnologia dizem que a melhoria convencional de plantas e a modificação genética moderna são equivalentes, já que ambas resultam em genomas alterados, críticos argumentam que esses processos são qualitativamente diferentes. Na criação tradicional de plantas e animais, os criadores só podem misturar espécies sexualmente compatíveis. A biotecnologia GM é diferente do processo tradicional porque a mistura transgênica não pode ser realizada em ambientes naturais, apenas em laboratórios (Kloppenburg Jr., 2005).

6 Sobre o potencial do arroz dourado, ver o site do Golden Rice Project, disponível em: http://www.goldenrice.org. Até outubro de 2018, a cultura não havia sido aprovada; ver International Service for the Acquisition of Agri-Biotech Applications (ISAAA), GM Approval

ras geneticamente modificadas é, na verdade, bastante curto. As duas características transgênicas mais comuns, tolerância a herbicidas e resistência a insetos, são modificadas em quatro grandes culturas comerciais: soja, milho, algodão e canola. Esses quatro produtos perfazem 99% de todas as culturas transgênicas plantadas no mundo. Só a soja representa 50% desse montante.[7]

As sojas transgênicas foram modificadas para resistir a herbicidas à base de glifosato — uma tecnologia desenvolvida pela Monsanto como Roundup Ready (RR), porque as sojas conseguem tolerar a pulverização de Roundup, o herbicida mais vendido pela empresa. A nova variedade de sementes de soja transgênica reúne tanto as características de tolerância a herbicidas quanto de resistência a insetos (uma tecnologia desenvolvida e vendida pela Monsanto como Intacta Roundup Ready 2 Pro, lançada pela primeira vez no Brasil em 2010 e em seguida na Argentina, em 2012). Culturas resistentes a insetos (em especial milho e algodão, vendidos sob a marca Intacta) foram modificadas para desenvolver a toxina Bt, um pesticida, para que, ao se alimentarem delas, insetos morram envenenados.[8] Esse desenvolvimento tecnológico reduz a necessidade dos agricultores de pulverizar suas plantações com inseticidas químicos para controlar infestações (como brocas de milho e lagartas, especialmente). Sementes resistentes a herbicidas

---

Database, acesso em: 27 out. 2018, disponível em: http://www.isaaa.org/gmapprovaldatabase/event/default.asp?EventID=528. [Nas Filipinas, o arroz dourado foi aprovado tanto para alimentação humana quanto animal em 2019 e teve o cultivo liberado no país em 2021. — N.E.] Para a crítica, ver Stone e Glover (2017).

7 Além da soja, o milho representa 31% das culturas globais plantadas; o algodão, 13%; e a canola, 5%. O 1% restante das culturas GM comercializadas são alfafa, beterraba, papaia, batata, berinjela e maçã (ISAAA, 2017, p. 91).

8 Para mais informações sobre culturas *Bacillus thuringiensis*, ver "What Is Insect Resistance in Crops?", Davis Seed Biotechnology Center, disponível em: https://tinyurl.com/4ruu3z6a.

funcionam de maneira diferente. Na agricultura convencional, o solo é lavrado antes que se comece a semear, para remover as ervas daninhas. No entanto, a lavra rompe a estrutura do solo, afetando sua umidade e a concentração de nutrientes. Esse foi um imenso problema nos Pampas antes da adoção dos cultivos transgênicos. Agora, como as plantas de soja RR são resistentes ao herbicida químico, os agricultores podem semear sem lavrar e depois simplesmente pulverizar o herbicida. Esse "pacote tecnológico" — a combinação do método de plantação sem lavra, as sementes de soja RR e o herbicida à base de glifosato — resolveu importantes problemas de sustentabilidade para os produtores dos Pampas. Além disso, simplificou de modo substancial as práticas de produção, reduziu os custos de trabalho e de investimento e aumentou os lucros (o que é detalhado no capítulo 2). Ao longo do meu trabalho de campo, produtores e agrônomos com frequência falavam das qualidades maravilhosas e revolucionárias do "pacote tecnológico da soja RR".

A indústria de modificação genética apresenta os transgênicos como uma bênção para os fazendeiros e o meio ambiente, uma vez que essas culturas reduziriam as aplicações de agrotóxicos e permitiriam uma transição para culturas menos tóxicas. Em particular, o Roundup à base de glifosato é anunciado e vendido como o mais seguro para a população e o meio ambiente (Glover, 2010; Gillam, 2017). O glifosato é classificado como de baixa toxicidade pela Agência de Proteção Ambiental dos Estados Unidos e pela sua correlata na Argentina, o Serviço Nacional de Saúde e Qualidade Agroalimentar (Senasa). Nos Pampas, antes da introdução da soja RR, fazendeiros pulverizavam agrotóxicos mais fortes e caros, que foram substituídos pelo glifosato, simplificando as práticas agrícolas, reduzindo a aplicação de herbicidas por hectare, a mão de obra, os gastos com combustíveis fósseis e minimizando o impacto ambiental (Qaim & Traxler, 2005; Trigo, 2011). Ao longo dos anos, no entanto, fazendeiros encontraram problemas com as ervas daninhas e os insetos que se adaptaram aos terrenos transgênicos. Já em 2002, agricultores na Argentina e nos Estados Unidos começaram a relatar o surgimento de "superervas daninhas" resistentes ao glifosato em plantações de milho e soja resistentes a herbicidas. No verão de 2013, fazendeiros brasileiros enfrentaram um grande surto de pragas de lagartas do algodão, causando prejuízos de bilhões de dólares em colheitas de soja e algodão supostamente controladas pelas sementes Intacta, resistentes a insetos. Acontecimentos como esses são exemplos de como fazendeiros se veem forçados a pulverizar cada vez mais agrotóxicos para controlar pragas.[9]

O uso do glifosato na Argentina, nos Estados Unidos e no Brasil teve um aumento acentuado desde a adoção das sementes RR (Benbrook, 2016; Catacora-Vargas *et al.*, 2012).[10] Sua toxicidade tem sido examinada de forma minuciosa e crescente desde 2015, quando a Agência Internacional de Pesquisa em Câncer da Organização Mundial da Saúde (OMS) reclassificou o herbicida como "provavelmente cancerígeno para humanos" (Iarc, 2015). Produtores rurais inclusive voltaram a aplicar herbicidas complementares e de maior toxicidade, como paraquat, 2,4-D e atrazina.[11] Fazendeiros recorrem ao uso cada vez maior

9 Sobre as "superervas daninhas", ver Gilbert (2013); Livingston *et al.* (2015). Sobre as lagartas no Brasil, ver Oliveira e Hecht (2016, p. 256); Pinto *et al.* (2017). Sobre o aumento do uso de agrotóxicos, ver Binimelis, Pengue e Monterroso (2009).

10 Na Argentina, o índice de uso de glifosato por hectare mais que duplicou desde a adoção da soja tolerante a herbicida: de 2,05 quilos por hectare em 1996 para 4,45 quilos por hectare em 2014 (Benbrook, 2016, apêndice).

11 O paraquat é um veneno altamente tóxico com riscos associados a doenças neurológicas. O 2,4-D foi o principal componente do infame Agente Laranja, usado nos Estados Unidos durante a Guerra do Vietnã. Pesquisas mostram a associação entre a alta exposição a 2,4-D e o linfoma não Hodgkin. A atrazina é um potente desregulador endócrino. Ver "Facts about Paraquat", Centers for Disease Control and Prevention, disponível em: https://emergency.cdc.gov/agent/paraquat/basics/facts.asp. Ver também Kim, Kabir e Jahan (2017); Smith *et al.* (2017); Hayes *et al.* (2010).

de agrotóxicos e à adoção de novas variedades de culturas geneticamente modificadas para manter uma produtividade alta (Binimelis, Pengue & Monterroso, 2009; Leguizamón, 2014). Assim, enquanto a indústria apresenta os transgênicos como uma alternativa tecnológica sustentável, na prática a lógica do capitalismo força os fazendeiros a adotar as novas tecnologias disponíveis para manter a acumulação, mesmo que isso signifique o aumento de riscos sociais e ecológicos.

As culturas geneticamente modificadas cresceram pela primeira vez em escala significativa em 1996. Os Estados Unidos e a Argentina, junto com Canadá, China e México, foram pioneiros na adoção da então nova tecnologia transgênica. Duas curtas décadas depois, a área cultivada com transgênicos expandiu mais de cem vezes — um fato surpreendente que leva alguns a argumentarem que as culturas geneticamente modificadas são a tecnologia agrícola adotada de forma mais rápida na história da humanidade desde a invenção do arado, dez mil anos atrás (Jacobsen *et al.*, 2013, p. 652). Em 2017, plantações de transgênicos cobriam 190 milhões de hectares, principalmente em três países: Estados Unidos, Brasil e Argentina. (Para se ter uma ideia, essa área representa um quinto da área dos Estados Unidos e cinco vezes a da Alemanha.) Esses três países sozinhos representam 78% da produção global de transgênicos. Somados, os sete maiores produtores (incluindo Canadá, Índia, Paraguai e Paquistão) são responsáveis por 95% das culturas geneticamente modificadas no mundo.[12]

12 Em 1996, os Estados Unidos, a Argentina, o Canadá, a China e o México, juntos, plantaram 1,7 milhão de hectares de culturas transgênicas (a grande maioria nos Estados Unidos e na Argentina). Em 2017, os Estados Unidos plantaram 75 milhões de hectares de culturas transgênicas (40% do total global); o Brasil, 50,2 milhões de hectares (26%); a Argentina, 23,6 milhões de hectares (12%); o Canadá, 13,1 milhões de hectares (7%), a Índia, 11,4 milhões de hectares (6%); e o Paraguai e o Paquistão, 3 milhões de hectares cada (2% cada) (ISAAA, 2017).

Como esses números sugerem, embora tenha se dado de forma rápida, as culturas transgênicas se espalharam de forma desigual. As culturas GM enfrentaram reações variadas ao redor do globo (Glover, 2010; Motta, 2014; Schnurr, 2017; Schurman & Munro, 2010; Oliveira & Hecht, 2016). Nos Estados Unidos, no Canadá e na Argentina, elas foram adotadas, e são cada vez mais predominantes nas terras agrícolas sul-americanas (à medida que se expandiram da Argentina para o Brasil, o Paraguai e a Bolívia). Mas enfrentam resistência generalizada em toda a União Europeia, em particular na França, no Reino Unido e na Alemanha. Culturas GM se expandiram por uma parte da área agrícola da Índia e do Paquistão, mas são quase inexistentes no resto da Ásia.[13] Não há cultivo de culturas GM no Japão nem na maior parte da África, ainda que neste momento uma segunda geração de culturas GM (projetadas por meio das tecnologias CRISPR) esteja sendo vigorosamente promovida por organizações filantrópicas, como a Gates Foundation, em especial em Burkina Faso e Uganda.[14]

As culturas GM são caracterizadas como uma tecnologia "em favor dos pobres" e ambientalmente sustentável (Dowd-Uribe, 2017; Glover, 2010; Schnurr, 2017). A promessa dos cultivos transgênicos é permitir que pequenos agricultores de países em desenvolvimento cultivem mais comida usando menos recursos. De acordo com a Organização das Nações Unidas (ONU), 821 milhões estavam passando fome em 2017: isso

13 Na Índia, as culturas geneticamente modificadas ocupam 6% do total da área de agricultura; no Paquistão, 8%. Esses cálculos baseiam-se nos dados do Serviço Internacional para a Aquisição de Aplicações Agro-Biotech (ISAAA, 2017) e da Organização das Nações Unidas para Alimentação e Agricultura (FAO), "Country Profiles, Estimates for 2014", disponível em: http://www.fao.org/countryprofiles.

14 Sobre o Japão, ver USDA (2013). Sobre a segunda geração das culturas GM na África, ver Schnurr (2017); Dowd-Uribe (2017); Schurman (2018).

representa uma em cada nove pessoas no mundo.[15] A insegurança alimentar global é exacerbada por conflitos civis e desafios ambientais que colocam em risco a produção de alimentos, como secas, inundações e furacões (FAO, 2018). O aumento da produção de alimentos por meio da adoção da biotecnologia transgênica é proposto como uma solução para enfrentar a fome, a pobreza e a destruição ambiental globais. Trata-se de uma "tarefa assustadora", como se lê no primeiro parágrafo do relatório anual do Serviço Internacional para a Aquisição de Aplicações Agro-Biotech (ISAAA), um *think tank* pró-biotecnologia: "alimentar o mundo, cuja população não para de crescer, com previsão de 9,8 bilhões de pessoas em 2050 e 11,2 bilhões em 2100" (ISAAA, 2017, p. 1).

"Como o mundo vai se alimentar", escreve o economista e advogado Jeffrey Sachs (2015, p. 317), "é um dos problemas mais complicados e não solucionados do desenvolvimento sustentável". A meta humanitária de "alimentar o mundo" e o otimismo tecnológico que sustenta o discurso promissor das culturas geneticamente modificadas não estão circunscritos à indústria ou aos seus *think tanks*; também são disseminados por intelectuais que têm influência no debate público, tais como Sachs, Thomas Friedman e Steven Pinker.[16] Esse tipo de discurso está presente na Argentina. A raiz do problema global da fome, afirma essa narrativa, está numa combinação entre o crescimento populacional e a insuficiência de tecnologia, uma questão que se agrava com as mudanças climáticas. Thomas Malthus foi o primeiro a nos avisar sobre a seriedade do tema, escreve Sachs (2015, p. 317). Em 1798, Malthus teorizou que o crescimento demográfico tendia a superar a oferta de alimen-

15 "Zero Hunger: Why It Matters" [s.d.], ONU, disponível em: https://tinyurl.com/36jsw26x.

16 Ver Friedman (2008); Pinker (2018).

tos.[17] Começando com a Revolução Verde dos anos 1940, a narrativa malthusiana sustentou argumentos que promoveram a proliferação de inovações tecnológicas agrárias no Sul global, das quais os transgênicos são a mais recente iteração, como detalho no capítulo 1.

Tecnologias agrárias de ponta, como cultivos transgênicos, são as ferramentas propostas para o desenvolvimento sustentável (Sachs, 2015). De acordo com Sachs, o objetivo desse desenvolvimento é atingir um crescimento econômico socialmente inclusivo e sustentável do ponto de vista ambiental. Autores como Sachs, Friedman e Pinker revitalizaram a teoria modernizadora em tempos de mudanças climáticas. Suas ideias importam porque influenciam a teoria e a política desenvolvimentista em nível global, como a Agenda por Desenvolvimento Sustentável 2030, da ONU. Como demonstro ao longo deste livro, ideias como essas têm sido adotadas também por líderes políticos e do agronegócio na Argentina.

Nesse paradigma, a inovação tecnológica é fundamental para alcançar a meta do desenvolvimento sustentável. Na tradição da teoria da modernização, esses autores celebram a industrialização e a mecanização como aquilo que possibilitou o crescimento econômico por meio do uso dos recursos naturais, em particular do carvão. No entanto, se a queima de combustíveis fósseis em larga escala deu à humanidade a "civilização moderna", argumenta Sachs (2015, p. 10), ela trouxe também "efeitos colaterais tão terríveis que põem em risco a própria civilização". *Estamos* perto de chegar ao ponto de inflexão que vai tornar este planeta inabitável (IPCC, 2014; 2018). Como, então, continuar crescendo economicamente e, ao mesmo tempo, minimizar os impactos ecológicos?

17 A famosa tese de Malthus, desenvolvida em *Ensaio sobre o princípio da população*, é de que o crescimento da população aumenta geometricamente, enquanto a produção de alimentos aumenta aritmeticamente, levando assim à escassez crônica de comida.

De acordo com esses autores, e com teóricos da modernização ecológica em geral, a solução está no *conhecimento* para inovar e fazer a transição para as tecnologias "verdes". Os entusiastas dos organismos geneticamente modificados também enfatizam o seguinte argumento: o conhecimento é a chave para a agricultura e, portanto, para alimentar o mundo. Como explico no capítulo 2, essa narrativa se baseia na promessa de uma modernização ecológica que busca desvincular a lógica do capitalismo das suas práticas tóxicas (Buttel, 2000; Givens, Clark & Jorgenson, 2016; Pinker, 2018). Ela também se baseia em uma definição tradicional de desenvolvimento que equipara, quantitativamente, crescimento econômico com bem-estar social; que caracteriza, qualitativamente, desenvolvimento como uma evolução linear em direção ao progresso, à civilização e à modernidade ocidental por meio da industrialização e da mecanização (Gudynas, 2013; Peet & Hartwick, 2015). Essas ideias e crenças estão profundamente enraizadas nas origens nacionais da Argentina. São apropriadas e mobilizadas pelas elites econômicas para criar um consenso em torno do extrativismo da soja transgênica como uma ferramenta para o desenvolvimento do país.

POR QUE A SOJA É IMPORTANTE?

A soja é uma das culturas mais onipresentes, apesar das pessoas raramente se darem conta. Em 2017, plantações de soja ocupavam 125 milhões de hectares ao redor do mundo, principalmente nos Estados Unidos, na Argentina e no Brasil (USDA, 2017).[18] Para ter uma ideia, isso equivale ao dobro do tamanho

18 Em março de 2023, segundo o mesmo relatório periódico do USDA, as plantações de soja se estendem por 135 milhões de hectares

do Texas, o maior estado dos Estados Unidos, um país de proporções continentais. Uma planta de soja — um arbusto de folhas verdes e brilhantes — cresce até um metro de altura, e cada uma de suas vagens peludas contém três preciosos grãos castanho-claros (figuras 1 e 2).

Se você está se perguntando se já comeu soja geneticamente modificada, a resposta é: muito provavelmente sim. Nos Estados Unidos, 94% de toda a soja plantada vêm de variedades de sementes resistentes a herbicidas. Na Argentina, essa escala salta para quase 100%.[19] Parte da soja é usada para fazer o habitual tofu, tempeh e leite de soja, e a maior parte da soja que consumimos não é reconhecida como tal. A soja GM é introduzida no sistema de alimentos processados e de produtos derivados de animais. O óleo de soja é o óleo comestível mais usado na indústria alimentícia. Está em biscoitos, chocolate, barras de cereais, margarina, maionese, molhos de salada, substitutos de laticínios e carnes e muito mais. A fórmula infantil não derivada de vaca também tem a soja como base.[20] Porém, enquanto 15% da soja produzida nos Estados Unidos vão para alimentos consumidos por humanos, o mercado primário de soja é voltado para a nutrição animal. Mais de 70% da soja estadunidense são usados para alimentar aves, suínos, bovinos e até peixes.[21] O restante é usado para fins industriais, desde produtos de cuidado pessoal

(“World Agricultural Production”, United States Department of Agriculture, Foreign Agricultural Service, Circular Series WAP 3-23, mar. 2023. Disponível em: https://apps.fas.usda.gov/psdonline/circulars/production.pdf). [N.E.]

19 Sobre os Estados Unidos, ver Barrett (2018). Sobre a Argentina, ver Trigo (2011).

20 “Uses of Soybeans”, U.S. United Soybean Board, disponível em: https://www.soyconnection.com/foodindustry. A fórmula láctea à base de soja é usada para bebês que se acredita serem intolerantes à lactose; ver DHHS (2010).

21 “USDA Coexistence Fact Sheets: Soybeans”, USDA Office of Communications, fev. 2015, disponível em: https://www.usda.gov/sites/default/files/documents/coexistence-soybeans-factsheet.pdf.

(como cosméticos e condicionadores para o cabelo e a pele) até biodiesel e materiais de construção.

A soja é um negócio lucrativo. Em 2016, a soja e seus derivados (farelo e óleo) representaram 86 bilhões de dólares em exportações globais. Os Estados Unidos, a Argentina e o Brasil são seus maiores exportadores. Juntos, eles representam 82% do mercado exportador de soja e derivados. A Argentina é a exportadora mundial de óleo e farelo de soja. A China é a maior compradora do mundo. Países asiáticos (com a Índia no topo, seguida por Bangladesh, China e Coreia do Sul) importam quase metade de todo o óleo de soja produzido globalmente. Quase 40% da exportação de farelo de soja são destinados à alimentação de animais confinados na União Europeia.[22]

A promessa de que culturas geneticamente modificadas aliviem a fome mundial e as mudanças climáticas cai por terra com o fato de que a maior parte da soja não é produzida para consumo humano. A alta demanda por soja na Ásia é uma resposta à emergente classe média: à medida que enriquecem, as pessoas tendem a consumir mais carne. Essa rápida demanda por proteína animal, no entanto, significa uma pressão considerável no meio ambiente (Patel, 2008; Rosa *et al.*, 2015). A produção de carne é intensa do ponto de vista da exigência de recursos e, portanto, não é uma maneira eficiente nem sustentável de alimentar um número cada vez maior de pessoas. Como notam

22 Os 86 bilhões de dólares em exportações globais de soja se dividem da seguinte forma: 51,7 bilhões em grãos de soja, 9,45 bilhões em óleo de soja e 24,8 bilhões em farelo de soja. O farelo é um subproduto da extração do óleo de soja e é usado como fonte de proteína na alimentação de bovinos, aves e suínos. Em 2016, a Argentina foi a maior exportadora global de farelo de soja (40% das exportações globais, avaliadas em 4,14 bilhões de dólares). A China importou 62% da soja global em 2016 e a Índia, 27% do óleo de soja global; 39% do farelo de soja são destinados a países da União Europeia. Ver "Products", Observatory of Economic Complexity (OEC), disponível em: https://oec.world/en/product-landing/hs.

Figura 1 — Fileiras de plantas jovens de soja transgênica na região central dos Pampas. Foto da autora.

Figura 2 — Sementes de soja prontas para serem plantadas. Foto da autora.

Richard York e Marcia Hill Gossard (2004, p. 294), "a quantidade de recursos (terra, energia e água) para produzir carne chega a ser dez vezes maior do que o necessário para produzir uma quantidade equivalente de comida vegetariana". A pecuária intensiva é também uma imensa fonte de emissão de metano, um gás do efeito estufa que contribui para o aquecimento global (Jorgenson, 2006). Como argumentam Gustavo Oliveira e Susanna Hecht, a expansão da soja para atender a demanda asiática precisa dar lugar a uma "postura mais sincera" sobre esse grão: a de que ele está sendo produzido muito menos por preocupações humanitárias baseadas em uma narrativa malthusiana do que por sua alta rentabilidade no mercado internacional (Oliveira & Hecht, 2016, p. 252).

A cadeia global da soja é controlada por um número muito pequeno de corporações transnacionais que colhem quase todos os benefícios do comércio global do produto. Três gigantes multinacionais do agronegócio — ChemChina-Syngenta, Corteva Agriscience e Bayer-Monsanto — detêm cerca de 60% do comércio global de sementes e 70% da indústria agroquímica. Quatro empresas do comércio de grãos — ADM, Bunge, Cargill e Louis Dreyfus, conhecidas coletivamente como ABCD — abarcam 90% do mercado de exportação (Mooney & ETC Group, 2018; Elsheikh & Ayazi, 2018). Como resultado de recentes fusões e aquisições, o setor agroalimentar está cada vez mais concentrado. Em 2017, a ChemChina adquiriu a Syngenta, e a Dow e a Dupont se tornaram Corteva Agriscience. Em 2018, a Bayer se fundiu com a Monsanto. Juntos, os ativos dessas três gigantes do agronegócio somam 352 bilhões de dólares, e sua receita anual total é de 190 bilhões. As ABCD são exportadoras hegemônicas na América do Sul, uma vez que adquiriram as empresas locais e investem em armazenamento, processamento, logística e comercialização de soja (Ipes-Food, 2017; Oliveira & Hetch, 2016, p. 257). O capital financeiro também é intrínseco ao mercado global de alimentos, já que indivíduos e instituições financeiras (bancos, fundos de investimento e fundos mútuos) podem negociar — e cada vez mais especular sobre — soja como uma commodity no mercado financeiro global, além de comprar e arrendar terras para a produção agrícola (Clapp, 2014; Fairbairn, 2014; Isakson, 2014). A cadeia produtiva da soja na Argentina reflete a tendência global de crescente concentração e integração (Leguizamón, 2016a; Turzi, 2017).

Em apenas duas décadas, a Argentina se posicionou no mercado global de alimentos como uma estratégica fornecedora de soja para o complexo pecuário (McMichael, 2013; Teubal, 2008). Como explico no capítulo 1, isso foi resultado de um processo neoliberal de reestruturação agrária que aconteceu durante os anos 1990 e que se acelerou drasticamente com a introdução das sementes tolerantes a herbicidas a partir de 1996. Essa transformação agrária resultou no boom da soja. Entre 1996 e 2015, a produção se expandiu ano a ano. Em 2015, cerca de 21 milhões de hectares já estavam destinados à soja transgênica, praticamente metade de toda a terra cultivada na Argentina.[23] A cada ano, os produtores agrícolas atingem um novo recorde de colheita. Em 2015, o recorde foi de 60 milhões de toneladas de soja colhidas, e 96% desse montante foram destinados para o mercado de exportação. Entre as exportações feitas pela Argentina, a soja ocupa um lugar altamente significativo. Entre 1996 e 2015, representou entre um terço e um quarto do total das exportações.[24] Além da soja, a Argentina é uma grande exportadora de milho e trigo, entre outras culturas. Cereais, óleos vegetais e outros produtos e subprodutos de ori-

23 "Datos abiertos de agroindustria", Ministério da Agricultura, Pecuária e Pesca da Argentina (MAGyP), disponível em: http://www.siia.gov.ar/index.php/series-por-tema/agricultura.

24 As exportações argentinas são calculadas com base nos dados de "Products", Observatory of Economic Complexity (OEC), disponível em: https://oec.world/en/product-landing/hs.

gem agrícola ou animal somaram cerca de 60% das exportações feitas pelo país em 2015.

A cadeia da soja é controlada por poucos empresários do agronegócio, que ditam os rumos da produção agrária de longe, afastados da realidade social e ambiental dos lugares onde ocorrem os plantios. Enormes empresas privadas têm poder de orientar o desenvolvimento tecnológico à medida que são elas as que fornecem grande parte do seu financiamento (Leguizamón, 2016a; Oliveira & Hecht, 2016).[25] Graças à adoção do pacote tecnológico da soja transgênica, fazendeiros cultivam um produto homogêneo e padronizado, essencial para atender as necessidades do que Philip McMichael chama de "regime alimentar corporativo". A soja é a "cultura flex" preferida, porque pode ser proveniente, de forma indistinta, de fazendas da Argentina, do Brasil ou do Paraguai, além de ter usos múltiplos e flexíveis ao ser processada como alimento, combustível, ração animal ou material de construção (McMichael, 2009; 2013).[26]

Trata-se, portanto, de um negócio conveniente e lucrativo para atores corporativos nacionais e internacionais que controlam a produção agrícola e ditam os rumos da inovação tecnológica. As elites políticas também se beneficiam, pois conseguem conter conflitos ao promover o crescimento econômico (Schnaiberg, 1980; Gould, Pellow & Schnaiberg, 2008). Empresários e políticos são aliados na promoção da biotecnologia transgênica, já que colhem seus frutos políticos e benefícios econômicos (Otero, 2012).

Mas o que acontece com quem está na base? Até agora, a literatura da política econômica da soja se debruçou sobre os processos macro, sem levar em conta a dimensão humana da

25 Sobre financiamento de pesquisa e desenvolvimento, ver Schnaiberg (1980).

26 Sobre culturas flexíveis, ver Borras *et al.* (2012); Oliveira e Hetch (2016, p. 256).

questão. A narrativa sobre culturas geneticamente modificadas, promovida pela indústria e por estudiosos da modernização, também tende a altos níveis de abstração ao desvincular a produção agrícola do seu contexto social e ecológico, já que esses atores apresentam os transgênicos como a solução perfeita para o desenvolvimento sustentável. Precisamos de estudos sobre biotecnologia de modificação genética que extrapolem as amplas generalizações sobre os benefícios dos transgênicos para uma abstrata população "pobre" — e que, em vez disso, joguem luz aos contextos específicos em que essas culturas são implementadas (Dowd-Uribe, 2017; Glover, 2010; Leguizamón, 2014, 2016a; Schnurr, 2017). Com base em trabalhos de economistas políticos sobre macroaspectos de questões como desenvolvimento e meio ambiente (incluindo o meu), faço um mergulho nos meso e microaspectos da produção de soja na Argentina, com foco nas comunidades rurais dos Pampas, que têm importância histórica no setor agroexportador. Para isso, busco contextualizar a soja transgênica, conectando essa agricultura, supostamente baseada em um conhecimento imaterial, com os corpos materiais, os recursos e as práticas que a tornam possível. Ao fazê-lo, acompanho como o poder se manifesta em todo o espectro da vida social, das grandes instituições políticas e econômicas até as interações cotidianas, do olho no olho. Assim, busco mostrar como a soja geneticamente modificada importa não apenas como um cultivo agroindustrial lucrativo, mas também como um espaço para estudar a dinâmica do poder que cria e legitima a injustiça ambiental.

Várias forças fizeram com que a Argentina se tornasse complacente com a enorme transformação agrária baseada na expansão da soja geneticamente modificada. Proponho a noção de "sinergias do poder" como um atalho conceitual para me referir às dimensões de dominação estruturais e simbólicas que se intersecionam e operam, simultaneamente e ao longo do tempo, de forma a criar, compor e legitimar injustiça ambiental.[27]

Muitos estudos sobre justiça ambiental têm se dedicado a uma ou duas dimensões da desigualdade social, na maioria das vezes enfatizando como inequidades de raça e classe se relacionam com a exposição a riscos ambientais.[28] Mas o foco afunilado não dá conta do quadro geral. As desigualdades na experiência vivida (de raça, etnia, gênero ou classe) não são baseadas em categorias separadas e, sim, como David Pellow (2018, p. 19) salienta, "reforçadas mutuamente, à medida que tendem a agir juntas para produzir e manter sistemas de poder individual e coletivo, privilégio e subordinação".[29] Os estudos sobre justiça ambiental também se concentram majoritariamente nos Estados Unidos, então suas conclusões sobre raça nas relações socioambientais costumam não ser aplicáveis nos países latino-americanos, que têm diferentes sistemas de classificações e hierarquias raciais (Sundberg, 2008). Além disso, ao priorizar as lutas coletivas por justiça ambiental, deixam de fora um quadro mais amplo: a concordância costuma ser

27 Desenvolvo o conceito de "sinergias do poder" com base na leitura de Gould, Pellow e Schnaiberg (2008, p. 59), que convidam os estudiosos a pensar como o poder opera sinergicamente para reforçar o poder e a impotência.

28 Para uma revisão crítica da literatura clássica de justiça ambiental, ver Pellow (2018); Pellow e Brehm (2013); Pellow e Brulle (2005, cap. 1).

29 Ver também Pellow e Brulle (2005).

a regra.[30] Cito essas limitações ao estudar como as formas de poder e desigualdade múltiplas e históricas se entrecruzam, exacerbando a injustiça ambiental. Faço isso considerando hierarquias raciais e de gênero que resultam do colonialismo e jogo luz na ausência de mobilização, analisando os esforços das elites políticas e econômicas para reprimir dissidências.

O poder está na base das dinâmicas sociais que criam a injustiça ambiental (Gould, Pellow & Schnaiberg, 2008; Mohai, Pellow & Roberts, 2009; Rudel, Roberts & Carmin, 2011; Pellow & Brehm, 2013). Ainda assim, boa parte dos estudos sobre o tema não se engaja diretamente nas formas como o poder opera (Shriver, Adams & Messer, 2014). Ao contrário, assume-se que o funcionamento do poder é algo dado. Como tenho observado, é lugar-comum nessa literatura argumentar que atores poderosos vivem no conforto que provém do montante de dinheiro vindo das instalações tóxicas que comandam e das quais se beneficiam, enquanto comunidades pobres e não brancas carregam o fardo do impacto tóxico de processos de extração e produção, contra os quais, em última instância, deveriam se mobilizar (Bullard, 1990; Cole & Foster, 2001; Mohai, Pellow & Roberts, 2009). Essas análises comumente documentam a distribuição dos danos ambientais (Pellow & Brehm, 2013).[31] No entanto, as estratégias, os mecanismos e as dimensões do poder que geram e sustentam essas dinâmicas desiguais são raramente explorados. Ao trazer o estudo do poder para a superfície e para o centro desta análise sobre justiça ambiental, quero enfatizar "os processos

30 Para exceções ao foco na ação coletiva, ver Auyero e Swistun (2009); Beamish (2002); Bell (2013); Lapegna (2016); Norgaard (2011); Shriver, Adams e Messer (2014).

31 Um conjunto relativamente pequeno mas importante de trabalhos expande esse foco limitado na desvantagem ambiental para explorar o privilégio ambiental. Ver, por exemplo, Mascarenhas (2012); Norgaard (2011); Park e Pellow (2013); Pulido (2000); Taylor (2009).

discursivos e de legitimação que são frequentemente negligenciados, mas são fundamentais" para sustentar a injustiça (Roscigno, 2011, p. 350). Porque, assim como diz Steven Lukes (2005, p. 28), a "forma mais invasiva e insidiosa de poder" se manifesta quando os sujeitos consentem com a situação de dominação, permanecendo inertes diante da injustiça.

AS RAÍZES DO PODER

O livro começa investigando as raízes históricas e culturais da política econômica da extração de soja na Argentina. É importante ressaltar que a dependência das exportações agrícolas para a entrada de capital no país não é um elemento recente do desenvolvimento da Argentina, e tampouco o é a agricultura capitalista em larga escala nos Pampas. Já na década de 1940, estruturalistas e teóricos da dependência latino-americanos, como Raúl Prebisch, Osvaldo Sunkel, Fernando Henrique Cardoso e Enzo Faletto, escreveram sobre as desvantagens intrínsecas da dependência da região em relação às exportações de commodities (Bértola & Ocampo, 2012; Cardoso & Faletto, 1979 [1975]; Kay, 1989). Na linha de Karl Marx, eles fizeram abordagens históricas para estudar a política econômica da América Latina. As origens do extrativismo, argumentaram, devem ser acompanhadas desde o período colonial. Também parto de uma abordagem histórica para estudar formações estruturais e, portanto, poder e injustiça. Trato das dimensões culturais e temporais da desigualdade, porque poder e privilégio se combinam ao longo do tempo. Desde as críticas de Max Weber (2001 [2004]) e Antonio Gramsci (1971) a Marx, sociólogos têm se debruçado sobre a maneira como história e cultura se enredam na estrutura social. Ao considerar esses entrelaçamentos e interações, mostro como a cultura molda e legitima a economia política do extrativismo — e, assim, gera consenso e aceitação.

O capítulo 1 é, então, a história cultural da monocultura de soja, desde o começo da nação até o tempo presente. Demonstro como a produção agroindustrial para exportação se tornou o centro do projeto desenvolvimentista da Argentina desde a sua independência em relação à Espanha, no início do século XIX. Apresento como membros da elite intelectual da época, conhecidos como a Geração de 1837, usaram seu poder econômico, político, militar e discursivo para moldar a estrutura social da Argentina e, fundamentalmente, para legitimá-la. Encarregada de construir a nação, a Geração de 1837 elaborou um modelo de Argentina baseado nos ideais do Iluminismo europeu, da modernização e da vantagem comparativa. Com livros e ensaios, esses intelectuais elaboraram uma ideia de futuro para o país. A obra *Facundo*, de Domingo Sarmiento, trouxe a dicotomia fundacional da "civilização ou barbárie" que deu o tom do projeto de construção nacional, tornando-se um guia do mito da identidade argentina, no qual a natureza selvagem precisaria ser domada e tornada produtiva (Sorensen, 1996; Shumway, 1991).

A violência contra os povos indígenas e o meio ambiente, por meio de operações militares, e a introdução das tecnologias industriais na agricultura foram outras formas importantes de controle social. Além disso, também demonstro como as elites do século XIX removeram povos nativos de seus territórios, para povoá-los com imigrantes europeus. A conquista do chamado "deserto" implicou a matança e o deslocamento forçado de populações indígenas (Gordillo & Hirsch, 2003; Halperin Donghi, 2010). Esse projeto de construção de nação foi o que moldou a estrutura agrária da Argentina.

Entre o fim do século XIX e o começo do XX, imigrantes europeus se estabeleceram na região dos Pampas com um tipo de agricultura capitalista baseado na produção em larga escala para exportação. Esses imigrantes são conhecidos como *chacareros*, *gringos* e *colonos* — mais próximos de fazendeiros estadunidenses do que de camponeses latino-americanos. Na virada para o século XX, com seus novos arranjos e tecnologias agrícolas, os *chacareros*[32] fizeram dos Pampas o motor da economia argentina por meio da exportação agrícola de produtos como trigo e carne bovina. Essa é a origem do segundo mito orientador da identidade nacional — de que a Argentina é o "celeiro do mundo" (Shumway, 1991; Pigna, 2009). Como explico nos capítulos 1 e 2, o século XXI chega com as elites econômicas e políticas já mobilizadas no discurso promissor das culturas GM para alimentar o mundo substantivamente — um discurso que explora a ideia de modernização ecológica, mas, além disso, encontra suas raízes culturais nos mitos fundantes da identidade nacional.

Uma importante maneira como o poder opera para moldar e conter conflitos é pela mobilização de preconceitos.[33] Aqueles que estão no poder se baseiam em discursos que se concentram em valores culturais compartilhados para decretar e legitimar poder e desigualdade. Como explica Marisol de la Cadena (2010), essa forma de poder também é exercida por meio da exclusão de determinados atores e questões da arena política. O projeto de construção de nação da elite liberal do século XIX criou uma política econômica racializada baseada numa ideologia de assimilação. Ele criou um mito dominante de uma Argentina "branca" e descendente da Europa, em que supostamente não existiriam raças nem racismo, o que, por sua vez, impôs aos povos indígenas a invisibilidade e a marginalização (Alberto &

32 A palavra tem origem na designação das pessoas que trabalham nas chácaras. [N.T.]

33 "Mobilização de preconceitos" se refere ao conjunto de valores, crenças e procedimentos institucionais predominantes que operam sistematicamente em benefício das elites políticas e econômicas. Ver, por exemplo, Bachrach e Baratz (1962); Gaventa (1982); Lukes (2005).

Elena, 2016).[34] Uma consequência pouco estudada dessa ideologia, e que eu gostaria de destacar, é o fato de que ela também cria uma política econômica baseada no gênero.

Os imigrantes europeus recém-chegados aos Pampas organizaram o trabalho com base na divisão sexual que lhes era tradicional na Europa, com os homens (maridos, pais e filhos adultos) responsáveis pelo comércio da produção agrícola e as mulheres encarregadas dos cuidados com a casa. Papéis de gênero na produção da soja transgênica intensificaram padrões históricos de desigualdade de gênero na região. Até hoje, os homens de descendência europeia controlam a produção em larga escala da soja (Stølen, 2015, 2004; Ferro, 2013). Na política econômica do extrativismo da soja, sujeitos racializados (indígenas, camponeses) e feminilizados (mulheres que se identificam primordialmente como mães e cuidadoras) estão na base da hierarquia social e, portanto, excluídos do poder de tomadas de decisões sobre a agricultura em larga escala.

A REVOLUÇÃO DAS VENDAS NOS PAMPAS

Outra peça importante do quebra-cabeça que explica a condescendência é a redistribuição econômica. Há um consentimento porque, em curto e médio prazo, parte dos lucros da produção de soja GM escoa para as cidades rurais. A abundância material trazida pelo boom da soja nas maiores cidades dos Pampas contrasta com o longo período de crise que a precedeu. "Todos nós vivemos do campo" é uma frase comum que escutei dos residentes dos Pampas. Dependência econômica, mostra a literatura,

34 Sobre a marginalização indígena, ver Gordillo e Hirsch (2003); Lapegna (2016).

sufoca a mobilização (Auyero & Swistun, 2009; Beamish, 2002; Bell, 2016; Crenson, 1971; Gaventa, 1982; Gould, 1993, 1991). Quando dependem economicamente de uma única indústria, é menos provável que as pessoas a confrontem. É esse o cenário das cidades rurais da soja na Argentina.

Mas essa não é a história toda. As formas como o poder se manifesta nem sempre são observáveis (Bachrach & Baratz, 1962; Gaventa, 1982; Lukes, 2005). Como já mencionado, junto com a distribuição de recursos materiais, atores poderosos mobilizam valores culturais e crenças para moldar o descontentamento e assegurar uma aceitação. Na Argentina, atores estatais e corporativos usam seus poderes discursivos para apresentar a biotecnologia geneticamente modificada como positiva e necessária para o desenvolvimento, uma estratégia-chave para criar um consenso hegemônico a respeito do extrativismo da soja como uma estratégia fundamental de acumulação (Newell, 2009; Gras & Hernández, 2016). O uso da imprensa, em particular, é uma das estratégias mais eficazes e amplamente usadas para promover concordância e consenso (Herman & Chomsky, 2002 [2003]; Lukes, 2005; McChesney, 2000). No capítulo 2, mostro como poderosas corporações e agentes estatais mobilizam um discurso pró-soja que conecta, de forma estratégica e efetiva, o discurso do desenvolvimento sustentável e ecológico das culturas transgênicas que "alimentam o mundo" com o dos mitos fundadores da identidade nacional argentina. Exatamente essa perspectiva, que faz a biotecnologia GM ressoar profundamente nas crenças da identidade nacional, torna os habitantes rurais dos Pampas, nas palavras de Rachel Schurman e William Munro, "culturalmente predispostos" a buscá-la como algo positivo, sem muito questionamento (Schurman & Munro, 2010, p. xvi-ii). É o modo habitual como percebem o mundo. Portanto, a dependência econômica e a identidade cultural, elaboradas em torno da inovação tecnológica agrária nas maiores cidades rurais, geraram também um consenso a respeito dos benefícios da agroindústria.

Por outro lado, pouco se fala dos custos do boom da soja: cidades abandonadas, desmatamento veloz, violentas apropriações de terra, despejos de camponeses, concentração de latifúndios nas mãos de empresas, perda de segurança alimentar e aumento dos danos ao ambiente e à saúde com a pulverização de agrotóxicos. Uma literatura consolidada sobre a política econômica ambiental situa a origem de problemas sociais e ecológicos no estabelecimento das lógicas capitalistas (Foster, 1999; Foster, Clark & York, 2011; O'Connor, 1998; Pellow & Brehm, 2013; Rudel, Roberts & Carmin, 2011). A teoria da produção contraria a teoria da modernização ecológica adotada pelos promotores da biotecnologia GM. Como argumentam os estudiosos Allan Schnaiberg e Kenneth Gould, poderosos atores sociais (nesse caso, as elites políticas e econômicas) promovem inovação tecnológica para acelerar a produção e a extração de recursos naturais (Schnaiberg, 1980; Schnaiberg & Gould, 1994; Gould, Pellow & Schnaiberg, 2008). Eventualmente, isso acarreta uma diminuição dos benefícios sociais à medida que trabalhadores são substituídos por máquinas e que aumentam os danos ecológicos decorrentes da poluição e do esgotamento dos recursos naturais.

Assim, no capítulo 2 sobreponho a narrativa positiva da produção de soja geneticamente modificada — de crescimento econômico e modernidade — à dívida social e ambiental resultante da sua expansão. Seguindo a perspectiva tradicional dos estudos sobre justiça ambiental, seria esperado que as comunidades rurais dos Pampas, diante da crescente degradação socioecológica, se organizassem em oposição. Argumento que outra peça do quebra-cabeça da concordância — combinada à dependência econômica e à identidade cultural — é o fato de que os habitantes não "enxergam" as consequências negativas como uma injustiça contra a qual valeria a pena lutar. Pelo contrário, quando observam as fazendas de soja que os cercam, os produtores de soja e seus vizinhos não percebem o potencial tóxico e os riscos à saúde decorrentes da exposição a agrotóxicos. Em vez disso, sob a lente da "modernização" (um dos mitos sobre os quais baseiam suas visões de mundo), eles veem produtividade e vantagem tecnológica (uma natureza "civilizada"), assim como a própria "natureza" (verde e quieta, em oposição à poluída e frenética vida da cidade).

A literatura sobre movimentos sociais é nítida: para que se mobilizar se não há uma reivindicação pela qual a mobilização valha a pena? Nem todas as injustiças levam a uma ação coletiva (McAdam, 1982; McCarthy & Zald, 1977). Os teóricos do enquadramento (*framework*) argumentam que a forma como as pessoas interpretam suas insatisfações é crucial para o engajamento (Goodwin, Jasper & Polletta, 2004; Jasper, 2011; Benford & Snow, 2000). Enquadramentos capturam as dimensões culturais e emocionais de movimentos e servem tanto como "dispositivos de persuasão" para conseguir aderentes quanto como "delimitações interpretativas" (Polletta & Ho, 2006, p. 190). Um problema em geral precisa estar visível para que ocorra uma "transformação de consciência", para que pessoas possam interpretar/enquadrar esse problema como uma injustiça que demanda uma solução (Bell, 2016, p. 3-4; McAdam, 1982). No seu estudo sobre concordância na região dos Apalaches, nos Estados Unidos, Shannon Bell (2016) mostra como os piores aspectos da mineração de carvão não estão visíveis e, portanto, não são considerados. De forma similar, Kari Nogaard (2011) argumenta que a explicação para a inação diante das mudanças climáticas está no fato de que o aquecimento global ainda não foi completamente visto e sentido.

No entanto, como esses e outros autores apontam, a visibilidade ou a consciência sobre os perigos ao meio ambiente não é uma experiência objetiva; ela é socialmente construída (Auyero & Swinstun, 2009; Beamish, 2002; Bell, 2016; Norgaard, 2011; Gould, 1993, 1991; Stauber & Rampton, 1995). Atores poderosos podem influenciar percepções, cognições e preferências em situações de conflito latente. Os impactos ambientais e sanitários da exposição a agrotóxicos, em particular, frequentemente nem chegam a ser visíveis; precisam ter seus riscos especificados e traduzidos por cientistas ambientais e médicos (Brown, 1992; Cable, Shriver & Mix, 2008; Harrison, 2011; Kinchy, 2012). As consequências negativas do uso de pesticidas se revelam lentamente com o passar do tempo, à medida que agrotóxicos se acumulam no solo, na água, no ar e nos corpos ao longo de anos e anos de ininterrupta pulverização tóxica. A exposição crônica a perigos ambientais é um problema "silencioso", como define Thomas Beamish (2002), e, acrescento eu, também invisível, obscurecendo a visibilidade necessária para a transformação da consciência que é requerida para a ação coletiva. Conforme as autoridades corporativas e estatais, auxiliadas por seus defensores especialistas, minimizam os riscos para legitimar a produção de suas tecnologias, elas criam um consenso entre as pessoas leigas que confiam nos especialistas para que as mantenham seguras. Populações rurais que vivem da produção de soja, em especial funcionários do agronegócio ou arrendatários de terra, ficam numa espécie de meio do caminho e ajudam a perpetuar a injustiça ao invocarem uma expertise científica e mitos culturais da identidade nacional para defender a produção de soja.

O ELEFANTE NO CAMPO

O poder é muito mais efetivo quando os sujeitos aceitam aquele estado de coisas — o status quo — e voluntariamente se colocam em posição de subordinação. Nesses momentos, as insatisfações podem permanecer latentes. Tão necessária quanto difícil, a análise do poder requer que ampliemos seu escopo, levando em conta os incômodos latentes e o potencial de conflito, para entender de fato como sujeitos aceitam e reproduzem a sua posição estruturalmente desempoderada (Gaventa, 1982; Lukes, 2005). Reconhecer essas insatisfações não manifestas, casos típicos de eventos não observáveis, é um dos importantes desafios para pesquisadores. No meu caso, no entanto, elas se escondem à vista de todos. São como o "elefante na sala" (Zerubavel, 2006). Os riscos reais e potenciais da exposição a agrotóxicos ficam evidentes nas comunidades rurais dos Pampas, ainda que a maior parte dos habitantes que encontrei estivesse ativamente fingindo não percebê-los.

No capítulo 3, aprofundo a análise para dentro das casas dessas comunidades, para as interações e emoções, mostrando de que forma as insatisfações com esse modelo agrário são mantidas ocultas. Conto a história do grupo de mulheres de uma cidade da soja, que chamo de Santa María, para mostrar que as insatisfações latentes existem e, portanto, para ressaltar como os mecanismos de poder têm sido bem-sucedidos em criar anuência. Essas mulheres são mães que se beneficiam da produção de soja, principalmente por causa dos maridos que trabalham com o agronegócio. Em público, todas elas elogiam a produção de soja e reiteram que "todos vivemos do campo". No âmbito privado, entre murmúrios e sussurros, compartilharam comigo suas preocupações e receios a respeito da pulverização de agrotóxicos no seu entorno. Em suas comunidades, essas mulheres percebem o aumento dos casos de câncer entre os vizinhos, além de gestações com malformação fetal ou interrompidas por abortos espontâneos. Em contraste com a narrativa que descrevo no capítulo 2 (só benefícios, nenhum custo), essas mães "enxergam" — percebem — o impacto negativo da extração de soja; mas, ao mesmo tempo que compartilham insatisfações latentes, não fazem nada a respeito. Enquanto se preocupam individualmente, elas silenciam e negam em público. Isso nos leva a perguntar quais fatores *impedem* que a resistência individual se transforme em ação coletiva (Shriver, Adams & Messer, 2014).

No capítulo 3, mostro como as mulheres de Santa María constroem socialmente a negação por meio da dúvida, do silêncio e do policiamento de si mesmas e das outras.[35] Também mostro como as percepções sobre os danos ambientais têm um componente emocional e de gênero. Sujeitos feminilizados e responsáveis pelas crianças priorizam o cuidado e a precaução — uma forma de conhecimento que se opõe ao de produtores e especialistas (masculinos e masculinizados), que enfatizam a ausência de riscos e priorizam o lucro e o crescimento. Contudo, se essa mesma posição ocupada pelas mulheres nas relações de gênero, por um lado, permite que elas "enxerguem", por outro, por ser uma posição estruturalmente destituída de poder, impõe-lhes o silêncio. Na mesma linha de Vincent Roscigno (2011), volto a atenção aos recursos dinâmicos e relacionais do poder. Como se pode notar, há hierarquias nas comunidades rurais. Ao mesmo tempo que essas esposas e mães desfrutam da riqueza e do privilégio vindos da posição ocupada pelos maridos, elas não têm controle sobre a produção agrícola. Localizadas nesse "meio do caminho", elas trocam poder por benefício econômico e, ativamente, produzem sua concordância.

CONTRA O GRÃO

O conflito torna o poder explícito. O conflito aberto revela a existência real de insatisfações, como a contradição entre os interesses das elites poderosas e os daqueles sujeitos a eles, bem como

35 Essas são estratégias comuns identificadas na literatura da sociologia da negação; ver, por exemplo, Auyero e Swistun (2009); Norgaard (2011); Zerubavel (2006).

a resistência voluntária destes últimos à dominação (Gaventa, 1982; Lukes, 2005). No capítulo 4, apresento aqueles que arcam com os custos mais pesados do modelo de soja transgênica e que se organizam para protestar contra a injustiça ambiental que ele causa. São assembleias cidadãs em defesa da saúde e da vida, lideradas por mulheres e que surgiram por causa das doenças induzidas pela pulverização de agrotóxicos na região dos Pampas. São também comunidades indígenas e camponesas defendendo seus modos de vida contra remoções forçadas e a devastação de seus territórios, causadas pela expansão da fronteira agrícola. Esses movimentos estão fazendo um trabalho muito importante e oportuno, mas não ganharam a tração que, dada a urgência de suas demandas, se poderia esperar.

Os ativistas encontram barreiras estruturais construídas ao longo de dois séculos de exportação agrícola: suas próprias necessidades econômicas (são pobres ou vindos da classe trabalhadora); seu gênero (os movimentos são liderados por mulheres que se identificam como mães preocupadas com o impacto dos agrotóxicos na saúde de suas crianças); sua etnia/raça (camponeses-indígenas); e o bem-estar ou a dependência econômica desse modelo, tanto pelas fazendas que os cercam quanto pelo país como um todo. Também enfrentam uma enraizada barreira cultural erguida pelos mitos da identidade nacional da Argentina. Seus enquadramentos de mobilização, que se opõem diretamente à produção agrícola de larga escala, não estão em sintonia com os valores e as crenças dominantes. Como apontam Schurman e Munro (2009), a cultura molda as oportunidades do ativismo antibiotecnológico; mas aqui demonstro como a "cultura econômica" também restringe e sufoca o ativismo, ao criar uma anuência da população em geral. As elites no poder usam de estratégias abertas e encobertas para impedir, silenciar e desmobilizar ativistas e suas lutas. Assim, revelo como atores corporativos e estatais, auxiliados por seus assessores jurídicos, usam seu poder estrutural e simbólico para enfraquecer movimentos sociais que, de outra forma, poderiam desviar a trajetória de desenvolvimento da Argentina do modelo do extrativismo.

NOS CAMPOS E NAS COZINHAS

Sementes de poder é um estudo de caso sobre a transformação agrária argentina, baseada na adoção precoce e implementação intensiva de grãos de soja geneticamente modificados e resistentes a herbicidas. Estudos de caso permitem capturar a riqueza e a complexidade do tecido social ao se concentrarem na análise dos detalhes de um caso específico (Walton, 1992, p. 124). Essa é a chave para estudar as manifestações explícitas e ocultas do poder (Gaventa, 1982; Lukes, 2005; Roscigno, 2011).

Defino o caso em questão em função do tipo de sistema agrícola: restrinjo minha análise ao setor agroexportador (Paige, 1978). Em se tratando da Argentina, isso significa, basicamente, a região dos Pampas (ver figura 3). Os Pampas atravessam Buenos Aires e as províncias[36] de Entre Ríos, Santa Fe, Córdoba e La Pampa. A região é caracterizada por suas vastas planícies de terras férteis, clima temperado e chuvas adequadas para a pecuária e o cultivo e produção de grãos em larga escala. Como descrevo nos capítulos deste livro, a população rural nos Pampas é caracteristicamente descendente de europeus, e a densidade populacional nas áreas rurais é bastante baixa. Historicamente os Pampas são o centro do modelo agroexportador da Argentina, baseado na agricultura capitalista e no pacote tecnológico da soja GM. De todos os grãos de soja resistentes a

36 As províncias são as subdivisões territoriais argentinas, similares ao que, no Brasil, chamamos de estados. [N.T.]

herbicidas cultivados no país, 87% estão nessa região.[37] Desde o começo da década de 2000, a fronteira agrícola se expandiu a ponto de passar dos Pampas e adentrar a região norte do Chaco, ocupando as províncias de Chaco, Formosa, Salta e Santiago del Estero. A floresta do norte do Chaco é o maior ecossistema florestal e reservatório de biomassa da Argentina e da América do Sul extratropical (Pengue, 2005; Gasparri, Grau & Manghi, 2008). A economia da região do Chaco tem como base a silvicultura e a produção de algodão. Sua população é formada por descendentes de europeus e pela maior parte dos indígenas que vivem na Argentina. É uma região historicamente pobre e marginalizada.

Faço uma abordagem de níveis e métodos múltiplos para capturar as sinergias do poder. Usei uma variedade de métodos qualitativos, incluindo entrevistas, observação participante e análise de conteúdos, para coletar dados nos níveis micro e meso de interação, cultura e comunidade. Recorri a informações quantitativas de bancos de dados online para compreender o nível macro da política econômica e o nível meso de fazendas e cidades rurais. Usei como base informações estatísticas sobre desenvolvimento econômico e social do Observatório de Complexidade Econômica (OEC), da Comissão Econômica para a América Latina e o Caribe (Cepal) da ONU e do governo da Argentina, mais especificamente do Ministério da Agricultura, Pecuária e Pesca (transformado em Secretaria de Agroindústria em 2016), bem como do Instituto Nacional de Estatística e Censo (Indec).

Meu trabalho de campo ocorreu majoritariamente na região dos Pampas, durante quatro visitas diferentes que fiz entre 2009 e 2015, ainda que eu tenha feito também uma visita à região do Chaco em julho e agosto de 2011 (mais especificamente às pro-

37 Os dados são de 2016; ver "Datos abiertos de agroindustria", Ministério da Agricultura, Pecuária e Pesca da Argentina (MAGyP), disponível em: http://www.siia.gov.ar/index.php/series-por-tema/agricultura.

Figura 3 — Mapa da Argentina, mostrando a região dos Pampas e a área de produção de soja. Criado pela autora, com dados da Secretaria Argentina de Agroindústria e desenhado por Bill Nelson.

víncias de Chaco e Santiago del Estero). Nos Pampas, visitei pequenas e grandes cidades rurais no centro, no noroeste e no sudeste da província de Buenos Aires e no centro e sul da província de Córdoba entre dezembro de 2009 e janeiro de 2010, junho e agosto de 2011, janeiro e abril de 2012 e, por último, agosto de 2015. Conduzi 45 entrevistas formais com produtores de soja, funcionários do agronegócio, investidores e consultores, habitantes da zona rural, camponeses, indígenas e ativistas e acadêmicos argentinos especializados no tema. Usei pseudônimos para as pessoas entrevistadas e os lugares das residências sobre as quais conto histórias, exceto quando me refiro a figuras públicas.

Ainda que este seja um estudo de caso sobre a transformação agrária, nem todas as entrevistas foram feitas em áreas rurais. Conversei com ativistas e acadêmicos nas cidades de Córdoba, Buenos Aires, Bahía Blanca, Rosario e Santiago del Estero. Entrevistei empresários do agronegócio, investidores e funcionários do ramo também nessas cidades, inclusive em um resort no litoral da província de Buenos Aires (durante o verão de 2012). A produção de soja, como busco mostrar, pode ser administrada à distância, e esse é um ponto central para a sua aceitação. Enquanto produtores de soja e funcionários vivem nas cidades rurais, o pacote tecnológico (que vai de computadores e telefones celulares a satélites) permite que uma força de trabalho altamente qualificada gerencie, de longe, grandes áreas de terras agrícolas. Boa parte das pessoas que têm poder de decisão a respeito da produção agrícola não vive em áreas rurais (e, assim, não precisa arcar com um dos grandes custos da produção de soja: a exposição à pulverização de agrotóxicos). Entrevistei produtores de soja, investidores e funcionários nos lugares menos prováveis quando se pensa no setor rural, desde o abastado bairro de Recoleta, no centro de Buenos Aires, até o litoral.

A maioria das minhas entrevistas formais foi com homens. Não por uma escolha proposital, mas porque decidi estudar a transformação agrária na Argentina baseada na adoção da biotecnologia GM. Esse modelo de agronegócio é dominado por homens. De ascendência europeia, em geral, eles estão no comando da organização e execução da produção. Depois me dei conta de que vi esse fato como algo tão já pressuposto que nem me atentei a ele como algo que precisasse ser problematizado. Levei um tempo para perceber que estava dedicando boa parte do meu "tempo livre" durante o trabalho de campo nas cidades rurais com mulheres, mas que, quando passava para as entrevistas formais ou visitava as fazendas, as mulheres me deixavam "trabalhar" e os homens me diziam "o que eu precisava saber".

No entanto, em uma cidade em particular, que chamo de Santa María, minha principal interlocutora, Nidia, que tem proximidade com a minha família, passou a me tratar, senti, como sua filha. Graças a isso, ganhei rapidamente o status de "alguém de dentro" entre um grupo bem unido de mulheres e mães. Cozinhamos juntas, lavamos louça e bebemos enquanto olhávamos as crianças, que se recusavam a tirar suas sonecas, durante o verão de fevereiro de 2012. Acredito que conquistei a confiança dessas mulheres graças à Nidia, lógico, mas também porque elas me viam como uma igual: uma mulher cisgênero em idade fértil e que, como elas, é de classe média, branca e cresceu nos Pampas. Elas presumiram que casar e ter filhos fazia parte do meu futuro próximo. Assim, acredito que para elas eu poderia compartilhar suas preocupações a respeito da saúde das crianças. As entrelinhas não ditas eram sempre "você entende porque é mulher e, em breve, vai ser mãe". Como explico no capítulo 3, essas interações me intrigaram. Não sou mãe e não acredito que mulheres tenham, por natureza, um sexto sentido materno. Como socióloga, explico a chamada intuição materna de cuidar do bem-estar das crianças (as ativistas sobre as quais escrevo no capítulo 4 também enfatizam isso) como uma forma de conhecimento de gênero que é resultado de estruturas de gênero. Ainda assim, essas interações foram tão potentes que me deram um insight.

Enquanto eu estava em campo nas cidades rurais dos Pampas, pessoas como Leo me diziam a toda hora "temos a melhor agricultura do mundo" e "todos vivemos do campo". Quem sou eu, vinda de fora, para duvidar de meus entrevistados? Para afirmar que eles vivem numa situação injusta, que existem motivos para se mobilizar? Foi esse grupo de mulheres que, numa conexão próxima entre iguais, compartilharam comigo seus receios e expuseram uma contradição entre o que as pessoas estavam dizendo e aquilo com que estavam se preocupando. Ou seja, elas expressaram as insatisfações latentes que eu buscava — insatisfações que, depois, pude notar que estavam presentes mesmo de forma não dita em outras conversas, inclusive com homens. Por um momento, elas revelaram o elefante para mim. Neste livro, explico por que elas precisaram colocar um véu sobre ele repetidas vezes, por que se calaram diante dos riscos à saúde que a exposição aos agrotóxicos representa. Minha esperança é que este livro dê voz ao que, para as pessoas que vivem nos Pampas, permanece não dito.

1

AS RAÍZES DO MODELO DA SOJA

Germán é agrônomo e professor de meio período de engenharia agrícola na Universidade Nacional, onde o encontrei em seu escritório num dia frio de inverno em julho de 2011. "Fora da universidade", me contou, ele é também "produtor e filho de produtores, consultor de plantio para o agronegócio e membro da Associação Argentina de Produtores de Plantio Direto", conhecida como Aapresid.

"Quantas facetas", comentei. "Como você se define em primeiro lugar quando se apresenta?"

"Como produtor-consultor", ele respondeu. "Tenho uma visão pragmática da produção. É o que me diferencia dos demais professores. Além de ter uma preocupação com as avaliações técnicas, entre outras coisas, olho para o modo como a viabilidade se relaciona com cada sistema produtivo numa empresa. É uma parte da minha visão: pensar além das questões técnicas e científicas."

Germán é um homem alto, loiro, de olhos azuis e quarenta e poucos anos. Naquele dia, ele vestia uma camisa azul-claro, um colete de lã, calça jeans e tênis de couro: um traje informal para um professor, mas formal para um agricultor. Sua aparência era comum entre os produtores dos Pampas que entrevistei e também entre os que aparecem na televisão, nos programas do Canal Rural, da TV a cabo. Passei a chamar esse estilo de *chacarero chic*, uma variação das roupas típicas usadas pelos *chacareros*, mas adaptadas do campo para a cidade. (Quando estão na rua, alguns complementam o estilo com uma boina típica e um lenço amarrado no pescoço.) As pessoas que controlam a agricultura nos Pampas já não são *chacareros*, mas produtores — como Germán descreveu a si mesmo — e empresários que supervisionam os negócios da fazenda. Suas roupas remetem à tradição rural dos Pampas, mas foram atualizadas para a vida na cidade, de onde grande parte da agricultura em larga escala é gerenciada remotamente.

Germán administra a fazenda de 650 hectares da família no sudeste da província de Buenos Aires. Desses, 430 hectares são destinados a lavouras comerciais: trigo, cevada, girassol, soja e milho, e os 220 hectares restantes são dedicados à pecuária. O sudeste da província é atravessado pela Sierra de la Ventana, criando uma topografia fragmentada, com colinas ondulantes, que não são características da paisagem plana dos Pampas. Também tem um clima mais frio e seco do que o resto da região, conhecida como "Pampas úmidos". Essas condições ambientais tornam o sudeste menos propício para a soja, que requer um clima úmido e ameno, além de solos e terrenos planos para facilitar o uso das máquinas de plantio e semeadura direta.

Uma fazenda de 650 hectares poderia ser considerada grande (equivale a quase 650 campos de futebol), mas, para a agricultura industrial argentina, Germán é visto como um produtor de médio porte. De acordo com o último Censo Agropecuário, de 2008, uma fazenda mediana na Argentina tinha 620 hectares. Esse critério aumentou ao longo dos anos, de 469 hectares em 1988 para 588 em 2002.[38] Essa mudança para fazendas relativamente maiores também é tendência nos Estados Unidos,

38 Os dados estão listados em Chazarreta e Rosati (2016, p. 92). O Censo Nacional Agropecuário de 2008 é o mais recente disponível. Em setembro de 2018, o Indec iniciou o levantamento para um novo censo rural. Para atualizações, ver o Censo Nacional Agropecuário de 2018, disponível em: https://cna2018.indec.gob.ar/.

mas mesmo uma fazenda média estadunidense é menor que a da Argentina — uma fazenda mediana pelos critérios estadunidenses tem 1.234 acres, ou seja, pouco menos que quinhentos hectares (MacDonald & Hoppe, 2017). Com o crescimento das fazendas médias na Argentina, as grandes propriedades também foram expandidas, embora tenha havido uma redução no número total de fazendas, evidenciando uma tendência de cada vez mais concentração de terras e desigualdade. Em 2008, na Argentina, 10,2% das fazendas muito grandes (de mais de mil hectares) ocupavam impressionantes 79% das terras agrícolas. Delas, apenas 2,2% das megafazendas (de mais de cinco mil hectares) reuniam pouco mais de 50% dessas terras.[39]

A família de Germán herdou a fazenda dos bisavós, que vieram da Alemanha no início dos anos 1900, durante o pico de imigração europeia para a Argentina. Ele é o único que continua trabalhando com agricultura; seus irmãos vivem na cidade e têm outras profissões. Germán também mora na cidade, mas se desloca com frequência para a fazenda, que fica a duas horas de distância. Responsável por organizar a produção, ele não opera nem possui maquinário e depende completamente da contratação dos serviços de plantio, pulverização de agrotóxicos e colheita. Germán tem apenas um funcionário fixo, que vive na fazenda e cuida do gado — esquema que, no entanto, "não é muito eficaz", de acordo com ele próprio, porque o ideal seria ter uma pessoa para cada quinhentas vacas. "O problema é que, com apenas 150 vacas, tenho um empregado... não posso cortar ele ao meio!", explica, desatando a rir. A outra tarefa mais importante *del encargado de la chacra*, esse trabalhador rural que vive ali, é vigiar a *estancia* — um rancho ou casarão típico das grandes

39 O número total de fazendas na Argentina diminuiu de 378.357 em 1988 para 256.773 em 2008. Latifúndios (fazendas com mais de mil hectares) representavam 7,3% das fazendas em 1988 e 10,2% em 2008. Os dados são calculados com base no Censo Rural de 2008, citado em Chazarreta e Rosati (2016, p. 92).

fazendas dos Pampas. Cercada por um jardim bem cuidado e grandes árvores, a *estancia* atualmente é usada pela família apenas nos feriados ou nas férias de verão.

Germán e eu passamos a maior parte do tempo conversando sobre como tornar lucrativa a produção agrícola nos Pampas, o que, nas suas palavras, é "o objetivo principal" da agricultura. Para isso, a inovação tecnológica é imprescindível. Na Argentina, segundo ele, "o nível de tecnologia é muito alto, estamos na vanguarda". Ouvi isso diversas vezes ao longo do meu trabalho de campo. A inovação tecnológica está enraizada na história dos Pampas na Argentina, uma história da qual Germán pareceu orgulhoso de fazer parte.

Ele descreveu como "nós, argentinos, num dado momento, fomos líderes mundiais" em tecnologias agrícolas: "A primeira colheitadeira (*cosechadora autopropulsada*) do mundo é argentina, da década de 1930! Meus avós foram para a Europa na lua de mel e, quando contavam para as pessoas que tínhamos colheitadeiras na Argentina, ninguém acreditava. Eles foram chamados de mentirosos! Naquela época éramos mais avançados que os europeus".

"E o que aconteceu depois?", perguntei.

"Bom... Depois disso veio a decadência. Nos anos 1930, éramos o celeiro do mundo. Estávamos em pé de igualdade em tudo, no PIB, com a Austrália e o Canadá. Depois, foi ladeira abaixo (*nos vinimos abajo*), enquanto a Austrália e o Canadá se tornaram o que são hoje", explicou.

O contraste com o que a Argentina *foi*, naquele início do século XX, quando o país se desenvolvia numa trajetória similar à de outros países colonizados, é praticamente um conto folclórico no país. Esse mito é particularmente forte diante da comparação com a Argentina contemporânea. Germán chamou de *la decadencia* essa ladeira que a Argentina desceu, o inverso do desenvolvimento. É o desespero que vem depois de uma promessa e um potencial não cumpridos, já que hoje ela não faz parte do rico Norte global, como a Austrália e o Canadá — aliás, pelo contrário, é palco de recorrentes crises econômicas, como muitos outros países do Sul global.

No entanto, numa virada sobre a qual também ouvi bastante, o desespero e as crises foram contornados pelo progresso da agricultura do país. Germán continuou: "Até onde sei, a realidade do setor da agricultura é diferente de outros do restante do país. Se, de modo geral, a Argentina não está no topo em termos globais, o setor da agricultura está". Germán foi inequívoco nessa afirmação. "Hoje, em termos de tecnologias empregadas e de nível de inovação tecnológica [agrária], fazemos parte da elite mundial", disse ele.

O que explica a adoção precoce e ampla da soja resistente a herbicidas nos Pampas argentinos? A explicação básica é que cultivos de lavouras comerciais com tecnologia de ponta tornam a fazenda um negócio economicamente viável. Esse é o objetivo principal da agricultura na região, como explicou Germán: ser lucrativa. E a soja transgênica ajuda a cumpri-lo. Além de proporcionar importantes benefícios econômicos, a história de Germán sublinha outras importantes razões pelas quais produtores agrícolas abraçaram a biotecnologia geneticamente modificada. Em primeiro lugar, a adoção da soja resistente a herbicidas precisa ser entendida no contexto histórico da agricultura capitalista nos Pampas. Germán, ao se autodefinir como "produtor e filho de produtores", com suas roupas e suas histórias sobre os bisavós imigrantes e a fazenda mecanizada da família, se insere com orgulho nessa história. Dois séculos de história da Argentina resultaram em pessoas como ele — homens de classe média e alta, descendentes de europeus e que são técnicos, profissionais e empreendedores —, com poder de decisão sobre grandes fazendas comerciais, trabalhando em centenas de hectares exclusivamente com tecnologia de ponta e mão de obra contratada. Ao investigar as sinergias de poder que tornaram a indústria de agricultura nos Pampas esse território tão desigual quanto incontestado como é hoje, precisamos adotar uma perspectiva histórica. Por acumular efeitos desiguais e injustos, o tempo é fundamental para entendermos as sinergias de poder. Na virada do século XXI, sujeitos feminizados e racializados ocupavam o degrau mais baixo da escala social há um século, sem deter, portanto, qualquer poder de decisão sobre a agricultura nos Pampas.

A história de Germán também salienta como os apoiadores desse modelo não desvinculam a motivação do lucro com aquilo que consideram ser os benefícios culturais e sociais trazidos pela biotecnologia transgênica. O crescimento econômico, obtido com o aumento da mecanização e tecnicização da fazenda, está associado ao desenvolvimento, à modernização e ao progresso — não só para o indivíduo ou para o negócio privado, mas para o país como um todo. A adoção da biotecnologia GM e o boom das exportações de commodities representam um lampejo de esperança de um retorno à proeminência, aos tempos de "vacas gordas". É a legítima reivindicação do rótulo de "celeiro de mundo" por parte da Argentina.

Uma explicação importante para a rápida aceitação da soja resistente a herbicidas está na história da economia política da Argentina. A produção agroindustrial para exportação está no centro do projeto de desenvolvimento do país desde que ele nasceu como um Estado-nação, no século XIX. Neste capítulo pesquiso as raízes históricas e culturais da economia política da soja para expor como as desigualdades estruturais e simbólicas foram semeadas e emergiram. Mostro como membros da elite do século XIX usaram seus poderes materiais e discursivos para moldar e legitimar a estrutura desigual da Argentina. Eles prepararam o terreno para o primeiro boom agroexportador no início do século XX, quando o país ficou conhecido como o celeiro do mundo e era, efetivamente, tão rico quanto o Canadá e a Austrália. Acompanho isso e estabeleço uma conexão com a política econômica do extrativismo da soja de hoje. Por fim, concluo que poderosos atores estatais e corporativos se baseiam em desigualdades estruturais e mitos simbólicos da identidade nacional para fomentar a aceitação e o consentimento em relação a um modelo de desenvolvimento baseado na agricultura de larga escala para exportação.

CONSTRUINDO A NAÇÃO ARGENTINA

A Argentina se tornou independente da Espanha em 1816. Sob as regras coloniais espanholas, Buenos Aires era a capital do vice-reinado do Rio da Prata — o último a ser estabelecido pela Coroa (em 1776) e o de duração mais curta. Ao longo de mais de três séculos, de Nova Orleans a Buenos Aires, o Império Espanhol estabeleceu um sistema baseado na extração e exportação dos abundantes recursos naturais da região, beneficiando as economias europeias, com alto custo humano e ecológico (Roberts & Thanos, 2003; Restall & Lane, 2018). Potosí, na Bolívia, é um exemplo de cidade que sofreu o que Alberto Acosta (2013) chama de a "maldição da abundância" da América Latina. Tendo sido a "veia jugular" do império e a "fonte de prata da América", como Eduardo Galeano descreve, Potosí foi uma das maiores e mais ricas cidades do mundo.[40] Ao final

40 De acordo com Eduardo Galeano, em 1650 Potosí tinha uma população de 160 mil, dez vezes maior que a de Boston nessa época. "Dizem que até as ferraduras dos cavalos eram de prata, no auge da cidade de Potosí", escreve (Galeano, 1974, p. 20 [1988, p. 32]). Para saber mais sobre essa incrível história, ver Lane (2019).

do domínio espanhol, 40 mil toneladas de minério de prata haviam sido extraídas e despachadas para o exterior (Boyer, 2016). Hoje a Bolívia é um dos países mais pobres do planeta.

Na Argentina, o Império Espanhol devastou a riqueza humana e ecológica do noroeste e nordeste do país, mas poupou os Pampas centrais, em grande parte por considerar a área pobre (Brailovsky & Foguelman, 2009). A paisagem natural não fornecia ouro nem prata e não tinha o clima tropical necessário para cultivar algodão nem açúcar, mercadorias preciosas para a metrópole. Como capital do vice-reinado do Rio da Prata, Buenos Aires tinha relevância não por suas riquezas naturais, mas como porto comercial de commodities. Era o mais próximo de Potosí e, assim como o de Montevidéu, era um dos únicos portos espanhóis ao sul do Oceano Atlântico, rota direta para os mercados europeus.[41]

Logo depois da independência argentina, a elite local se dedicou à tarefa de criar um Estado-nação. A Argentina foi constituída a partir da junção de várias peças espalhadas (Rock, 1987). Havia Buenos Aires, a cidade principal, lar da elite, antiga capital do vice-reinado e ligada à Europa por seu porto. Havia também uma série de cidades menores — como Tucumán, Salta, Jujuy, Santiago del Estero e Córdoba — que foram importantes centros comerciais do interior durante os tempos coloniais. E havia os Pampas, com vastas pastagens controladas por grandes latifundiários conhecidos como *hacendados*, esparsamente povoados por criações de gado, ovelhas e aves e por

41 Ao sul do Caribe, o Império Espanhol se expandiu pela região andina, que oferecia grandes riquezas minerais, mas não tinha acesso para o Atlântico e, portanto, nenhum acesso aos mercados europeus. (Os portugueses dominavam o Brasil na época.) Assim, os espanhóis não tinham conexão com a América do Sul pelo Atlântico, a não ser pelo norte, em Cartagena e Caracas, e pelo extremo sul, adentrando o Rio da Prata, que separa Buenos Aires de Montevidéu. Ver Restall e Lane (2018).

povos indígenas e mestiços, além de algumas cidades e aldeias rurais menores, espalhadas, que produziam para consumo doméstico. O que restava era uma enorme massa de terra, que parecia ser ilimitada, desconhecida e não explorada aos olhos da elite bonaerense. Nada unia essas áreas espalhadas: não havia nenhuma sensação de história ou futuro compartilhados, tampouco um mito que os unificasse. Definir uma *ideia de nacionalidade*, criar uma identidade nacional, tornou-se um projeto intelectual em que a elite de Buenos Aires se empenhou praticamente do zero. Esforços semelhantes estavam acontecendo em todo o continente, em todas as nações que tinham acabado de se tornar independentes na América Latina (Benítez-Rojo, 1996).

Na Argentina, um grupo de jovens intelectuais conhecidos como a Geração de 1837 começou a produzir mitos de identidade nacional que foram essenciais para a unificação do país (Benítez-Rojo, 1996; Sorensen, 1996; Shumway, 1991). Em *A invenção da Argentina*, Nicolas Shumway chama esses mitos de "ficções orientadoras". São histórias que inventam identidades nacionais. Nos Estados Unidos, por exemplo, existem os mitos da América como um "caldeirão cultural"[42] ou do "sonho americano". Essas histórias não precisam ser reais nem mesmo críveis para serem postas em prática. Como Shumway nota, "as ficções orientadoras das nações não podem ser provadas e, na verdade, muitas vezes são invenções tão artificiais quanto as ficções literárias. Ainda assim, são necessárias para dar aos indivíduos uma ideia de nação, povo, identidade coletiva e propósito nacional" (Shumway, 1991, p. xi).

42 Em inglês, *melting pot*, expressão que começou a ser usada nos Estados Unidos no século XVIII e se tornou mais recorrente a partir de uma peça teatral homônima de 1908. A expressão tem origem no cadinho, no qual metais e outras substâncias são derretidos e fundidos. Da mesma forma, diferentes etnias e culturas são misturadas e assimiladas. [N.T.]

A Geração de 1837 estava profundamente integrada ao espírito de seu tempo. Intelectuais latino-americanos das décadas de 1830 a 1870 costumavam ser homens que ocupavam simultaneamente cargos no governo, na academia, nas artes, na ciência e no comércio (Clark, 2013). Muitos eram filhos de europeus, tinham estudado na Europa e recorriam ao Norte para entender o Cone Sul. Eles admiravam os feitos revolucionários da França e dos Estados Unidos. Seus valores e suas ideias eram moldados pelo positivismo francês e pelo liberalismo britânico. Jean-Jacques Rousseau, Alexis de Tocqueville, Auguste Comte, Adam Smith e David Ricardo eram autores lidos e admirados. Progresso, industrialização e livre-comércio eram crenças estimadas. A modernidade era a meta a ser alcançada (Pigna, 2009; Shumway, 1991).

A ideologia de que "modernização é progresso", defendida por esses intelectuais, e seu alinhamento com ideais positivistas não eram exclusividade da Argentina; eram comuns às elites intelectuais de muitos países que tinham acabado de se tornar independentes na América Latina, tais como México, Chile e Colômbia (Burns, 1980; Clark, 2013). Ainda que esses intelectuais bebessem na fonte da filosofia, da ciência e da história europeias, seu projeto de modernidade não era uma cópia exata da modernidade europeia. Esses homens letrados eram descendentes de europeus, porém, diferentemente de seus antepassados, não tinham vivido sob o domínio colonial. Eles aprendiam com a Europa, mas queriam desenvolver e testar suas próprias ideias. Em outras palavras, seu projeto de modernidade não era nem autóctone nem uma imposição externa, mas uma mistura ou um híbrido, adaptado às realidades dessas nações entendidas como periféricas, como países dependentes da exploração de seus recursos naturais para a entrada de capital estrangeiro (Coronil, 1997; García Canclini, 1990; Larraín, 2000).[43]

43 Beatriz Sarlo (1988) se refere a essa versão da modernidade latino-americana como "subordinada" ou "periférica".

O projeto de construção da nação argentina tomou forma com base nesses valores e ideais, e, como tal, a identidade nacional e a modernidade da Argentina se tornaram inextricavelmente ligadas. Da Geração de 1837, Domingo F. Sarmiento (1811-1888), Juan Bautista Alberdi (1810-1884) e Esteban Echeverría (1805-1851) foram os principais colaboradores na tarefa de definir *la argentinidad* (Benítez-Rojo, 1996; Halperin Donghi, 2010; Larraín, 2000). Escritores habilidosos, eles criaram uma identidade nacional pós-independência por meio de romances e ensaios. As obras *Facundo, ou civilização e barbárie* (1845), de Sarmiento, e *Bases e pontos de partida para a organização política da República Argentina* (1852), de Alberdi, são consideradas textos seminais da identidade nacional argentina (Shumway, 1991; Sorensen, 1996).[44] Esses livros estabeleceram mitos orientadores que idealizaram os Pampas como terreno fértil para a modernização agrícola e a Argentina como uma nação agroexportadora.

44 Os títulos originais em espanhol são *Facundo o civilización y barbarie en las Pampas Argentinas* e *Bases y puntos de partida para la organización política de la República Argentina*. Facundo Quiroga (1788-1835) foi o líder caudilho da província do norte de La Rioja, também conhecido como *el Tigre de los Llanos*, o Tigre das Planícies.

CIVILIZAÇÃO OU BARBÁRIE

A doença de que padece a Argentina é sua própria extensão: o deserto a cerca por todos os lados e se insinua em suas entranhas. A solidão, uma terra estéril sem habitação humana, costuma ser a inquestionável fronteira entre uma província e outra. Ali, a imensidão está por todas as partes: planícies imensas, florestas imensas, rios imensos, o horizonte sempre incerto, sempre confundido com a terra em meio a nuvens velozes e névoas tênues que não nos permitem, de uma perspectiva distante, distinguir o ponto onde o mundo acaba e o céu começa.

— Domingo Faustino Sarmiento, *Facundo*

As famosas linhas de abertura de *Facundo*, de Sarmiento, sintetizam como a elite intelectual avaliava a situação da Argentina no despertar da independência. A meta do projeto de nação era criar uma Argentina moderna, mas, segundo a perspectiva da elite, muitos obstáculos atrapalhavam a trajetória do país para se juntar às nações civilizadas do mundo.[45] Os homens da Geração de 1837 chamavam de *males* esses obstáculos ao desen-

45 Para entender a mentalidade da Geração de 1837, é importante atentar ao contexto histórico. Nos anos 1840, a Argentina se dividia em duas facções: os *unitarios*, liberais que queriam um governo centralizado sediado em Buenos Aires, e os *federales*, conservadores que queriam um governo descentralizado (o que daria mais poder às províncias). Na época, o poder estava nas mãos dos *federales*. Juan Manuel de Rosas (1793-1877), o caudilho da província de Buenos Aires, era o governante de fato do país. Rosas era um fazendeiro e tinha forte apoio popular das massas rurais. Os homens da Geração de 1837 se opuseram a ele e, por isso, muitos foram forçados ao exílio. Eles só puderam voltar ao país depois do fim do governo de Rosas, em 1852. Ver Luna (2005 [1995]); Rock (1987).

volvimento. Como escreveu Sarmiento, em uma clássica análise funcionalista da sociedade, a Argentina sofria de uma doença.[46] Que problemas precisavam ser resolvidos para "curar" a República Argentina? A elite intelectual do século XIX identificou três. Primeiro, havia *la tierra*, o território rural selvagem que Sarmiento chamou de "deserto"; segundo, a tradição católica espanhola, a religião das massas conservadoras; e terceiro, *la raza* (a raça), os não brancos que povoavam o território rural: *gauchos* (homens rurais miscigenados) e *indios* (termo original e pejorativo para se referir aos povos indígenas) (Pigna, 2009; Shumway, 1991).

No título e no conteúdo, o livro de Sarmiento simplifica as ideias de sua geração em uma fórmula: "civilização e barbárie". A "civilização" da metrópole se opõe à "barbárie" da vida rural. A visão dicotômica da sociedade argentina entendia o campo e suas populações rurais, mestiças e indígenas como representantes da origem da doença do país, enquanto as cidades, como Buenos Aires, Paris ou Londres, eram o modelo do que a Argentina deveria se tornar.[47] O racismo estava impregnado no

46 A análise da sociedade feita pela elite do século XIX era imbuída do espírito de seu tempo, em particular do positivismo e do funcionalismo francês. Dessa perspectiva sociológica, inicialmente desenvolvida por Auguste Comte e depois por Émile Durkheim, a sociedade era entendida como um corpo vivo, um organismo no qual cada parte (ou seja, cada instituição social, como a economia, a política, a educação e a família) tinha uma função específica. Assim como um organismo vivo, quando não funcionam bem, esses órgãos/instituições adoecem e afetam o resto do corpo (social). Ver Durkheim (1997 [1999]); Parsons (1977).

47 A dicotomia civilização/barbárie de Sarmiento se assemelha a uma dicotomia clássica da teoria sociológica: a comunidade/sociedade (*Gemeinschaft*/*Gesellschaft*) de Ferdinand Tönnies (1963). A análise clássica de Tönnies sobre a transição da sociedade tradicional/feudal (*Gemeinschaft*) para a moderna/capitalista (*Gesellschaft*) está no cerne do paradigma modernizador: essa transição é conceituada como um movimento linear em direção ao progresso, à modernidade, à maior racionalização. Ainda que Tönnies e Sarmiento estivessem escrevendo aproximadamente na mesma época, há

caráter da época; nem Sarmiento nem seus pares intelectuais da região desafiavam ou questionavam as hierarquias racistas e os problemas sociais. Ao contrário, "teorias raciais eram centrais para muitas das prescrições positivistas das reformas sociais e políticas", incluindo as de Sarmiento na Argentina, de Justo Sierra no México e de José María Samper e Mariano Ospina na Colômbia (Clark, 2013, p. 63).

Sarmiento foi influenciado pelo positivismo e pelos feitos da Revolução Industrial. Nos seus escritos, "barbárie" são a natureza selvagem, os territórios rurais não explorados, os povos indígenas. Seus exemplos de "civilização" eram o norte da Europa e os Estados Unidos: as fábricas britânicas, a cultura da elite parisiense e a ética de trabalho dos agricultores protestantes dos Estados Unidos. Em *Facundo*, os Pampas são um lugar perigoso. Sarmiento alerta o leitor sobre as possibilidades de ser picado por uma cobra, devorado por um tigre ou atacado por "índios selvagens". Ele também teme os caprichos do tempo, contando histórias ameaçadoras sobre as tempestades nos campos abertos. Para cada história narrada sobre a feiura e os perigos da vida rural, Sarmiento salienta a beleza dos teatros e das sociedades literárias de Buenos Aires.

---

uma diferença importante entre os dois. Para Tönnies, assim como para outros estudiosos europeus que vieram depois dele, como Karl Marx, Émile Durkheim e Max Weber (e até mesmo Talcott Parsons nos Estados Unidos em meados do século XX), a tradicional *Gemeinschaft* está no passado. Já tinha sido — ou estava sendo rapidamente — substituída pela sociedade capitalista industrial. Assim, em seus escritos, esses autores por vezes lamentam a perda dos valores tradicionais da comunidade. Os escritos de Durkheim e Weber, em particular, muitas vezes carregam traços românticos de um passado perdido. Na Argentina do início do século XIX, no entanto, essas duas categorias coexistiam. A Geração de 1837 não podia se dar ao luxo do romantismo, nada havia se perdido ainda. Ao contrário, para eles, a "barbárie" oriunda dos Pampas era como uma praga. Assim, eles se propuseram a exterminá-la.

Sarmiento culpa a terra pela doença da Argentina. Na sua perspectiva, a natureza condiciona — negativamente — a vida política e social do país (Brailovsky & Foguelman, 2009). Como um homem da modernidade, ele acreditava que as paisagens naturais eram problemáticas, já que ainda não tinham sido vistas pela lente científica e eram intocadas pelo capitalismo. As terras *improdutivas*, ainda não subjugadas ao poder humano e das máquinas, eram a fonte dos chamados "males". Sarmiento destaca a potencial capacidade produtiva do campo e como os Pampas são ideais para a produção agrícola:

> No centro, na zona paralela, os Pampas e a selva disputam a terra por um longo trecho; a floresta domina em alguns lugares e então se transforma em arbustos espinhosos e venenosos; a selva aparece de novo graças a um rio que a favorece, até que, no sul, os Pampas finalmente triunfam e revelam seus campos lisos, plácidos, infinitos, sem limite conhecido e nenhuma pausa digna de nota. É uma imagem do mar na terra, a terra como aparece no mapa, a terra ainda esperando o comando para produzir plantas e todos os tipos de sementes. (Sarmiento, 2003, p. 46)

Em meados do século XIX, quando Sarmiento escreveu essas linhas, a ecologia da região dos Pampas já havia sido transformada pela colonização espanhola. Quando chegaram, é provável que os espanhóis também tenham considerado a área deserta, especialmente em comparação com os trópicos exuberantes e os impressionantes impérios Asteca e Inca. Na época, os Pampas eram uma vasta paisagem plana de grama alta e poucas árvores. Compreendiam 52 milhões de hectares, onde, de vez em quando, era possível avistar um *ombú* (a árvore perene nativa dos Pampas), pequenas florestas (*montes*) de *chañar* (uma pequena árvore amarelada e espinhosa, provavelmente os arbustos venenosos descritos por Sarmiento) e mais alguns trechos com árvores (salgueiros, ceibos, sarandis e acácias-negras espinhosas), abundantes apenas nas margens de alguns rios porque, como observou Sarmiento, as águas as favoreciam. Povos indígenas eram caçadores, mas animais grandes eram raros por conta da escassez de água e vegetação, limitando também o tamanho das comunidades. O guanaco, um animal que se parece com a lhama, era a base da alimentação nativa, por isso povoados se espalharam pela região para caçá-lo (Brailovsky & Foguelman, 2009).[48]

Os espanhóis transformaram radicalmente as relações entre a sociedade e o ecossistema da região dos Pampas ao introduzir vacas, ovelhas, cavalos, além de cultivos comerciais como trigo, cevada e alfafa (Brailovsky & Foguelman, 2009). Também trouxeram o arado, tecnologia agrária até então desconhecida na região. Quando Sarmiento escreveu *Facundo*, os Pampas eram território de criação de ovelhas e gado. Depois da independência, Buenos Aires perdeu sua mais preciosa commodity de exportação: a prata de Potosí. A cidade portuária passou a sobreviver quase exclusivamente de exportações derivadas do gado: couro de vaca e de cavalos selvagens (conhecido na Argentina como *cuero bagual*), carne seca salgada (chamada de *tasajo*) e lã (Rosal, 1998, p. 568).[49]

Ainda que a exportação de commodities derivadas do gado fosse a maior fonte da receita externa de Buenos Aires, Sarmiento definia os Pampas como uma região improdutiva. Por quê? Por causa de sua mentalidade modernizadora. Nessa perspectiva, a eficiência era medida em termos quantitati-

48 Como os autores notam, os povos indígenas também usavam o couro do guanaco para fazer roupas, construir capas, abrigos e toldos. É por isso que os assentamentos indígenas na Argentina são chamados de *tolderías*.

49 O principal destino do couro argentino era a Grã-Bretanha. A lã era enviada sobretudo para os Estados Unidos, a França e a Alemanha. A carne salgada, considerada de baixa qualidade para alimentar os trabalhadores industriais, era usada para alimentar pessoas escravizadas e, portanto, exportada majoritariamente para Cuba e Brasil.

vos e relacionada a um controle da produção para que o fluxo fosse homogêneo e, principalmente, *previsível* (Mumford, 1963 [2018]). Sem a intervenção humana e das máquinas, a natureza não alcança os padrões de eficiência do capitalismo. O gado, livre para vagar pelos campos, pasta à vontade e engorda de acordo com a qualidade da grama — que depende da qualidade do solo, que, por sua vez, depende da variabilidade do clima durante as quatro estações. Comparada às fábricas britânicas que Sarmiento tanto admirava, a região dos Pampas era um lugar nada confiável para os negócios. A Revolução Industrial britânica foi alavancada com a descoberta científica da energia à base do carvão: uma fonte que, ao contrário dos rios e ventos usados para mover os moinhos, podia ser controlada, transportada e armazenada. Ela também se baseou no desenvolvimento de uma máquina muito especial: o relógio (Mumford, 1963 [2018]; Pinker, 2018). Graças a esses artifícios — o relógio e a energia constante para movimentar as máquinas e fornecer iluminação artificial —, todos os dias de trabalho na fábrica podiam começar às seis da manhã em ponto, chovesse ou fizesse sol, fosse verão ou fosse inverno. Assim, para civilizar os Pampas, Sarmiento e seus colegas intelectuais propuseram sua industrialização, para que a região se tornasse tão eficiente e produtiva quanto uma fábrica na Grã-Bretanha.

A dicotomia civilização/barbárie de Sarmiento se tornou um mote da jovem elite intelectual argentina e, com o tempo, passou a ser a forma mais básica dos argentinos entenderem o próprio país (Shumway, 1991; Sorensen, 1996). É uma das ficções orientadoras mais duradouras da Argentina. Os produtores dos Pampas, como Germán, celebram o pacote tecnológico da soja resistente a herbicida à luz desse mito: a biotecnologia geneticamente modificada é a tecnologia de ponta que gera, de forma eficiente, um produto homogêneo, confiável e lucrativo. Se Sarmiento visse os Pampas atualmente, com suas infinitas fileiras de soja, ficaria orgulhoso. Com exceção de pequenas áreas naturais ainda preservadas, os Pampas estão tomados por fazendas ou áreas construídas.[50] A natureza foi devidamente conquistada e subjugada. A região é uma fábrica de culturas comerciais.

POVOAR O DESERTO

Juan Bautista Alberdi, outro membro da Geração de 1837, foi responsável por desenvolver o principal programa para "civilizar" a Argentina. Seu projeto propunha promover a imigração da Europa e, em segundo lugar, o livre-comércio (Alberdi, 2017). Seguindo a teoria econômica liberal de Adam Smith e David Ricardo, Alberdi acreditava que os países deveriam se especializar na exportação daquilo que produzissem com maior eficiência (em termos de custo-benefício). Quando todos os países o fazem e comercializam seus bens e serviços, a situação deles melhora e, assim, o comércio capitalista é considerado mutuamente vantajoso. A vantagem comparativa da Argentina, assim como de outras nações latino-americanas, é a riqueza de recursos naturais. A percepção de Alberdi sobre a natureza era menos dramática que a de Sarmiento. Ele via os Pampas como uma fonte abundante de recursos, pedindo para ser explorada (Brailovsky & Foguelman, 2009). Sua visão da Argentina era um híbrido de modernização europeia adaptada para a paisagem dos Pampas.

50 Na região dos Pampas, cinco pequenos parques nacionais protegem uma área menor que cinquenta mil hectares: Campos del Tuyú e Ciervo de los Pantanos na província de Buenos Aires; Lihué Calel em La Pampa; e Islas de Santa Fe e Predelta na província de Santa Fe. Ver "Parques nacionales", disponível em: https://www.argentina.gob.ar/parquesnacionales.

Assim, o foco de seus planos era tornar um território rural produtivo do ponto de vista industrial.

Alberdi recomendou deixar de lado as exportações de gado e priorizar a especialização na agricultura, que requer muito capital e muita mão de obra. Se o governo argentino não tinha recursos suficientes para investir na tecnologia adequada, ele sugeriu "deixar que outros o fizessem". E propôs a abolição de todas as tarifas protecionistas, abrindo o país para empréstimos, parcerias e investimentos estrangeiros que impulsionassem o processo de transformação tecnológica. Segundo Alberdi, a solução para os problemas de desenvolvimento na Argentina envolvia "uma espécie de apelo para a Europa e os Estados Unidos, por meio de imitação, imigração, investimento ou importação de tecnologia" (Shumway, 1991, p. 156).

Os projetos e as ideias vislumbrados pela Geração de 1837 se tornaram realidade em um tempo relativamente curto. Nos anos 1880, a elite intelectual e política conhecida como Generación del' 80 consolidou o Estado-nação moderno e o modelo agroexportador. Sob a presidência de Julio Roca (1880-1886), a Geração de 1880 patrocinou a imigração europeia para a Argentina e criou um sistema nacional de ensino básico gratuito, laico e obrigatório: uma estratégia para a socialização e assimilação dos imigrantes recém-chegados (Sabato, 2012). (Esse projeto foi liderado pelo próprio Sarmiento, primeiro como presidente, entre 1868 e 1874, e depois, sob o governo Roca, como superintendente-geral de escolas no Ministério da Educação.) Também se estabeleceu um modelo de desenvolvimento econômico baseado no programa de Alberdi.[51]

51 Três outras leis aprovadas durante o governo Roca foram estratégicas para a consolidação da nação argentina. Em primeiro lugar, a lei que fez de Buenos Aires a capital do país; em segundo, a Lei de Unificação Monetária (1881), que deu ao governo nacional o poder único de emitir moeda; em terceiro, a que orientou a criação do Exército Nacional (Gallo, 2013).

Foi assim que começou, no fim do século XIX, o processo de modernização dos Pampas por meio da imigração europeia e do investimento estrangeiro para a transferência de tecnologia e desenvolvimento de infraestrutura. Esse processo atingiu seu auge na virada do século XX, com o boom da agroexportação entre 1870 e 1914, quando a Argentina ficou conhecida como o celeiro do mundo.

A enorme imigração europeia povoou o vasto território e expandiu a agricultura industrial nos Pampas. Em 1840, antes dessa chegada em massa de europeus, a população do país não chegava a 700 mil habitantes e estava essencialmente concentrada no Noroeste. A densidade populacional nos Pampas era de uma pessoa para cada cem hectares (Stølen, 2004, p. 45-6). A maioria dos *criollos*[52] vivia na cidade de Buenos Aires. As áreas rurais eram povoadas majoritariamente por *gauchos*. Nessa época, a maior parte desses homens era composta de mestiços, filhos de mães indígenas e pais colonizadores. Em geral, eram pobres e sem-terra, vivendo de pequenos trabalhos no campo. Trabalhavam principalmente na criação de ovelhas e gado nas *estancias*, as grandes propriedades dos *hacendados*, que, por sua vez, eram, muitas vezes, descendentes de espanhóis (Ludmer, 1996).

Qualquer região para além dos úmidos Pampas estava fora do controle do governo de Buenos Aires e, com exceção de antigas cidades coloniais no Noroeste, na verdade estava sob o controle de povos indígenas. O objetivo, então, era povoar o que, na perspectiva das elites, era "o deserto" e "a terra da barbárie". Para isso, o governo mobilizou um projeto de colonização bastante similar ao dos Estados Unidos. Com a ajuda de empresas privadas colonizadoras, europeus foram recrutados para imigrar para a Argentina, muitas vezes com os custos

52 Na Argentina, o termo se refere a pessoas nascidas no país, porém filhas de europeus. [N.T.]

do transporte subsidiados. Eles tinham a promessa de terras para cultivar assim que chegassem (em um sistema de arrendamento, diferente da propriedade direta dos Estados Unidos), uma casa, ferramentas agrícolas e sementes (Taylor, 1948; De Cristóforis, 2016).

A partir da década de 1850, o porto de Buenos Aires se tornou para a Argentina o que Staten Island foi para os Estados Unidos: a porta de entrada de milhões de europeus que desembarcaram para estabelecer um lar no Novo Mundo. Entre 1870 e 1914, pico da imigração europeia para a Argentina, 5,9 milhões de pessoas chegaram de navio; entre elas, 3,2 milhões fizeram do país sua casa permanente (Gallo, 2013, p. 36). A maioria veio da Itália, Espanha, França, Alemanha, Suíça, do País de Gales e da Holanda. Muitos judeus russos também emigraram para a Argentina nesse período. Fugindo da violência dos *pogroms* russos, eles foram trazidos pela Associação de Colonização Judaica, liderada pelo barão Hirsch, financista e filantropo judeu alemão. Muitos imigrantes permaneceram na cidade, mas tantos outros, como era o plano do governo, se estabeleceram em assentamentos rurais chamados de *colonias* (De Cristóforis, 2016; Avni, 1983).[53] Assim, eles ficaram conhecidos como "colonos" e "gringos". A fazenda passou a ser chamada de *chacra*, e os gringos que nela trabalhavam, *chacareros*.

Mas não havia nenhum "deserto", nem em termos geográficos nem demográficos (Halperin Donghi, 2010). Os Pampas e além, incluindo a região do Gran Chaco no norte e a Patagônia no sul, eram ocupados por povos indígenas. O poder colonial espanhol havia dizimado populações e paisagens nativas ao estabelecer um modelo baseado na extração de recursos naturais para exportação. O noroeste da Argentina era o sul do Império Inca, destruído pelos espanhóis (Boyer, 2016; Restall &

53 Sobre a história das *colonias*, ver Djenderedjian (2008).

Lane, 2018).[54] O nordeste era povoado por povos Guarani seminômades, muitos dos quais, assim como os Inca, eram forçados a trabalhar como escravos nas minas e plantações da região.[55] No entanto, a despeito da violência radical e da pilhagem generalizada da conquista espanhola, as elites de Buenos Aires ainda tinham um problema "bárbaro".

No fim do século XIX, a fronteira que definia o contorno do Estado-nação era nebulosa, resultado de décadas de guerra civil pós-independência. Além disso, indígenas a atravessavam com frequência para fazer saques. Portanto, para consumar o projeto de construção da nação, era necessário entrar em guerra contra os "bárbaros" que viviam fora do alcance dos governantes de Buenos Aires. Aqui, é possível estabelecer paralelos com a história estadunidense e seu mito de "destino manifesto" ao tornar produtiva a "terra arrasada" do oeste do país, ao libertá-la dos grandes animais e dos povos nativos. O lado sombrio do projeto de modernização foi o extermínio quase completo das populações indígenas, que eram vistas como um obstáculo ao "progresso".

"A constituição da Argentina como um Estado-nação no fim do século XIX", argumentaram Gastón Gordillo e Silvia

54 Brailovsky e Foguelman (2009), em *Memoria verde*, definem a destruição do sistema agrícola de terraceamento dos incas, no noroeste argentino, como uma das piores catástrofes ecológicas que o país já sofreu.

55 As instituições coloniais de trabalho indígena forçado nas minas espanholas são conhecidas como *mita* e *encomienda*. Embora nenhuma fosse tecnicamente um sistema escravista, Restall e Lane (2018, p. 155-6) argumentam que "chegaram bem perto", devido ao alistamento forçado de indígenas e à sujeição a duras condições de trabalho que lhe infligiram doenças, mortes e mutilações. No nordeste argentino, na província de Misiones em particular, os Guarani, fugindo de bandeirantes escravistas que buscavam mão de obra para as plantações de cana no Brasil, encontraram refúgio nas missões jesuítas, que os subjugaram por outros meios. Ver Ganson (2003); Restall e Lane (2018, p. 160-1).

Hirsch (2003, p. 4), "foi baseada na tentativa sistemática de eliminar, silenciar ou assimilar suas populações indígenas". Entre 1874 e 1880, o governo nacional lançou uma série de campanhas militares para conquistar o território com fins "civilizatórios" (Rock, 1987). O intuito era dominar os povos indígenas para estabelecer fronteiras geopolíticas com o Brasil e o Paraguai ao norte, e com o Chile no sul da Patagônia. Em 1878, o então general Julio Roca liderou a campanha conhecida como "conquista do deserto" para dominar o território que ia de Buenos Aires até o Rio Negro, a conhecida fronteira da Patagônia: uma iniciativa militar nas regiões dos Pampas, terra dos Puelche, Pehuenche e Ranquele, e da Patagônia, terra dos Tehuelche e Mapuche. Esses povos ficaram impotentes contra um exército armado que os superava muito em número. No total, não havia mais que doze mil indígenas em comunidades de até quatro mil pessoas, espalhadas em milhões de hectares pelos Pampas e pela Patagônia. Para lutar, dispunham apenas de lanças, arcos, flechas e boleadeiras[56] (Hasbrouck, 1935; Rock, 1987, p. 154). Os homens sob o comando do general Roca usavam rifles Remington, as armas tecnologicamente mais avançadas da época. Campanhas militares do tipo também foram enviadas ao norte, para a região do Chaco, onde derrotaram os povos Toba (Qom) e Mocoví (Moquit) (Pigna, 2009; Gordillo & Hirsch, 2003).

A matança, a expulsão e a expropriação de terras dos povos indígenas possibilitaram o capitalismo agrário na Argentina, num processo que David Harvey (2005b [2005]) chama

56 A boleadeira é uma arma que consiste em "duas ou três pedras redondas envoltas em couro e amarradas com tangas de dois metros de comprimento". "Um desses pesos ficava na mão enquanto a arma era girada por cima da cabeça e, em seguida, lançada contra o inimigo ou o animal caçado. Tão grande era a habilidade dos indígenas em arremessar as boleadeiras que conseguiam golpear a cabeça da presa com uma das pedras ou enrolar as correias em torno do pescoço ou das pernas, independentemente da velocidade com que ela estivesse correndo" (Hasbrouck, 1935, p. 200).

de "acumulação por espoliação". O sucesso da empreitada militar do general Roca deu ao governo nacional o controle sobre milhões de hectares. Como escreve Felipe Pigna, em vez de serem destinadas aos colonos, como determinava a lei de imigração, essas terras públicas foram distribuídas para um número reduzido de famílias abastadas que haviam financiado a campanha militar por meio da venda de terras. Assim que a "conquista do deserto" foi concluída, cerca de 8,5 milhões de hectares passaram para as mãos de 391 indivíduos (Pigna, 2009, p. 370-3). A região dos Pampas, devidamente domesticada e sob o controle da elite, tornou-se a área desmatada sobre a qual se estabeleceram as pedras fundacionais da República Argentina.

As consequências do projeto civilizador perduram até hoje. O processo de colonizar e "embranquecer" a Argentina continuou ao longo do século XX (Gordillo, 2014, 2016). Muitas famílias indígenas e camponesas foram isoladas em territórios cada vez menores no norte da Argentina, nas províncias de Salta, Jujuy, Tucumán, Chaco, Santiago del Estero, Formosa e Misiones (Domínguez, 2009). Em uma pesquisa nacional de 2004 e 2005, menos de 460 mil pessoas se autodeclaravam indígenas na Argentina. A pesquisa contabilizou 31 povos: alguns numerosos, como os Mapuche, Kolla, Toba e Wichí (que somam 60% de todos os indígenas no país), mas a maioria deles, pequenos, com menos de mil pessoas. No censo de 2010, quase um milhão de argentinos se identificaram como indígenas, o equivalente a 2,4% da população (Binstock & Cerrutti, 2010, p. 13).[57] Como explico no capítulo 4, esse aumento se deve a

57 De acordo com a Pesquisa Complementária das Populações Indígenas na Argentina 2004-2005, 457.363 pessoas se identificaram como indígenas no país. (O número cresce para 600.329 se forem incluídas as pessoas que não se identificam dessa forma, mas são a primeira geração descendente de indígenas.) Os maiores povos são os Mapuche (113.680 pessoas), os Kolla (70.505), os Toba (69.452) e os Wichí (40.036). No censo de 2010, 955.135 pessoas se identificaram

uma nova onda de ativismo indígena na América Latina e na Argentina a partir dos anos 1990, além da inclusão dos direitos indígenas na Constituição de 1994. Ainda assim, a despeito desse aumento nos números e na diversidade de culturas, idiomas e tradições, os povos indígenas na Argentina estão em desvantagem em relação à população como um todo. Em geral, eles têm acesso escasso à educação formal, e seus índices de alfabetização são muito inferiores à média do restante da população. Também têm pouco acesso à saúde pública, em particular os que vivem em áreas rurais. Em geral, os povos indígenas na Argentina enfrentam situações de enorme vulnerabilidade social e econômica (Binstock & Cerrutti, 2010; 2016).

"Via de regra, as políticas públicas e as pesquisas 'invisibilizam' as populações camponesas", argumenta Pablo Lapegna (2016, p. 35), "incorporando a economia regional do norte argentino aos Pampas, enquanto conceitua o camponês de modo negativo — como um ator sem capitalização ou que tem uma participação marginal na criação de valor". Diferentemente de outros países latino-americanos, como Brasil, México e Peru, a Argentina conseguiu apagar suas heranças indígenas e mestiças. A Argentina contemporânea se declara urbana, branca e europeia (Gordillo, 2016; Gordillo & Hirsch, 2003; Alberto & Elena, 2016). Discussões sobre raça e racismo são alheias ao cotidiano. Discriminações baseadas na raça e nos abusos verbais contra pessoas pobres, mestiças ou indígenas persistem tanto quanto o discurso de boa parte dos argentinos de que o racismo não é um problema. Como mostro no capítulo 4, o uso da violência racista contra indígenas e camponeses que defendem seus territórios continua vigente.

—

como descendentes de indígenas (Binstock & Cerrutti, 2016, p. 46). Ver também "Censo nacional de población, hogares y viviendas", Indec, 2010, disponível em: https://www.indec.gob.ar.

O projeto imaginado pela elite do século XIX logo se concretizou e deu frutos. Depois de passar por um processo de limpeza das populações indisciplinadas e dos padrões naturais imprevisíveis, o campo priorizou a onda de imigrantes europeus e os investimentos por meio de empréstimos estrangeiros, infraestrutura e tecnologias. Os Pampas começaram a abrigar as fazendas industriais vislumbradas por Sarmiento e Alberdi, entre outros. De 1880 a 1914, a Argentina viu a consolidação e o sucesso de um modelo de desenvolvimento baseado na produção e exportação de grãos e produtos derivados da pecuária. Os Pampas se tornaram o motor do primeiro boom agroexportador e, com isso, outro mito da identidade nacional foi criado: o de que a Argentina, "o celeiro do mundo", seria responsável por alimentar as pessoas famintas do planeta (Barsky & Gelman, 2001; Pigna, 2009; Shumway, 1991).

A Argentina entrou no que Harriet Friedmann e Philip McMichael chamam de "primeiro regime alimentar" como fornecedora de grãos e gado para a Grã-Bretanha (Friedmann & McMichael, 1989). A intervenção britânica via empréstimos, créditos e investimento direto foi essencial para o desenvolvimento do modelo agroexportador do fim do século XIX. Ferrovias e portos construídos e financiados pelos britânicos, assim como novos desenvolvimentos tecnológicos, incluindo navios transoceânicos refrigerados (essenciais para transportar carne bovina), conectaram a produção dos Pampas com os mercados europeus. Novas máquinas de plantio e colheita vieram dos Estados Unidos, da Grã-Bretanha e da França, assim como a introdução de técnicas de criação e raças de gado inéditas até então (Barsky & Gelman, 2001). Em troca dessa transferência de tecnologia e desenvolvimento de infraestrutura, as exportações de alimentos de clima temperado da Argentina nutriram a crescente classe trabalhadora britânica (junto com os alimentos tropicais de suas colônias), perpetuando a hegemonia da Grã-Bretanha e reforçando seu papel de "oficina do mundo" (McMichael, 2009, p. 141).

O boom foi real. O aumento da renda per capita na época estava entre os mais altos do mundo (Sanz-Villarroya, 2005). A Argentina estava em pé de igualdade com o Canadá e a Austrália — países que haviam acabado de conquistar a independência e estavam exportando alimentos para a Grã-Bretanha — e compartilhava seu potencial de se juntar às nações mais ricas do mundo. Em 1914, a Argentina havia se tornado o terceiro maior exportador de grãos do planeta, dando conta de cerca de 50% da exportação global de trigo, quase dois terços do milho, pouco mais de 80% da linhaça e 60% da exportação global de carne bovina (Hora, 2012, p. 153). Em 1929, os níveis do produto interno bruto (PIB) per capita chegaram a 86% do índice da Austrália e 90% do Canadá.[58] A zona rural da Argentina estava recebendo um volume enorme de investimento estrangeiro e produzindo uma quantidade enorme de alimentos. Esses "anos dourados" dos Pampas tiveram como base um modelo misto de agricultura e produção de gado (Palacio, 2006, p. 41). Grande ondas de europeus chegaram para povoar o território do país. Seus filhos se tornaram a versão de Sarmiento de cidadãos argentinos, graças ao desenvolvimento do sistema público de educação. O modelo se tornou um sucesso e, a partir daí, o mito foi criado. Foi a *belle époque* da Argentina.

Os colonos trabalhadores que se estabeleceram pelos Pampas tornaram possível o boom de exportação de grãos. Se o sucesso da pecuária é atribuído a latifundiários abastados, foi o trabalho de milhões de *chacareros* que viabilizou a produção

58 Ou seja, 4.367 dólares — ajustados à paridade do poder de compra (PPP), em dólares dos anos 1990 (Sanz-Villarroya, 2005, p. 441).

agrícola em larga escala (Palacio, 2006). No entanto, eles não estavam colhendo os benefícios. As recompensas do modelo agroexportador não foram distribuídas entre aqueles que o sustentavam. Na virada do século XX, os Pampas haviam se tornado uma área de monoculturas mecanizadas e de larga escala, e não das pastagens acolhedoras com as quais os imigrantes colonos haviam sonhado. A vasta distância entre as fazendas, centenas e centenas de hectares, não facilitava a vida social. Essas enormes extensões, explica Haim Avni (1983, p. 543), "separaram os colonos de seus amigos, as crianças das escolas, e a maioria dos produtores agrícolas das cidades e estações de trem, representando um obstáculo considerável para o desenvolvimento de uma sociedade agrária articulada".

A estrutura de propriedade de terras continuou absolutamente desigual e foi outro obstáculo para um desenvolvimento agrário. Quando estudou a vida rural argentina dos anos 1940, o sociólogo estadunidense Carl C. Taylor celebrou o progresso mecanizado dos Pampas mas também sublinhou o alto nível de desigualdade. "A maior porção de terra do cinturão do milho nos Pampas pertence a grandes proprietários, mas é operada por fazendas relativamente pequenas", explicou Taylor. Essas "unidades operacionais foram, em algum momento, parte de *estancias*", mas se converteram, "parcial ou totalmente, em fazendas operadas por arrendatários quando a cultura de cereais começou a se desenvolver em meio ao cinturão do gado". Qual era o tamanho dessas propriedades? Imensas. Taylor descreve uma de 45 mil acres, o que significa 18 mil hectares, uma área maior que a cidade de Washington, capital dos Estados Unidos. A respeito desse enorme latifúndio, Taylor continua: "15 mil acres são operados pelo administrador da fazenda, por seu assistente e por 28 homens contratados. Os outros 30 mil acres são operados por 105 arrendatários (colonos). Cada arrendatário é um empresário que vive na própria casa e opera sua própria empresa agrícola" (Taylor, 1948,

p. 7-8).[59] Os colonos descritos por Taylor eram produtores de milho e trabalhavam em cerca de 120 a 300 acres cada um (por volta de 50 a 120 hectares). Portanto, na época, eles trabalhavam em uma escala maior do que a maioria dos agricultores do cinturão de milho dos Estados Unidos. Os contratos de arrendamento de terra duravam períodos de três a cinco anos dependendo da fazenda, e o aluguel era definido de acordo com uma porcentagem de grãos colhidos, normalmente de 30% a 40%, a depender da fertilidade da terra.

Padrões desiguais de acesso fundiário resultaram de modo imediato em condições de vida altamente desiguais, como demonstra o relato de Taylor comparando a vida dos arrendatários que trabalham nessa enorme fazenda com a dos donos que a gerenciam:

> O escritor visitou três arrendatários nessa grande fazenda. Dois deles viviam em casas de barro com telhados de palha. A outra casa tinha paredes de tijolos de adobe e telhado de zinco. Todas com chão de terra batida. Duas tinham fogão, a outra usava fogueira. Todas eram iluminadas por lamparinas e velas de querosene, tinham rádios, e uma delas tinha banheiro. Nenhuma tinha qualquer equipamento de aquecimento, a não ser o próprio forno. Todas tinham galinhas, vegetais e flores nos quintais.
>
> A área de quinze mil acres da fazenda operada pela *administración* (ou seja, por um gerente assalariado) fica aos cuidados de um britânico, assistido por um argentino anglófono de origem italiana. Eles vivem em uma casa considerável e totalmente moderna em meio à linda paisagem do parque da *estancia*. Esse parque ocupa cerca de 160 acres, e no seu centro está localizada a man-

59 Carl Taylor foi uma figura muito importante dos estudos da vida rural nos Estados Unidos e o 36º presidente da Associação Americana de Sociologia. Ver "Carl C. Taylor", American Sociological Association, disponível em: http://www.asanet.org/carl-c-taylor.

são da *estancia* — uma casa que não tem menos que trinta quartos. No parque há imensos jardins de flores, uma piscina de azulejos, um campo de golfe de seis buracos, quadras de tênis, um campo de polo e uma capela. O paisagismo foi feito por um artista que planejou alguns dos mais belos parques de Buenos Aires. Os membros da família proprietária usam a mansão por alguns meses durante o verão, no máximo. (Taylor, 1948, p. 7-8)

A maioria dos arrendatários jamais conseguiu comprar o terreno que lhes fora prometido quando subiram nas embarcações que os levaram da Europa para a Argentina. Então, aos poucos, eles abandonaram o campo e se mudaram para a cidade (Djenderedjian, 2008; Taylor, 1948). "Plantamos trigo e cultivamos doutores", afirma um ditado popular que descreve o êxodo rural e a diminuição do número de agricultores nos Pampas (Avni, 1983, p. 546).

Imigrantes europeus foram atraídos para as cidades argentinas. Emigrar para o Novo Mundo, argumenta Kristi Stølen (2004), não significou romper com a cultura e o estilo de vida europeus. A maioria das pessoas que chegou às cidades ali ficou, o que fez a Argentina passar por uma transição urbana precoce e rápida que foi excepcional na América Latina. Em 1914 a população urbana já era maior que a rural.[60] A aspiração de muitos imigrantes *chacareros* era sair do campo depois de alguns anos de trabalho. A meta de muitos agricultores europeus nos Pampas era juntar dinheiro suficiente para mandar à cidade os filhos, para estudarem, e as filhas, para se casarem (Avni, 1983; Ferro, 2013; Hora, 2012; Stølen, 2004).

60 Entre 1870 e 1915, a porcentagem de população urbana subiu de 29% para 52% (Binstock & Cerrutti, 2016, p. 41). Somente o Uruguai e o Chile experimentaram uma dinâmica rápida de urbanização similar à da Argentina (Prévôt-Schapira & Velut, 2016).

Essas características do início da vida rural nos Pampas deixaram marcas duradouras na vida e na agricultura do país. Os agricultores dos Pampas — gringos descendentes de europeus — povoaram o território e foram a força de trabalho da produção de culturas em larga escala, cultivando trigo, milho e linhaça, que, com a exportação de carne bovina na virada do século XIX, fizeram da Argentina o celeiro do mundo. Eles se adaptaram aos padrões de arrendamento: em vez de comprar as próprias terras, priorizaram o reinvestimento do lucro em tecnologias agrárias para aumentar a produtividade (Avni, 1983; Hora, 2012). Organizaram a vida e o trabalho de acordo com os tradicionais papéis europeus de gênero e hierarquias, com as mulheres encarregadas dos afazeres domésticos e os homens administrando a fazenda. Não era esperado que mulheres (esposas ou filhas) trabalhassem na terra nem na administração da fazenda (Ferro, 2013; Stølen, 2004). Quando não foram mortos, os povos indígenas foram desalojados, forçados para fora da fronteira agrícola, e tiveram acesso negado a qualquer benefício do boom agroexportador. Foram invisibilizados pela narrativa dominante de uma Argentina branca e moderna. Até mesmo os produtores rurais preferiam a vida urbana. Essas características já haviam basicamente sido naturalizadas na época em que conheci Germán.

Embora nem todos os colonos tenham se beneficiado do boom agroexportador, para alguns o trabalho árduo foi extremamente bem recompensado. Foi o caso de Abraham Grobocopatel, um dos judeus russos que chegaram nas embarcações da Associação de Colonização Judaica.[61] Em 1912, Abraham se tornou um *gaucho judío*, um colono judeu de Carlos Casares,

61 Conto a história da família de Gustavo Grobocopatel baseada em entrevistas que ele deu para González Arzac (2009) e para Graciela Mochkofsky e Alexandre Roig; ver "El rico que se cree Steve Jobs", *Anfibia*, 24 maio 2012.

cidade rural no centro da província de Buenos Aires. Abraham não teve condições de comprar terras, mas seu filho Bernardo, sim; em 1961 ele comprou duzentos hectares. Quando faleceu, Bernardo deixou setecentos hectares para os filhos, Adolfo e Jorge, que haviam trabalhado na fazenda da família como tratoristas. Eles continuaram trabalhando e investindo nos negócios da família e, nos anos 1970, já acumulavam três mil hectares. O filho de Adolfo, Gustavo, se mudou para Buenos Aires para estudar na Universidade Nacional. Quando se formou como engenheiro agrônomo em 1984, propôs ao pai que a fazenda fosse modernizada, incorporando computadores e plantando soja. O resto da história todos os argentinos conhecem. Adolfo e Jorge dividiram a fazenda da família, e Adolfo e Gustavo Grobocopatel fundaram Los Grobo, uma das maiores empresas do agronegócio do mundo.

SOJA NOS PAMPAS

A soja entrou nos Pampas em meados dos anos 1960, junto com as tecnologias da Revolução Verde. O primeiro boom de agroexportação do começo do século XX havia se esgotado na metade do século com o declínio da demanda global durante a Grande Depressão de 1929 e a Segunda Guerra Mundial (1939-1945). Nos anos 1940 e 1950, a produção agrícola nos Pampas diminuiu à medida que o governo promoveu um modelo de desenvolvimento voltado para dentro, baseado na industrialização doméstica (Barsky & Gelman, 2009, p. 361-74). Durante esse período, líderes populistas da Argentina e de outros países latino-americanos — Peru, México e Brasil — implementaram um modelo conhecido como industrialização por substituição de importações (ISI), com o intuito de romper com o legado colonial da dependência de exportação de commodities (Bértola & Ocampo, 2012).

Juan Domingo Perón foi o maior responsável por promover o modelo ISI na Argentina. Com o objetivo de transcender o modelo agroexportador e diminuir o poder das elites agrárias por meio da industrialização promovida pelo Estado, ele também elaborou um discurso de confronto ao mito dominante da Argentina como uma nação moderna. Como aponta Shumway (1991, p. 299), o que emergiu foi um mito "competidor" de nacionalidade, no qual os elementos de "barbárie" foram engrandecidos e colocados no centro da identidade nacional. A identidade argentina não é uma, mas duas, dicotômicas e opostas. Foi Perón e o partido peronista que melhor articularam o discurso nacionalista e populista que se opôs diretamente ao mito orientador de que a Argentina era como uma nação europeia moderna. Sob o peronismo, aqueles que apoiavam o modelo agroexportador, em especial os grandes latifundiários e proprietários de terra nos Pampas, foram rotulados como imperialistas, oligarcas, *vendepatrias*. Esse discurso continua vivo na Argentina contemporânea e, como mostro mais adiante, ainda é estrategicamente usado pelas elites políticas peronistas neste início do século XXI. Mesmo que o governo tenha se oposto às elites agrárias, elas garantiram a sua continuidade. O impulso para a industrialização fortaleceu o mito da Argentina como uma nação urbana que virou as costas para suas raízes rurais. Primordialmente, o populismo de Perón foi um movimento urbano e industrial (Horowitz, 1999). Sob seu governo, o Estado promoveu o desenvolvimento fabril, principalmente na região metropolitana de Buenos Aires, incentivando o êxodo para a capital e esvaziando o interior.[62] Ainda que não fosse em

62 Entre 1947 e 1960, a população rural na Argentina diminuiu tanto em termos relativos quanto absolutos, baixando de 37,8% da população total (6 milhões) para 28% (5,6 milhões). Nos Pampas, onde o nome da modernidade oitocentista, a industrialização (mecanização e tecnicização) ainda era considerada o caminho para o desenvolvimento, o progresso e o crescimento econômico.

O fim dos anos 1950 e a década seguinte foram de renovação da agricultura nos Pampas, com a adoção das tecnologias da Revolução Verde (Barsky & Gelman, 2009, p. 389-99), resultado de uma iniciativa público-privada voltada para a segurança alimentar no Sul global, com foco na transferência e exportação de tecnologias agrárias do Norte global — mais especificamente, sementes híbridas, maquinário, pesticidas e fertilizantes químicos (Patel, 2013). Dos anos 1940 até o fim dos 1960, o governo estadunidense, as fundações Rockefeller e Ford e o Banco Mundial financiaram programas agrícolas em lugares como México, Coreia do Sul e Índia; o objetivo era lidar com o que eles afirmavam ser uma iminente crise malthusiana. Como parte desse programa, Norman Borlaug desenvolveu novas variedades de culturas híbridas, incluindo trigo, milho e arroz. Ele seria agraciado com um Nobel da Paz por suas realizações científicas e celebrado no mundo todo como o pai da Revolução Verde e das culturas geneticamente modificadas. Na Argentina, ele é particularmente enaltecido. Em um vídeo institucional de 2011, por exemplo, a Associação Argentina de Sementes celebra os desenvolvimentos científicos de Borlaug para aumentar os rendimentos e a produção, o que permitiu à Argentina, como uma pioneira, "produzir alimentos para a crescente população mundial".[63] No capítulo 2, indico mais exemplos que mostram

---

declínio foi mais acentuado, a população rural diminuiu de 27,8% para 18,5% (Recchini de Lattes, 1973, p. 870). Na província de Buenos Aires, a tendência de despovoamento no campo foi forte: em 1960, a população rural representava apenas 13%. Já a urbana se concentrava na Grande Buenos Aires, que cresceu a um ritmo cinco vezes maior que o resto da província: em 1980, essa área continha um quarto de toda a população argentina (Hora, 2018, p. 161).

63 Ver Asociación de Semilleros Argentinos, disponível em: http://www.asa.org.ar.

como as elites corporativas locais mobilizam uma retórica sobre as culturas GM, conectando a narrativa malthusiana global dos países desenvolvidos e subdesenvolvidos com a história e a narrativa específicas da Argentina como uma grande produtora de alimentos, como celeiro do mundo.

Quanto ao aumento da produção de alimentos, os resultados da Revolução Verde são impressionantes. Entre 1960 e 1985, o total da produção de alimentos nos países em desenvolvimento mais que dobrou. Os rendimentos cresceram, e os agricultores puderam plantar mais em menos terra.[64] A região argentina dos Pampas foi parte dessa explosão de produtividade. A partir dos anos 1960, os Pampas começaram a recuperar seu lugar de motor da economia do país graças ao aumento da produção de culturas agrícolas para exportação. Novas variedades de trigo, milho, sorgo, girassol e soja — "sementes melhoradas" adotadas em conjunto com um "complexo pacote tecnológico", como descrevem Osvaldo Barsky e Jorge Gelman (2001, p. 368) — resultaram na "transformação produtiva e tecnológica dos Pampas". Pesquisadores argentinos usam o termo *agriculturización* para se referir à expansão comercial de cultivos, em substituição à criação de gado nos Pampas (Chazarreta & Rosati, 2016; Rosati, 2013). O ritmo desse crescimento só aumentaria — e uma cultura venceria a corrida. Nos anos 1970, a soja representava menos de 1% de toda a produção agrícola na região. Em 2013, era quase metade. A partir do início dos anos 2000, a *agriculturización* deu lugar à *sojización*: a impressionante expansão da produção de soja que substituiu outras culturas comerciais e avançou também sobre terras não agrícolas.

64 Patel (2013) relata aumentos na produção devido a rendimentos mais altos em todos os países em desenvolvimento. Por exemplo, a produção de milho no Chile cresceu duzentos quilos por hectare a cada ano depois de 1964. Na Ásia, a oferta de alimentos dobrou em 25 anos, com um aumento de apenas 4% de área plantada.

A chave da rápida expansão da soja pelos Pampas foi a aprovação, em 1996, do uso e da comercialização de sementes geneticamente modificadas resistentes a herbicidas (Teubal, 2006). Como explico mais adiante, a reestruturação neoliberal dos anos 1990 firmou as bases para um cenário institucional propício para a aprovação dessas leis e a consequente expansão da soja transgênica. Ainda assim, como tenho destacado, os cultivos GM não foram introduzidos na Argentina num vácuo. A contextualização histórica desse processo é fundamental para compreender a situação atual. As características estruturais e simbólicas da agricultura surgida nos Pampas, nos séculos XIX e XX, moldaram o que vemos hoje: uma indústria capitalista de larga escala produzindo culturas comerciais e administrada por homens descendentes de europeus, excluindo sujeitos feminizados e racializados como atores com conhecimento e poder de decisão. Durante esse período, uma nação urbana também foi criada. Um país dependente da agricultura de exportação, mas onde a maioria da população vivia nas cidades, e com uma área rural cujo meio ambiente natural foi destruído ou domesticado, dando lugar a uma produtividade impulsionada por tecnologias de ponta.

O EXTRATIVISMO DE SOJA NA VIRADA DO SÉCULO XXI

“Dois eventos-chave marcam o começo do neoliberalismo no campo”, explicam Norma Giarracca e Miguel Teubal, em uma entrevista que me concederam em dezembro de 2009. Antes de morrer, em 2016, Giarracca foi uma estudiosa de vanguarda da América Latina rural e professora de sociologia rural da Universidade de Buenos Aires (UBA). Teubal é professor de economia na

UBA e pesquisador do Conselho Nacional de Investigações Científicas e Técnicas (Conicet). "O primeiro foi o golpe de Estado em 1976. Depois, em 1991, foi o decreto de desregulamentação." Em 1976, um golpe de Estado instalou uma sangrenta ditadura militar na Argentina que duraria até 1983. A ditadura emplacou o neoliberalismo no país, abrindo a economia para as corporações transnacionais e os bancos estrangeiros.[65] Por meios violentos, instilando medo, sequestrando e matando líderes de organizações e movimentos sociais, a ditadura argentina também serviu "para silenciar agricultores e o setor rural", disse Giarracca. "Quando a população foi disciplinada", concluiu ela, "as tecnologias entraram".

Os anos 1960 e 1970 na América Latina e no restante do mundo em desenvolvimento foram períodos particularmente inquietos. Começando com Cuba em 1959, passando pela América Central até o assassinato de Salvador Allende no Chile em 1973, a região foi palco de múltiplos movimentos comunistas de guerrilha e de experimentos socialistas (Vanden & Prevost, 2014). China, Vietnã, Argélia e Irã também viveram levantes. Uma semelhança entre essas revoluções do Terceiro Mundo é terem emergido das massas rurais (Paige, 1978; Skocpol, 1982; Wickham-Crowley, 1992; Wolf, 1999). Camponeses historicamente marginalizados lutaram pela reforma agrária. Na América Latina, a desigualdade da distribuição de terras era — e continua sendo — uma das maiores do mundo (Green & Branford, 2012; Kay, 1998).

As lutas por reforma agrária desafiaram de forma radical o poder e o status quo. Como Vandana Shiva (1991) e Raj Patel (2013) argumentam, a Revolução Verde foi estrategicamente

65 Algumas políticas implementadas incluíram ênfase no setor fiscal, em detrimento do setor produtivo, além da privatização de empresas estatais e do enfraquecimento gradual do Estado de bem-estar social, reduzindo os gastos do governo em seguridade social (Neffa, 1998).

implantada nesses países propensos à revolução. O *verde* da Revolução Verde, escreve Patel (2013, p. 5), faz referência à cor das plantas e também ao desejo de afastar o vermelho das revoluções comunistas daquele tempo. Atormentados pela escassez alimentar e rodeados de camponeses e movimentos de guerrilha que lutavam pela redistribuição da terra, aqueles que impulsionaram as novas tecnologias agrárias tinham como objetivo pacificar uma população rebelde.

Num país urbano como a Argentina, a onda de movimentos guerrilheiros de esquerda se adaptou ao cenário das cidades (Gillespie, 1982; May, 2019). No entanto, enquanto a maior parte dos argentinos residia nas metrópoles, o padrão da posse de terras era de tanta desigualdade quanto no resto do continente (Giberti *et al.*, 1965). Interessante notar que, apesar da necessidade e da intensidade com a qual a reforma agrária foi reivindicada, a Argentina se tornou uma das exceções na América Latina: a reforma agrária nunca aconteceu (Kay, 1998). Como expõe Ray Hora, historicamente, a desigualdade na distribuição de terras nos Pampas está no cerne do debate político argentino. Desde os primeiros dias da república, as elites de todos os espectros políticos criticaram os grandes latifundiários e proprietários rurais como obstáculos ao desenvolvimento social, político e econômico do país. Mas as reformas por elas propostas foram tímidas, e seus objetivos, brandos. A "utopia agrária" da Argentina, diz Hora (2018), estava longe de ser uma proposta comunista: a ideia era povoar o campo com produtores agrícolas de pequenas e médias propriedades.

Na década de 1970, a questão agrária já havia se dissipado. Depois de desalojar os trabalhadores rurais e de aumentar os rendimentos e lucros, as novas tecnologias da Revolução Verde puseram um ponto-final no debate sobre reforma agrária nos Pampas. Como me contaram Giarracca e Teubal, a violência do Estado pacificou o que restava de mobilização da população rural.[66] No começo dos anos 1990, com a sociedade devidamente disciplinada, uma reforma neoliberal impopular (e as culturas geneticamente modificadas) pôde ser introduzida sem grandes protestos sociais.

Em 1991, o presidente Carlos Menem, aconselhado por seu ministro da Economia, Domingo Cavallo, assinou uma ordem do Executivo conhecida como Decreto da Desregulamentação. Durante a década de 1980, a Argentina, assim como boa parte dos países latino-americanos, afundava em uma acentuada crise econômica; o período foi tão duro para as pessoas que estudiosos do desenvolvimento o chamam de "década perdida" da América Latina (Bértola & Ocampo, 2012, p. 199). A hiperinflação na Argentina atingiu seu pico em 1989, superando 3.000%.[67] Para controlar a inflação e promover o crescimento econômico, o governo Menem, seguindo recomendação do Fundo Monetário Internacional (FMI), disse ao povo argentino que medidas drásticas seriam necessárias.[68] O governo implementou então uma reestruturação neoliberal abrangente: com uma canetada, o Decreto da Desregulamentação, no âmbito do Plano de Conversibilidade, acabou com a maioria das regulamentações que

66 Nos anos 1970, a mobilização camponesa era forte no norte do país. Um exemplo eram as ligas agrárias em Formosa (Galafassi, 2006). Membros das ligas agrárias, assim como trabalhadores rurais da indústria da cana em Tucumán, eram alvos frequentes da violência estatal nesse período — e muitos desapareceram (Giarracca & Teubal, 2017, p. 353-4).

67 A crise social e econômica da Argentina na década de 1980 se agravou com a hiperinflação, que chegou a 3.079% em 1989 e a 2.314% em 1990. Entre 1981 e 1990, o PIB per capita caiu, em média, 2,1% ao ano, e a dívida externa aumentou para 70% do PIB. A pobreza, que atingia 16% da população no início da década, aumentou anualmente até alcançar 47,4% dos habitantes do país (Novaro, 2010, p. 225-6).

68 Menem foi eleito em 1989 com uma plataforma peronista clássica, prometendo uma revolução no setor manufatureiro e aumentos salariais (seu slogan de campanha era "*Revolución productiva y salariazo*"). Menos de dois anos depois de assumir o poder, ele já tinha transformado a Argentina na garota-propaganda do neoliberalismo (Stokes, 2001).

protegiam a atividade econômica doméstica, incluindo os setores de importação e exportação de bens, serviços, capital e investimento estrangeiro direto. Foi estabelecido um novo esquema cambial que atrelou o peso argentino ao dólar estadunidense a uma taxa de câmbio fixa de um para um, barateando importações como as de sementes, maquinário e agrotóxicos. O decreto também extinguiu todos os conselhos que, desde a década de 1930, regulavam as atividades agrícolas (Carranza, 2005; Barsky & Gelman, 2001; Teubal, 2008).

O cerne do programa neoliberal argentino, assim como para outros países latino-americanos nesse período, era a especialização em algumas commodities pouco tradicionais para o mercado de exportação (Harvey, 2005a [2011]). Enquanto a Argentina e o Brasil se especializavam na produção da soja, o Chile, por exemplo, se concentrou no salmão e nas frutas, e a Colômbia, em flores frescas para o mercado estadunidense (Green, 2003). O extrativismo neoliberal significou um retorno ao modelo de desenvolvimento baseado na extração de recursos naturais para a exportação, sob a lógica da vantagem comparativa (Gudynas, 2013). Empresas transnacionais e instituições financeiras internacionais, como o Banco Mundial e o FMI, foram estratégicas no incentivo da modernização da agricultura voltada para um crescimento alavancado pelas exportações (McMichael, 2012).

Como argumenta Gerardo Otero (2012), os governos também foram instrumentais. O Estado argentino teve uma participação ativa ao permitir e promover o extrativismo de soja com o desenvolvimento de um cenário institucional e regulatório favorável para o uso e a comercialização de sementes resistentes a herbicidas à base de glifosato. No dia 25 de março de 1996, Felipe Solá, o então secretário do Ministério da Agricultura, Pecuária e Pesca argentino, assinou a Resolução 167, aprovando a produção e o uso comercial de soja transgênica tolerante a glifosato e seus derivados. A decisão foi altamente controversa.[69] Naquele mesmo ano, especialistas do Instituto Argentino de Saúde e Qualidade Vegetal (Iascav) haviam pedido que Solá adiasse sua decisão, solicitando mais testes a respeito da nova tecnologia. Em 1996, a biotecnologia de culturas GM ainda não havia sido autorizada para fins comerciais em outros lugares. Os pesquisadores argentinos, fazendo coro com preocupações científicas de todo o planeta, destacaram o potencial impacto negativo da biotecnologia GM na saúde e no meio ambiente (Tokar, 2001). Eles alertaram ainda que os relatórios científicos usados para garantir a qualidade, a eficiência e a segurança da biotecnologia GM haviam sido produzidos pela própria Monsanto, a empresa responsável por desenvolver e vender a tecnologia. Solá assinou a aprovação mesmo assim.[70]

Num processo igualmente contestado, o Serviço Nacional de Saúde e Qualidade Agroalimentar (Senasa) classificou o herbicida Roundup à base de glifosato como categoria 4, que representa um grau mínimo de risco e toxicidade.[71] De acordo com o selo de aprovação do Senasa, o Roundup não traz nenhum

69 "Verano del '96", *Página 12*, 26 abr. 2009.

70 Solá assinou a Resolução 167 mesmo sabendo que não tinha o direito legal de fazê-lo naquele momento. A permissão viria três dias depois; ver "Verano del '96", *Página 12*, 26 abr. 2009.

71 Nos Estados Unidos, a instituição equivalente ao Senasa seria a Administração de Alimentos e Drogas (FDA). No entanto, o Escritório de Programas de Pesticidas estadunidense, sob a Agência de Proteção Ambiental (EPA), é responsável pela regulamentação dos pesticidas. A função dessas instituições é elaborar regulamentações para o uso de agrotóxicos de forma a manter a concentração de cada pesticida abaixo do nível preocupante para a saúde pública. Para determinar esses níveis de segurança, as instituições fazem uma série de avaliações de risco. Em seguida, os regulamentos são especificados nos respectivos rótulos, que têm também instruções de manuseio e segurança a serem seguidas pelo aplicador, de acordo com a lei federal para cada produto. Como estratégia para mitigar o risco, essas instituições também podem estabelecer zonas de proteção em torno de áreas sensíveis, dentro das quais não pode haver pulverização (Harrison, 2011).

risco para seres vivos nem para o meio ambiente se usado de acordo com as diretrizes fitossanitárias e as orientações agrícolas especializadas. Críticos questionam essa aprovação por diversos motivos (Arancibia, 2013; Aranda, 2015). Assim como os cientistas do Iascav a respeito das sementes Roundup Ready, eles notam que o Senasa não faz seus próprios testes de avaliação de risco e se baseou unicamente em padrões internacionais que são alvo de intenso escrutínio. Críticos apontam evidências científicas que mostram a relação entre doenças e a pulverização de glifosato, e alegam que esses estudos têm sido sistematicamente ignorados e negados por responsáveis pelas regulamentações, em decorrência de pressões de lobby, entre outros motivos.[72] Também questionam a cláusula de sigilo comercial do Senasa, que impede a divulgação da composição de agrotóxicos e dos relatórios dos testes que embasaram a aprovação (Sández, 2016). Como demonstro no capítulo 4, leigos se aliaram a cientistas ao expressarem preocupações a respeito dos riscos à saúde e ao meio ambiente decorrentes da pulverização de agrotóxicos.

Tanto apoiadores quanto críticos desse modelo ressaltam um sistema fraco na proteção de direitos de propriedade intelectual como um dos principais fatores que explicam a rápida difusão da soja resistente a herbicida na Argentina (Chudnovsky, 2006; Newell, 2009; Pengue, 2005; Qaim & Traxler, 2005; Teubal, 2006). As sementes geneticamente modificadas e patenteadas por empresas costumam ser um ponto de discórdia entre agricultores (Kloppenburg Jr., 2005; Patel, 2008; Shiva, 2000). Sementes patenteadas são caras e, por contrato, não podem ser aproveitadas para o replantio. O governo argentino, no entanto, é signatário da Upov 78, um acordo internacional que protege

72 Os estudos conduzidos pelas equipes de pesquisa do dr. Séralini, na França, e do dr. Carrasco, na Argentina, estão entre os mais citados pelos críticos como evidência científica da relação entre doenças e a exposição a agrotóxicos (Antoniou *et al.*, 2011; Antoniou, Robinson & Fagan, 2012; Gillam, 2017).

agricultores que replantam legitimamente as sementes salvas. Além disso, produtores rurais argentinos que plantam sementes de soja RR não são obrigados a assinar um contrato com a Monsanto, como é costume em outros países, como os Estados Unidos (Delvenne, Vasen & Vara, 2013).[73]

Os produtores rurais argentinos se beneficiam de uma brecha legal que lhes permite semear a soja RR sem pagar royalties.[74] Ao mesmo tempo, existe um enorme mercado ilegal de sementes RR, comercializadas em sacas brancas sem rótulo, conhecidas pelos fazendeiros como *bolsa blanca*.[75] Com os preços mais baratos dos insumos estrangeiros, uma das consequências da Lei de Conversibilidade, que atrelou o peso argentino ao dólar sem acrescentar os custos de patentes, foi tornar a transição para a soja transgênica algo economicamente vantajoso. A adoção do pacote tecnológico prometia uma drástica redução dos custos da produção, já que, comparada ao cultivo convencional, ela requer investimentos menores e relativamente mais baratos, além de menos mão de obra (Trigo & Cap, 2003). Para os agricultores, o resultado foi que as sementes GM eram um componente barato desse pacote tecnológico. Em 1996, produtores rurais argentinos pagavam nove dólares para cerca de 22 quilos de soja RR, enquanto nos Estados Unidos o preço che-

73 Sobre os requisitos de contratos, ver Pierri e Abramovsky (2009).

74 A soja tolerante a glifosato foi lançada comercialmente na Argentina pela primeira vez sob licença da Nidera, não da proprietária Monsanto. A Nidera teve acesso ao gene RR da Monsanto por meio da aquisição da Asgrow Argentina e não pôde solicitar direitos de patente para a soja RR porque não possuía os direitos sobre o gene. Quando a Monsanto procurou revalidar a patente, em 2001, a solicitação foi rejeitada sob a alegação de que as plantas tolerantes a RR não eram uma variedade nova e já estavam difundidas em solo argentino (Delvenne, Vasen & Vara, 2013).

75 O uso das sementes salvas, combinado com o comércio ilegal de sementes, representa entre 65% e 80% do mercado de soja tolerante a herbicidas (Feeney & Berardi, 2013).

gava a 21,50 dólares.[76] Os preços do glifosato também caíram, de 28 dólares por litro para 3 dólares — mais uma vez, mais baratos que nos Estados Unidos (Pengue, 2005). Juntando tudo isso, portanto, a adoção do pacote representava uma redução drástica nos custos, já que o glifosato importado era mais barato que outros agrotóxicos, as sementes podiam ser salvas para replantio, e o método do plantio direto reduziu não só o uso de combustíveis fósseis como também o preço da mão de obra. Roberto Bisang (2003, p. 437) estima que a substituição das técnicas convencionais da rotação soja/milho para o pacote tecnológico da soja geneticamente modificada significou um aumento em 15% do lucro. Para muitos agricultores, o cultivo da soja transgênica se tornou a opção mais barata e lucrativa.

UM NOVO EXTRATIVISMO? AS ADMINISTRAÇÕES KIRCHNER (2003-2015)

O modelo neoliberal implementado nos anos 1990 entrou em colapso no fim de 2001, deixando para trás um país destroçado. Uma década de ajustes neoliberais colocou metade dos argentinos na pobreza e provocou um dos índices de desigualdade mais altos da história (Novaro, 2010). O século XX terminou com imenso desespero num contexto de crise institucional, política e econômica (Carranza, 2005). O povo protestou durante meses por todo o país, com manifestações nas ruas e rodovias nacionais, batendo panelas e frigideiras. Em 20 de dezembro de 2001, dois dias de protestos e revolta chegaram a um ponto crítico.

76 "Is Monsanto Playing Fast and Loose with Roundup Ready Soybeans in Argentina?", *Grist*, 22 set. 2006, disponível em: https://grist.org/article/hearn1/.

"*¡Que se vayan todos!*" [Fora todos!], gritava o povo argentino. O dia 21 de dezembro terminou com a renúncia do presidente Fernando de la Rúa, que precisou fugir de helicóptero de um palácio presidencial cercado por manifestantes.

O que se seguiu foi uma transição de governo. Em 2003, Eduardo Duhalde, o último dos cinco presidentes desse período de transição, convocou eleições. Néstor Kirchner, até então uma figura desconhecida, concorreu com uma plataforma peronista de forte discurso antineoliberal — e ganhou. O casal Kirchner permaneceria no poder pelos doze anos seguintes. Depois de quatro anos como presidente da Argentina (2003-2007), Néstor foi sucedido por sua esposa, Cristina. Os dois trabalharam juntos até o falecimento de Néstor em 2010. No ano seguinte, Cristina foi reeleita e terminou seu segundo mandato em dezembro de 2015.

Os Kirchner foram eleitos no contexto da "maré rosa" que se espalhou pela América Latina na virada do século XXI (Grugel & Riggirozzi, 2012). Junto com Hugo Chávez na Venezuela, Luiz Inácio Lula da Silva no Brasil, Evo Morales na Bolívia e Rafael Correa no Equador, entre outros, Néstor Kirchner moveu o pêndulo político da América Latina para a esquerda. Esses governos pós-neoliberais se elegeram durante os anos 2000 com uma plataforma de justiça e inclusão social e redistribuição de renda para combater a pobreza e a desigualdade. Eles prometeram — e cumpriram — uma forte atuação estatal e o aumento do investimento público em políticas sociais voltadas às necessidades das pessoas mais marginalizadas. A Venezuela, por exemplo, implementou um extenso programa de bem-estar social chamado Misiones, que ofereceu educação universal e saúde para a população urbana pobre (Wilpert, 2007). O Brasil desenvolveu uma campanha inovadora chamada Fome Zero, em conjunto com um programa de transferência de renda, o Bolsa Família, para reduzir a pobreza e a desnutrição (Bither-Terry, 2013). Na Argentina, os Kirchner introduziram um programa de pensão não contributiva conhecido como Moratoria

Previsional e expandiram programas de transferência direta de renda, como os chamados Asignación Universal por Hijo, um subsídio para o sustento das crianças, e o programa Jefas y Jefes de Hogar Desempleados, voltado para chefes de família em situação de desemprego (Lustig & Pessino, 2014).[77]

Esses programas e essas políticas tiveram resultados notáveis. Do fim dos anos 1990 até o fim da década de 2000, a desigualdade de renda na América Latina diminuiu de forma constante e significativa. Os índices de pobreza também caíram: de 45,1% da população total para 29,6%, conforme as políticas governamentais de transferência de renda tiraram 49 milhões de pessoas da pobreza (Lustig *et al.*, 2016).[78] Na Argentina, o investimento em políticas sociais reduziu as taxas de pobreza e desigualdade

77 A introdução do programa de aposentadoria não contributiva em 2004-2005, que estendeu os benefícios para aqueles com menos de trinta anos de contribuição social, teve um impacto significativo na redução da pobreza e da desigualdade de renda. No entanto, segundo Lustig e Pessino (2014, p. 321), essa "imagem dourada das políticas argentinas de redistribuição fica significativamente manchada quando se leva em consideração duas coisas". Em primeiro lugar, o pagamento de pensões não contributivas é parcialmente financiado pelos contribuintes, gerando perdas injustas para aposentados de classe média e baixa. E, em segundo, os gastos sociais são viabilizados por meio de impostos distorcionários e mecanismos heterodoxos de arrecadação de receitas. Assim, do ponto de vista fiscal, o programa de Kirchner para gastos sociais pode não se sustentar.

78 A incidência da taxa de pobreza é definida por meio da porcentagem da população com renda diária de 4 dólares ou menos por pessoa. A pobreza extrema na América Latina (definida quando a renda é de 2,50 dólares ou menos por pessoa) também caiu, de 24,9% para 16,3%, no mesmo período. Uma porcentagem significativa da redução da pobreza se deve a um declínio da desigualdade de renda (43% em média, chegando a 88% em países como El Salvador e México). Em toda a região, o Índice de Gini para a renda familiar (a medida do índice de desigualdade) caiu de 0,548 no fim da década de 1990 para 0,488 no fim da década de 2000. Embora a desigualdade de renda na América Latina continue entre as mais altas do mundo, sua redução durante essa década é impressionante em um contexto de crescente abismo social em outras regiões do globo.

de forma proporcionalmente até mais intensa do que no resto da região. Entre 2003 e 2009, os índices de pobreza foram de 38,2% para 14,4%. No mesmo período, os coeficientes Gini, que medem a desigualdade de renda, diminuíram de 0,52 para 0,45 (Lustig & Pessino, 2014, p. 311).[79]

Como financiar o aumento de gastos com políticas sociais depois de uma crise econômica neoliberal? Por trás do sucesso dos governos da maré rosa está o fato de que quem pagou a conta foi o extrativismo (Acosta, 2013; Arsel, Hogenboom & Pellegrini, 2016; Farthing & Fabricant, 2008). Em toda a região, governos progressistas impulsionaram o modelo econômico baseado na extração de recursos naturais para exportação: de petróleo, gás e mineração até a agricultura em grande escala. Eduardo Gudynas chama esse modelo de desenvolvimento de "neoextrativismo", uma vez que, diferentemente do formato histórico ou tradicional do extrativismo, aqui o Estado controla uma parcela maior das receitas advindas da exportação de commodities, seja via nacionalização dos recursos — como o petróleo bruto na Venezuela e no Equador e o gás natural na Bolívia —, seja por meio dos impostos de exportação, como no caso da soja na Argentina (Gudynas, 2009). Além disso, ao distribuir os lucros do extrativismo, o modelo ganhou considerável legitimidade entre a população em geral, historicamente excluída de seus benefícios (essa distribuição, como mostro nos capítulos seguintes, aplaca a insatisfação organizada e compra a sua aceitação). Assim, como explica Tammy Lewis (2016) sobre

79 As taxas de pobreza medem a renda disponível abaixo de quatro dólares por pessoa por dia. A renda disponível equivale ao rendimento líquido do mercado (salários e remunerações) somado às transferências de dinheiro feitas pelo governo. Os gastos sociais — que aumentaram 13,5% entre 2003 e 2009, quando alcançaram 40,6% do PIB — incluem as principais transferências de dinheiro, pensões não contributivas e investimento público em educação e atenção primária à saúde. Ver Lustig e Pessino (2014) para os detalhes de como esses conceitos são construídos e calculados.

o caso do Equador, os lucros obtidos à custa de danos ambientais acabam limitando a sustentabilidade de longo prazo do neoextrativismo como um modelo de desenvolvimento.

As administrações Kirchner promoveram intensamente o extrativismo de soja na Argentina. Em 2004, Néstor Kirchner assinou um plano de dez anos (2005-2015) que promoveu a biotecnologia agrícola como ponto central da estratégia de desenvolvimento do país. "O futuro da produção agrícola tem muitos desafios", começa o relatório executivo do plano estatal, como "os recursos limitados, a crescente demanda em quantidade e qualidade, sustentabilidade etc. Nesse cenário, a biotecnologia se apresenta como principal solução tecnológica para enfrentar esses desafios". O discurso repete a retórica empresarial da tecnologia como promessa para o desenvolvimento sustentável. Ele também se aproveita da narrativa neoliberal modernizadora enraizada no modelo agroexportador do século XIX: "As condições naturais [que tornam a Argentina] propícia à produção agrícola representam uma vantagem comparativa que, impulsionada pela ciência e pela tecnologia dedicadas ao desenvolvimento de novos produtos da bioengenharia, sem dúvida vai gerar uma vantagem competitiva para desenvolver a produção nacional" (SAGPyA, 2004, p. 5, 3). A biotecnologia geneticamente modificada é apresentada como peça fundamental para o desenvolvimento, como a promessa que permite a exploração do potencial da Argentina para a produção agroindustrial. Cristina Kirchner seguiu nessa toada com o Plano Estratégico Agrícola 2010-2016 (conhecido como PEA2). Esse segundo plano é outro exemplo da continuidade do modelo, já que teve como foco o aumento da produção agrícola por meio da inovação tecnológica. E, mais uma vez, destacou-se a capacidade única da Argentina de produzir alimentos suficientes para atender à crescente demanda global (MAGyP, 2010).

Além disso, o contexto global na época era particularmente generoso com o modelo agroexportador argentino de soja GM.

Em 2008, um aumento da demanda global, impulsionado principalmente pela China e pela Índia, alavancou a especulação financeira, e culturas voltadas para produção de combustível criaram a "tempestade perfeita": escassez de alimentos, protestos contra a fome e uma escalada nos preços das commodities (Bello, 2009). Os preços da soja aumentaram para cerca de seiscentos dólares por tonelada. O governo e os produtores argentinos estavam preparados para lucrar com a crise: a produção sojeira era uma mina de ouro. Então, para lidar com essas condições extraordinárias, o governo decidiu que era preciso tomar medidas extraordinárias. No dia 11 de março de 2008, Cristina Kirchner assinou uma ordem executiva — conhecida como Resolução 125 — para aumentar as taxas de exportação de soja de 35% para 45%. Era um imposto de taxa flutuante vinculado à exportação, ou seja, quanto mais altos os preços, maior o imposto.

O anúncio desse aumento tributário foi o catalisador do conflito agrário mais importante da história da Argentina (Barsky & Dávila, 2008; Hora, 2010). Em reação, produtores de soja — grandes e pequenos — tomaram as ruas. O protesto ficou popularmente conhecido como *el conflicto del campo* e foi liderado pelas quatro maiores associações de produtores rurais do país: Sociedad Rural Argentina, Federación Agraria Argentina, Confederaciones Rurales Argentinas e Confederación Intercooperativa Agropecuaria Limitada. Apesar de suas diferenças, as quatro organizações se juntaram sob o guarda-chuva de uma articulação chamada Mesa de Enlace.

Os protestos produziram um imenso caos por todo o país. As táticas da Mesa de Enlace incluíam o bloqueio de estradas federais, interrompendo a circulação de pessoas e mercadorias e gerando uma enorme escassez de produtos. Manifestações massivas aconteceram nas cidades de Buenos Aires, Rosário e Córdoba, as capitais das maiores províncias produtoras de soja. Setores urbanos apoiaram os protestos, enchendo as praças com centenas de milhares de pessoas, batendo panelas e carregando cartazes com os dizeres "*Yo estoy con el campo*" [Estou com o campo]. A frase virou um lema de camadas urbanas descontentes com o governo e podia ser lida em adesivos de carro, letreiros de lojas e faixas nas casas. A magnitude da revolta foi tão inusitada que chegou à imprensa internacional, com matérias no *New York Times*, na CNN e na BBC.[80] O conflito durou mais de quatro meses e chegou ao fim em 18 de julho de 2008, com a revogação da Resolução 125, em um dramático veto de última hora de Julio Cobos, presidente do Senado e vice-presidente da própria Kirchner.[81]

É significativo que o mais importante conflito agrário da história da Argentina tenha sido causado por um aumento de impostos. Enquanto o conflito durou, a discussão a respeito da enorme transformação agrária ocorrida no país foi mínima, para não dizer inexistente. O debate não era a respeito do extrativismo do agronegócio como modelo de desenvolvimento, muito menos sobre suas consequências negativas, mas sobre quem teria acesso aos benefícios oriundos desse modelo. Foi uma briga entre o Estado e o agronegócio pela maior fatia do bolo dos lucros do boom da soja (Mangonnet & Murillo, 2017; Svampa, 2008).

A quebra dessa aliança corporativo-estatal trouxe consequências não intencionais. Os Kirchner passaram a criticar os produtores de soja, chamando os bloqueios de "piquetes da abundância".[82] Numa intensa provocação verbal, Cristina Kirchner se referiu à soja como *yuyo* (erva daninha), despindo a cultura

80 Ver, por exemplo, "No End in Sight for Argentine Farmers' Strike", *CNN*, 27 mar. 2008; "Argentine Farmers Vow to Press Strike over Tax", *The New York Times*, 27 mar. 2008; "Argentine Farm Tax Crisis Worsens", *BBC News*, 27 mar. 2008.

81 "Crisis política tras el sorpresivo voto del vicepresidente Cobos contra las retenciones móviles kirchneristas", *Clarín*, 16 jul. 2008.

82 "El discurso presidencial: 'Son piquetes de la abundancia'", *Clarín*, 26 mar. 2008.

Figura 4 — Protesto em Buenos Aires com trezentas mil pessoas. Muitas delas balançam a bandeira da Argentina, em defesa *del campo* contra os Kirchner. Foto de capa do jornal *Clarín*, 16 jul. 2008.

geneticamente modificada de suas qualidades modernizadoras e equiparando-a com a natureza "selvagem".[83] Os produtores de soja foram rápidos na resposta, atribuindo qualidades patrióticas ao grão, visto como o motor da economia argentina. "À grande erva daninha da Argentina, saúde!", estampava a manchete do *Clarín*, parafraseando a letra do hino nacional: "*Al gran pueblo argentino, ¡salud!*".[84]

O conflito agrário de 2008 causado pelos impostos da soja provocou um racha entre os setores empresariais e estatais, situação que se intensificaria ao longo do governo de Cristina Kirchner. Como argumentam Gabriel Vommaro e Mariana Gené, o evento foi um ponto de virada no discurso e na política dos Kirchner em relação aos produtores de soja, o que resultou em uma crescente polarização social e em conflitos no partido (Vommaro & Gené, 2017). Foi nesse contexto pós-2008 que comecei meu trabalho de campo nas comunidades rurais dos Pampas. O antagonismo entre o setor rural e o Estado era palpável nas conversas com os moradores das regiões visitadas por mim, que afirmavam que os Kirchner impediam o progresso do campo. No entanto, apesar da disputa em torno dos impostos, como explico no capítulo 2, os líderes do agronegócio e as autoridades governamentais continuaram a se aliar, mobilizando a mídia hegemônica para encorajar o apoio à biotecnologia geneticamente modificada.

O capítulo 2 se debruça sobre as camadas micro e média da produção da soja, concentrando-se em como o consenso e a aquiescência em torno do extrativismo da soja GM são incentivados e obtidos nas comunidades rurais dos Pampas.

83 "Discurso de Cristina Fernández el 31 de marzo de 2008" [transcrição], *Wikisource*, disponível em: https://tinyurl.com/4m8vybx8.
84 "Al gran yuyo argentino, ¡salud...!" *Clarín*, 5 abr. 2008.

2

REVOLUÇÃO NOS PAMPAS

A sede da empresa Los Cardones [nome fictício] fica no centro de Santa María [nome fictício], uma cidade rural em expansão no noroeste da província de Buenos Aires, área central da produção de soja. Com sua fachada de tijolos levemente desbotados, por fora Los Cardones parece uma loja vintage chique. Por dentro, depois da recepção, a decoração é moderna, com uma dúzia de computadores em mesas individuais, dispostas em U. A sala é bem iluminada, com ar-condicionado e paredes recém-pintadas. Jovens trabalham, conversando em voz baixa em pequenos grupos ou sentados e atentos diante de seus monitores. Similar a um escritório de advocacia ou um departamento de tecnologia da informação (TI), essa área é dedicada aos funcionários mais jovens, da categoria júnior. Na parede, quadros com coloridos temas bucólicos de pradarias ou caricaturas *gauchas* dão ao escritório um "toque rural" e revelam o verdadeiro propósito da empresa. Los Cardones atua no agronegócio e se dedica à produção de grãos destinados à pecuária, para a indústria da carne e de laticínios. Suas atividades abrangem 12.500 hectares em propriedades e terras, arrendadas em Buenos Aires, Córdoba e Santa Fe, que cultivam principalmente soja, milho, trigo, cevada e girassol.

Era fevereiro de 2012, e eu tinha uma entrevista marcada com o CEO. Na recepção, a secretária me cumprimentou com gentileza. Ouvindo por acaso minha rápida conversa com ela, dois jovens, obviamente funcionários, se ofereceram entusiasmados para me dar informações sobre a empresa enquanto eu esperava para ser atendida. Curiosos com minha visita, eles começaram perguntando sobre meus estudos e o tema da minha pesquisa ("a adoção de novas tecnologias agrárias", minha resposta simplificada). Lucas, que usava óculos, era o mais falante dos dois. Começou me contando "tudo sobre o assunto" antes mesmo que eu tivesse tempo de ligar o gravador. "Vamos começar do começo", interrompi. "Primeiro me fale de você! O que você faz?"

"Trabalho numa empresa de agropecuária", explicou Lucas. "Atuo na área da agricultura, sou responsável pela gestão das safras." Ele trabalhava ali fazia cinco anos. Tomás, o outro jovem, tinha um cargo de escritório há praticamente o mesmo tempo. Nenhum dos dois tinha mais que trinta anos de idade.

Como a maioria dos demais jovens empregados por esse escritório, Lucas e Tomás tinham se formado na universidade como engenheiros agrônomos antes de entrarem na Los Cardones. "Somos responsáveis pelas fazendas (*encargados de campo*)", explicou Lucas, enquanto Tomás meneava a cabeça em concordância. "Vamos para a fazenda, fazemos as rondas e voltamos para cá." O escritório onde estávamos conversando era a sede administrativa e de planejamento de produção da Los Cardones. Seis pessoas trabalham na administração, e outras quinze no escritório de agricultura e pecuária, onde ficam os computadores. Pela explanação deles, consegui entender que "as rondas" a que se referiam eram análises de amostras das culturas e do solo feitas nesse escritório.

"Você é encarregado de alguma tarefa relacionada à agricultura? Ou isso é terceirizado?", perguntei, querendo saber se a Los Cardones tinha funcionários contratados para plantar, pulverizar e colher ou se, como é mais comum, a mão de obra e as máquinas vinham de fora.

"O *contratista* que cuida da maior parte da área cultivada está aqui", disse Lucas, apontando para o escritório de administração. “Sim, estou ouvindo a voz dele”, confirmou Tomás, complementando: “Ele passa muito tempo aqui; ele mora na cidade”. O *contratista*, me explicaram, é a pessoa responsável por administrar a produção da Los Cardones. “Ele tem sua própria empresa, que contrata pessoas para fazerem esse trabalho.”

A figura do *contratista* na agricultura dos Pampas surgiu durante o primeiro boom agroexportador, no começo do século XX. Sua presença e relevância, no entanto, aumentou significativamente a partir do boom da soja do início do século XXI (Gras, 2009; Lódola, 2008). Como o maquinário é muito caro e é utilizado apenas durante alguns dias por vez em cada fazenda, os produtores consideram mais eficiente terceirizar esses serviços. Os contratados, portanto, normalmente não têm nenhum controle sobre a fazenda. Eles são donos do maquinário (ou, às vezes, o alugam) e executam as principais tarefas da agricultura em larga escala (ou contratam pessoas para fazê-lo): plantio, pulverização de agrotóxicos para o controle de ervas daninhas e pragas e, depois, colheita.

Eu já sabia como funcionava esse esquema de contratações. O que não estava muito claro para mim era o que os cargos de Lucas e Tomás, como gerentes das lavouras, envolviam no dia a dia.

“Mas o que exatamente vocês fazem?”, perguntei.

Lucas ativou seu modo automático de apresentação: “Meu papel na empresa é o seguinte: recebo uma certa quantidade de investimentos para usar, eles me dizem qual área cultivada está pronta para o plantio, e minha função é fazer com que dali saia o produto”.

Se eu não tinha entendido bem antes, agora eu estava de fato confusa. “Mas então qual é a sua função?”

“Meu trabalho é produzir!”, respondeu Lucas, entusiasmado. “Recebo todos os fatores e... Somos uma equipe, e cada equipe tem seu plano de trabalho — que faz parte do plano anual de trabalho e que elenca a área que temos para cultivar, as fazendas disponíveis etc." Sua equipe, composta por seis pessoas, se reúne toda semana para "discutir a situação das lavouras e outras questões. As conversas semanais são essenciais para coordenar os trabalhos". Cada equipe se encarrega de uma área específica da produção, administração ou logística. Lucas estava encarregado da gestão da colheita de mais de 2.400 hectares, que ele visitava pessoalmente uma vez por semana.

A maioria de seus colegas também vive na cidade e trabalha em turnos de oito horas no escritório ou no campo. "É incrível", disse Lucas sobre a fazenda de laticínios, "porque a tecnologia mudou completamente em comparação com os velhos tempos (*el tambo antiguo*)". A fazenda de laticínios da Los Cardones tem mil vacas e 35 funcionários. "Todos vêm e vão. O que mudou foi a necessidade de ter alguém o tempo todo. Ela agora é administrada como uma indústria", explicou Lucas. "A maioria dos cargos consiste em uma jornada de oito horas diárias. Existe um rodízio entre pessoas que têm uma função específica e que são especialistas nessas tarefas."

Com essa explicação, Lucas deu voz e corpo aos objetivos vislumbrados pela elite intelectual do século XIX e à teoria da modernização. De acordo com esses teóricos, a substituição de trabalhadores por máquinas é necessária e positiva para o desenvolvimento, já que o maquinário nos poupa do trabalho físico pesado. Ao padronizar a produção, as máquinas também geram maiores quantidades de bens de alta qualidade. Nessa perspectiva, o papel do novo trabalhador é supervisionar o desempenho da máquina, tornar-se técnico ou engenheiro encarregado de organizar a produção, em vez de realizar ele mesmo o trabalho.[85] O agronegócio é a fazenda convertida em

85 Os primeiros teóricos da modernização, como Lewis Mumford (1963 [2018]) e até Karl Marx e Friedrich Engels (1969 [1998]), tinham uma crença otimista de que as máquinas poderiam libertar as pessoas do trabalho pesado e criar tempo para o lazer, o aprendizado

fábrica. A meta da produção do agronegócio é a mecanização e a automatização da fazenda, para aumentar os rendimentos e lucros e reduzir a variação dos custos (é essa a definição de eficiência). É a encarnação do projeto civilizador da elite intelectual do século XIX: a natureza domada e a região dos Pampas transformada em uma fábrica de colheitas.

Depois das rondas na fazenda, de volta ao escritório, computadores são essenciais para analisar dados, manter registros, acompanhar e formalizar os procedimentos. No escritório, uma das latas de lixo estranhamente me chamou a atenção. Era uma lixeira normal, cheia de papéis amassados. Mas ali no meio, quase escapando, havia um enorme girassol. Era algo totalmente fora de lugar naquele ambiente que parecia um escritório de TI. Perguntei sobre a flor. "Dados", eles responderam.

Questionei como seria a agricultura sem planilhas nem informações baseadas em tecnologia ou conhecimento especializado. Suas expressões atônitas deram a resposta mais exata. "Bom, talvez no passado...?", Tomás arriscou. Lucas nem cogitou a possibilidade. "Se você quiser ficar no negócio, essa não é uma possibilidade."

Minha conversa com Lucas e Tomás é outro exemplo de um tema repetido à exaustão: a inovação tecnológica está no cerne do cultivo de soja geneticamente modificada nos Pampas e tem como objetivo principal o aumento da lucratividade. Como afirmam os pesquisadores tradicionais, tecnologias, que não são neutras nem objetivas, orquestram trajetórias sociais. Ato-

e as demais potencialidades da experiência humana. Steven Pinker (2018) e Thomas Friedman (2008) ecoam esse potencial libertador das máquinas.

res empresariais adotam e promovem novas tecnologias para aumentar seus benefícios econômicos (Schnaiberg, 1980; Schnaiberg & Gould, 1994).

Para entender como o poder opera para gerar inação e consentimento, no entanto, é fundamental considerar as dimensões culturais e simbólicas da política econômica do meio ambiente. Como Max Weber (2001 [2004]) ensinou aos sociólogos muito tempo atrás, a análise estrutural não deve separar a cultura daquilo que a cria e sustenta. Os interesses materiais e as práticas estão "sempre estruturados e cheios de ideias", escreve Lisa Wedeen (2015, p. xvii), ao propor uma forma dialética para repensar a divisão material-discursiva nos estudos sobre poder e dominação. Neste capítulo, demonstro que a perspectiva positiva da produção de soja transgênica se baseia não só em sua potencial lucratividade como também na promessa de uma modernização ecológica — que é, como expliquei na introdução, a promessa de que, por meio da inovação tecnológica, um desenvolvimento sustentável fará com que as culturas GM "alimentem o mundo". Esse discurso se atrela aos mitos orientadores da história e identidade argentinas descritos no capítulo 1, como um retorno orgulhoso da Argentina ao seu status de "celeiro do mundo". Como mostro neste capítulo, atores poderosos mobilizam esse discurso por meio do uso estratégico da mídia corporativa para gerar condescendência e consentimento.

A adoção do pacote tecnológico (o uso combinado da soja resistente a herbicidas com máquinas de plantio direto e pesticidas à base de glifosato) alterou radicalmente as relações sociais e as dinâmicas socioambientais nos Pampas e fora deles. Novos atores emergiram: ruralistas, empreendedores e executivos controlando a produção agrícola, como Germán no capítulo 1 e outros que apresento neste capítulo. Também existem novos atores encarregados de administrar e organizar o trabalho da agricultura, em sua maioria homens jovens como Lucas e Tomás, recém-formados na universidade, que gerenciam as fazendas à distância, em ambientes de TI: são engenheiros, técnicos ou administradores de empresas.

Essa "revolução" na agricultura, como dizem produtores de soja e jornalistas, tem como base a história da inovação tecnológica e da imigração europeia para os Pampas. Neste capítulo ilustro como a adoção desse pacote tecnológico significou uma virada para o que empresários do agronegócio chamam de "novo paradigma da agricultura". Num giro notável sobre o que a agricultura é e significa — uma atividade que sustenta a vida e produz alimentos, construída sobre a própria base material da terra e do trabalho —, o discurso empresarial em torno desse novo paradigma agrícola enfatiza o *conhecimento* como o meio de produção agrícola mais importante. Esse saber se apresenta mais precioso que o valor material da terra e do trabalho que sustentam a própria agricultura. Assim, o agronegócio busca desconectar a agricultura — por meio do seu discurso, mas também de sua prática — do contexto social e ecológico que a torna possível.[86]

Em contraposição a esse discurso popular positivo, mostro que existem custos ocultos, e não tão ocultos, da expansão das monoculturas transgênicas. Como argumentam os sociólogos ambientais críticos, a inovação tecnológica voltada para a acumulação de capital cria uma cisão entre a sociedade e o meio ambiente (Foster, 1999; Foster, Clark & York, 2011; Schnaiberg & Gould, 1994). A automatização e a mecanização deslocam trabalhadores e aumentam os riscos ecológicos. Como revela o exemplo de Lucas e Tomás, a produção de soja em larga escala não requer muito trabalho. Com a ajuda da tecnologia certa, um único trabalhador dá conta de gerenciar áreas enormes. Trabalhadores rurais precisam de habilidades especializadas, concedidas e certificadas por instituições de ensino superior, o

86 A primeira vez que desenvolvi esse argumento foi em Leguizamón (2016a).

que significa uma imensa barreira para a entrada no mercado de trabalho rural (Grosso & Albaladejo, 2009). Por outro lado, cargos técnicos são potencialmente mais bem pagos e definitivamente mais confortáveis, já que permitem que os funcionários continuem morando com a família em ambientes urbanos com energia elétrica, ruas pavimentadas, hospitais e escolas.

À medida que exigem menos trabalhadores diretos, as fazendas de soja demandam maiores quantidades de agrotóxicos. Cientistas e ativistas alertam para os perigos potenciais desses agrotóxicos à saúde daqueles que vivem e trabalham perto de fazendas de soja. Ainda assim, os moradores de "cidades da soja" como Santa María, como mostro neste e no próximo capítulo, não costumam externar preocupações com os riscos da pulverização desses produtos químicos. Ao contrário, a maioria insiste em ressaltar os benefícios econômicos da agricultura em larga escala, que, na visão deles, também tem impacto positivo nas cidades. "*Todos vivimos del campo*", eles costumam dizer, referindo-se à crescente abundância material das grandes cidades rurais.

Neste capítulo, ressalto como empresários do agronegócio e autoridades governamentais são capazes de manipular a percepção da comunidade e a visibilidade dada à sua produção. Para estimular a aceitação e o consentimento, eles mobilizam uma retórica de preconceitos — em especial usando a mídia hegemônica. Também fazem uso de recursos materiais, e o escoamento econômico do boom da soja é fundamental nesse sentido. A dependência econômica da produção agrícola em larga escala e a identidade cultural criada em torno da inovação tecnológica agrária ofuscam os custos sociais e ecológicos e, ao mesmo tempo, geram um consenso a respeito dos benefícios do agronegócio. Explico como atores que estão "no meio" desse espectro de poder (aqueles que têm acesso a alguns benefícios, mas também são impactados pela exposição aos agrotóxicos) estão numa situação complexa em relação à produção de soja transgênica. Muitos compreendem/alcançam os benefícios culturais e econômicos desse modelo e invisibilizam seus custos negativos.

Em particular, pessoas que estão em postos mais altos na hierarquia de poder nessa categoria "do meio" ajudam a perpetuar o status quo ao reforçar a dependência (reproduzindo o mote da zona rural, "*Todos vivimos del campo*") e minimizar os efeitos negativos do modelo. Estou falando de funcionários do agronegócio, proprietários que arrendam suas terras para produtores de soja e outros moradores rurais que não participam da cadeia produtiva, mas se beneficiam dela, como uma classe relacionada ao agro. Por último, demonstro a extensão da invisibilização dos perigos tóxicos da pulverização de agroquímicos, uma vez que produtores de soja que têm poder em suas fazendas optam voluntariamente por aplicar veneno nos próprios quintais.

O NOVO PARADIGMA DA AGRICULTURA

Federico lembrou o verão de 1996, quando pela primeira vez adotou o pacote tecnológico. "Foi uma mudança de mentalidade, uma mudança de paradigma", diz ele, que é CEO da Los Cardones. Enquanto conversávamos, dois telefones tocavam sem parar.

"A adoção da nova tecnologia causou algum tipo de choque?", perguntei, pensando na linguagem da Revolução Verde usada por seus entusiastas para descrever a biotecnologia GM.

"Não, foi totalmente natural", afirma. "Sempre testamos novas variedades de sementes híbridas ou de outros tipos. E então surgiu essa, resistente ao glifosato. Testamos e funcionou. Começamos semeando uma área pequena no primeiro ano, um pouco mais no ano seguinte e agora usamos essa semente em todas as nossas terras." Foi, continuou ele, "uma explosão produtiva. Foi uma enorme mudança no cuidado e na conservação do solo. Os métodos de plantio direto associados à soja RR fazem com que não haja erosão causada pelo vento ou, pelo menos, que seja mínima. Isso resulta em imensos benefícios ambientais, além dos benefícios econômicos para os produtores e para o país. Produzimos muito mais por um custo menor".

Para Federico, a adoção do pacote tecnológico de culturas geneticamente modificadas representa uma continuidade da história da inovação tecnológica agrária dos Pampas. As suas palavras ecoam um tema que ouvi com frequência entre os produtores da região: as sementes geneticamente modificadas são, no fim das contas, um insumo, assim como pesticidas químicos ou fertilizantes. "São apenas mais uma ferramenta", me disseram vários agrônomos e produtores. Essa posição em relação à biotecnologia GM está em contraste gritante com aquela defendida por ativistas contrários aos OGM,[87] que afirmam que a introdução de culturas GM representa uma ameaça violenta às culturas e aos conhecimentos tradicionais (Shiva, 1991). No entanto, para produtores dos Pampas, já tão acostumados à constante inovação tecnológica, o mais "natural", como disse Federico, era adotar a nova variedade de sementes resistentes a herbicidas assim que apareceram.

É o uso combinado das sementes tolerantes a herbicidas com o sistema de plantio direto, ou *siembra directa* (também conhecido como método de semeadura direta), que os agrônomos e produtores destacam como a tecnologia de fato revolucionária. Ele se tornou a solução para os problemas da erosão do solo e do esgotamento de nutrientes associados aos métodos agrícolas convencionais, que exigem que a terra seja lavrada para a remoção das ervas daninhas, rompendo a estrutura e a camada protetora das colheitas passadas. O Roundup também substi-

87 Ativistas contrários aos OGM também são chamados de ativistas antibiotecnologia. [N.T.]

tuiu uma gama de herbicidas químicos mais tóxicos e caros.[88] Com base nessas justificativas, os apoiadores da biotecnologia GM argumentam que o pacote promove a sustentabilidade ambiental. Quando seus defensores falam sobre o pacote tecnológico, curiosamente, o discurso das sementes transgênicas como simples ferramentas costuma mudar, passando a considerá-las "melhores" ou "melhoradas". O pacote cria um "círculo virtuoso", um exemplo de como a Argentina está na vanguarda tecnológica da produção agrícola.

É importante notar que, nesse contexto, a linguagem da sustentabilidade com frequência está ligada à da sustentabilidade econômica. Na mentalidade empreendedora, é a busca pelo lucro que está no centro das decisões sobre o que vai ser cultivado e com quais tecnologias. Os benefícios são definidos por um aumento dos lucros e rendimentos e uma redução dos custos. No entanto, o discurso costuma apresentar esses benefícios como compartilhados: eles não são desfrutados apenas pelos ruralistas; o projeto extrativista de soja é tratado como benéfico e desejável para toda a sociedade. Como disse Federico, "produzimos muito mais por um custo menor", resultando em "benefícios para os produtores *e para o país*".

Ainda que a adoção da biotecnologia GM tenha sido uma continuidade em relação à inovação tecnológica, ela implicou também uma mudança radical. Los Cardones é apenas uma empresa do agronegócio que seguiu o caminho de outras maiores, como Los Grobo, El Tejar e Cresud, na revolução da agricultura argentina. A concepção delas para esse novo "paradigma" de produção agrícola está baseada em novos arranjos de terra e trabalho, além da constante inovação tecnológica (Gras & Hernández, 2013). É, de fato, um "paradigma", no sentido de

88 Entrevista com um agrônomo, importante consultor sobre o uso de agrotóxicos e a legislação da província de Córdoba (cidade de Córdoba, ago. 2011).

ser uma visão de mundo com dimensões sociais, estruturais, tecnológicas, culturais e simbólicas. O discurso da mudança de paradigma, como expõem Carla Gras e Valeria Hernández, tem como ponto de partida a narrativa da Revolução Verde da década de 1960 e lhe dá uma continuidade, com um processo em que "convergem as funções produtivas e ideológicas da tecnologia" (Gras & Hernández, 2016).[89]

Gustavo Grobocopatel, CEO da Los Grobo, é conhecido como um dos principais propulsores do paradigma da nova agricultura, cujo modelo, adotado no exterior, é considerado o "futuro da agricultura" por universidades de prestígio, como Harvard (Bell & Scott, 2010). Trata-se do "modelo de rede baseado em conhecimento", centrado na construção de uma rede de fornecedores de insumos e serviços, incluindo proprietários de terras, agrônomos, empreiteiros e gerentes, para que, em vez de contratar pessoas diretamente, adquirir terras ou maquinário, a empresa opere com arrendamento de terras e contratação de terceiros. O modelo de rede associativa da Los Grobo representa, assim, um afastamento da materialidade da agricultura (ou seja, da propriedade direta e do controle de recursos) em direção à locação, terceirização e especialização na área de gerenciamento dos aspectos da produção. Por causa da dependência do arrendamento de terras para seus negócios, o ruralista Grobocopatel declarou, de forma controversa: "Sou um sem-terra".[90] Foi uma referência direta para minimizar a luta do Movimento dos Trabalhadores Rurais Sem Terra (MST) do Brasil.

No novo modelo do agronegócio, o conhecimento está no cerne da agricultura. Nessa perspectiva, o valor da agricultura não está nas condições naturais que a tornam possível (terra, trabalho, clima), mas na expertise, no saber especializado para gerir e organizar a produção, bem como no conhecimento cien-

89 Ver também Gras e Hernández (2014).

90 "'Yo soy un sin tierra'", *Página 12*, 25 abr. 2004.

tífico para desenvolver tecnologias agrárias (como o sistema de plantio direto e a biotecnologia GM). O agronegócio eleva esse tipo de conhecimento a um meio de produção mais valioso do que a própria terra. As demandas da globalização neoliberal exigem cada vez mais eficiência e flexibilidade, mas a terra, sendo fixa, significa imobilidade. Assim, no paradigma do novo agronegócio, a terra se torna um entrave à mobilidade do capital (Hernández, 2009).

Dessa forma, grandes ruralistas pretendem realizar um feito fabuloso: eliminar a terra da equação agrícola. Como é possível superar a terra como um fator fixo na produção agrícola? Como fazendeiros "sem-terra" podem se tornar os maiores produtores do agronegócio?[91] Grandes empresas do agronegócio fazem isso arrendando áreas (e maquinário e mão de obra), em vez de adquiri-las. Os arrendamentos, em geral feitos com contratos de um a três anos, oferecem flexibilidade: quando o contrato termina, os produtores estão livres para se mudar para outro lugar. Pequenos proprietários também se beneficiam, porque é mais lucrativo arrendar a terra do que cultivá-la pessoalmente, com o risco de perder toda a safra quando não é possível competir no mercado com grandes produtores (Gras, 2009). Arrendar terras também faz com que o agronegócio cresça, expandindo sua produção em áreas ocupadas. Assim, a propriedade da terra se tornou menos relevante, ainda que o controle sobre ela continue crucial. A agricultura em larga escala torna-se então, em alguns casos, semelhante à grilagem de terras (Cáceres, 2015; Murmis & Murmis, 2012).

91 As cinco principais empresas do agronegócio em operação na Argentina — MSU, Los Grobo, El Tejar, Cresud e Adecoagro — controlam, via propriedade ou arrendamento de terra, cerca de três milhões de hectares de áreas agrícolas na Argentina e nos vizinhos Uruguai, Bolívia, Paraguai e Brasil. Em 2011, a Los Grobo colheu 320 mil hectares (Leguizamón, 2016a, p. 9-10).

Em outra estratégia para buscar flexibilidade, grandes empresas do agronegócio expandem sua produção para outros países. Cultivar em climas, ambientes e contextos políticos diferentes permite o cumprimento de outro dos objetivos principais dos ruralistas da soja: reduzir a variabilidade e a incerteza. Se o desafio é a mudança do tempo e os ciclos da chuva, ou a imposição governamental de taxas, expandir a produção por diversos países diversifica os riscos e estabiliza a saída do produto. Plantar soja também ajuda a alcançar esses objetivos, já que ela é considerada um "cultivo flex", com múltiplos destinos possíveis: comida, combustível, ração animal e material de construção. A cadeia integrada de forma regional da América do Sul, onde a soja intercambiada pode ser produzida no Paraguai ou no Brasil e depois processada e despachada da Argentina, fecha esse ciclo (Borras Jr. *et al.*, 2012; Oliveira & Hecht, 2016). Flexibilidade, eficiência e previsibilidade — características do capitalismo global *just in time* — são, dessa forma, alcançadas. A agricultura, antes restrita aos limites do ambiente natural, agora se expande por um "território virtual" (Hernández, 2009, p. 53-4).

Essa abordagem da agricultura e da natureza responde à (e faz parte da) crescente financeirização da terra e das culturas alimentares ao redor do mundo (Clapp, 2014; Isakson, 2014). A financeirização das terras agrícolas é a última fronteira dessa onda global, um processo que foi acelerado depois do aumento do preço dos alimentos em 2008. Como aponta Madelaine Fairbairn, o boom dos investimentos em terras agrícolas não é apenas especulativo, ou seja, não se trata apenas de especulação que tem retorno financeiro por meio da valorização da terra. O interesse de investidores também está na capacidade produtiva, isto é, esses investidores se envolvem com a produção agrícola mirando um retorno potencial em commodities. Em vez de comprar a terra, os consórcios interessados na sua capacidade produtiva se engajam estrategicamente naquilo que Fairbairn identifica como "arrendamento operacional". Comparado com as estratégias de investimento de "arrendamento próprio" ou "operação própria", o "arrendamento operacional" oferece o maior retorno de risco. Com essa estratégia, o agronegócio especula não apenas no valor da terra mas também no valor do que nela é cultivado, o que explica a preferência pelas culturas flex. Por mais lucrativa que seja a produção agrícola por arrendamento operacional, existem importantes implicações nesses contratos de curto prazo. Como nota Fairbairn, "além dos impactos óbvios na estrutura da agricultura, isso também reduz o estímulo para que o produtor adote práticas sustentáveis, já que tira dele ou dela a participação na produtividade futura" (Fairbairn, 2014, p. 16).

A ênfase do agronegócio no conhecimento é atraente: em teoria, o conhecimento não é algo que diminui quando é compartilhado, como ocorre com os recursos limitados necessários para a produção em agricultura, tais como terra e água. Como afirmou Federico sobre os benefícios da rede de troca de conhecimentos: "É como diz o fundador do movimento Crea [Consórcios Regionais de Experimentação Agrícola]: 'Se vou a um encontro e levo uma maçã, e você leva uma maçã, trocamos maçãs, e cada um sai com uma maçã. Mas se levo uma ideia e você leva uma ideia, colocamos essas ideias em movimento e saímos, ambos, com duas ideias'". A promessa da agricultura baseada nesse conhecimento especializado é transcender os limites físicos do planeta: ir além das restrições da escassez de recursos e das mudanças climáticas por meio da tecnologia de ponta. De forma ainda mais significativa, o desenvolvimento baseado nesse conhecimento busca superar dicotomias tradicionais, tais como rural/urbano ou agrário/industrial, com um cenário em que todos saem ganhando. Em teoria, esse conhecimento pode ser compartilhado sem nenhuma perda pessoal ou ambiental e, o que é ainda mais sedutor, sem o conflito intrínseco à disputa pelo controle de recursos naturais escassos.

Esse novo paradigma da agricultura é disseminado pelo país por meio de associações empresariais como a Aapresid, de feiras como a Expoagro e da imprensa, além de instituições científicas e acadêmicas financiadas pelo governo. A Expoagro, por exemplo, é realizada pelos jornais *Clarín* e *La Nación*, os dois veículos de maior circulação na Argentina. É uma das maiores e mais importantes feiras anuais da agricultura do país. De acordo com o site da Expoagro, trata-se de um evento para ver "as mais recentes inovações e tendências para máquinas agrícolas e sistemas produtivos".[92] A Expoagro é um dos espaços centrais de difusão de novas tecnologias e práticas agrícolas na Argentina. Ao lado das principais empresas de pesquisa em biotecnologia e agroquímica, a exposição é composta por instituições financeiras, seguradoras, grupos de comunicação, instituições acadêmicas e empresas da indústria e do comércio do agronegócio. Ao longo do ano, versões menores da Expoagro acontecem pelo país. Grupos como a Aapresid e o Crea, já mencionados por Federico, tomam a frente da organização de redes de formação e treinamento, ambientes para aprender e compartilhar experiências em torno de novas tecnologias e métodos agrários. Esses encontros têm o apoio de *think tanks* como a ArgenBio (que se autodenomina Conselho Argentino para Informação e Desenvolvimento em Biotecnologia), além de instituições de pesquisas com financiamento governamental, como o Instituto Nacional de Tecnologia Agropecuária (Inta) e o Conicet. Essas instituições cooperam para criar e promover o paradigma do novo agronegócio, comumente ensinado nas grades curriculares de cursos relacionados à agricultura das mais importantes universidades públicas (Grosso & Albaladejo, 2009).

92 Expoagro, disponível em: http://expoagro.com.ar.

A SOJA AOS OLHOS DO PÚBLICO

O discurso que apresenta a biotecnologia GM como positiva e necessária para o desenvolvimento é uma estratégia-chave para angariar apoio às novas tecnologias agrárias. Corporações poderosas e atores estatais são aliados na criação e difusão do discurso hegemônico em favor da soja geneticamente modificada (Newell, 2009). Essa aliança empresarial-estatal é fundamental para que o discurso favorável à biotecnologia GM e ao novo paradigma agrícola incida sobre o público leigo e sobre a sociedade argentina em geral.

Em 2012, quando a Monsanto apresentou em Buenos Aires sua nova variedade de sementes Roundup Ready (batizadas de Intacta Roundup Ready 2 Pro), o então ministro da Agricultura, Norberto Yauhar, declarou: "Hoje é um dia muito especial para a Argentina, porque estamos caminhando para a próxima geração da soja. Hoje aprovamos a última variedade de sementes transgênicas, e a biotecnologia é uma ferramenta para o crescimento sustentável".[93] Yauhar elogiou a biotecnologia da Monsanto e afirmou que ela beneficia a Argentina e o mundo. Ele se referiu à biotecnologia transgênica como essencial para aumentar a segurança alimentar em um mundo cada vez mais desafiador, assolado por mudanças climáticas, secas, escassez de energia e uma população que só cresce. Suas palavras são um espelho da linguagem corporativa da Monsanto. Elas demonstram um alinhamento pró-GM entre o Estado e o mercado. Os veículos de imprensa de destaque na Argentina também celebraram a apresentação da nova variedade de semente da

93 "Soja: Monsanto presentó Intacta RR2 junto a ministro nacional", *La Voz*, 21 ago. 2012.

Monsanto, chamando a soja Roundup Ready 2 de "supersoja", a lavoura "do futuro".[94]

A difusão midiática é uma das estratégias corporativas mais efetivas e usadas para gerar consenso (Herman & Chomsky, 2002 [2003]; McChesney, 2000; Stauber & Rampton, 1995). O que é dito ao público e o que dele é omitido promovem uma opinião específica no seio da sociedade civil. Em outras palavras, essas mensagens influenciam a população e constroem um discurso hegemônico. Na Argentina, as decisões sobre quais eventos são reportados ao público estão concentradas nas mãos de um pequeno número de empresas de comunicação. O Grupo Clarín lidera como o maior conglomerado de mídia do país e um dos maiores do mundo em língua espanhola (Mastrini *et al.*, 2015). Fundado em 1999, o grupo publica notícias impressas (o mais famoso de seus veículos é o *Diario Clarín*, com a maior circulação de jornal da Argentina) e gerencia acesso à internet, TV a cabo, rádio e televisão aberta. Além disso, o grupo é dono dos dois principais canais de televisão argentinos, o Artear e o Canal Trece, além de ser o canal de notícias 24 horas mais visto, o Todo Noticias, conhecido popularmente como TN. Seus espectadores estão acostumados a ver comerciais da Monsanto, da Dow AgroSciences e de empresas que vendem sementes, como a Nidera, além de organizações que representam os interesses relacionados à agroexportação, como a Câmara Argentina da Indústria de Sementes Oleaginosas (Ciara).

A mídia hegemônica tem sido um ator estratégico para mobilizar o apoio ao modelo da soja transgênica entre a população urbana argentina. No *Clarín* e no *La Nación*, os jornais disparadamente mais lidos da Argentina, a produção de soja GM costuma ser descrita como um sucesso absoluto. "Soja, o fenô-

94 "Monsanto ya se aseguró el cobro de las regalías por su nueva súper soja", *Clarín*, 22 ago. 2012; "La soja del futuro ya está en el país", *La Nación*, 30 mar. 2013.

meno que surpreende o mundo", diz a manchete de uma edição especial de 2005 do *Clarín* sobre a commodity. Reportagens sobre a produção de soja e sua participação nas exportações são noticiadas com frequência e, via de regra, estampam as capas e as editorias de economia e política. Os noticiários em geral usam uma linguagem elogiosa de quebra de recordes: "A soja aumentou os recordes de exportação", "O preço da soja não tem limites", "Melhores lucros? Impossível".[95] O editorial também serve para divulgar e celebrar o modelo da soja. Héctor Huergo, colunista semanal do *Clarín* e diretor do *Clarín Rural* (uma revista voltada para assuntos do campo), é um conhecido defensor das culturas transgênicas na Argentina. Entre os títulos de seus textos, estão: "Apenas a biotecnologia pode salvar o mundo" e "Soja, o maná do século XXI".[96] Com um zelo evangélico, Huergo usou as páginas do *Clarín Rural* para gerar e difundir o discurso sobre a "segunda revolução dos Pampas" e promover a biotecnologia GM.[97]

A mídia amplifica e legitima esse discurso do potencial de desenvolvimento das lavouras geneticamente modificadas, explorando os mitos orientadores abordados no capítulo 1. Por exemplo, um artigo intitulado "O celeiro do mundo", publicado no caderno de economia do *Clarín* em 2002, começa com a seguinte afirmação: "Um incômodo permanente que aflige os argentinos é o de que 'éramos o celeiro do mundo e agora desaparecemos'". A história faz eco com a narrativa de Germán, exposta no capítulo 1, quando ele lamenta a "decadência" da Argentina depois do primeiro boom agroexportador. Assim

95 "La soja impulsó un récord de las exportaciones", *Clarín*, 31 maio 2004; "La soja no tiene freno: llegó a los $900", *La Nación*, 27 dez. 2007; "Mejor, imposible: La soja de 60 quintales", *La Nación*, 27 abr. 2013.

96 "Sólo la biotecnología salvará al mundo", *Clarín*, 29 jan. 2001; "Soja, el maná del siglo XXI", *Clarín*, 30 dez. 2006.

97 "El tecnócrata mesiánico", *Crisis*, 4 mar. 2013, disponível em: https://revistacrisis.com.ar/notas/el-tecnocrata-mesianico-0.

como Germán, o jornalista do *Clarín* enfatiza o papel da biotecnologia GM para reverter esse quadro. "Nenhuma ideia poderia estar mais equivocada", ele escreve. "Nos últimos dez anos, o setor agrícola da Argentina teve a maior taxa de crescimento do mundo. Como resultado, a participação nacional na produção global de alimentos está aumentando". Isso, continua ele, graças à "segunda revolução dos Pampas. A primeira ocorreu no fim do século XIX, quando gringos e pioneiros povoaram o território e transformaram, com o arado na mão, a fertilidade dos Pampas em trigo, milho, linhaça e carne bovina. Agora estamos na era da conquista tecnológica. Há novas formas de produção que são mais eficientes e ambientalmente desejáveis". As palavras do jornalista parecem repetir as que escutei durante meu trabalho de campo: "A Argentina está liderando a mudança tecnológica em todo o mundo", está na vanguarda da inovação e está fazendo a melhor agricultura do planeta.[98]

A mídia também promove a soja como um alimento "milagroso". Logo depois da crise econômica e política de 2001, a fome se tornou um tema público pela primeira vez na história da Argentina. Em novembro de 2002, quatro crianças morreram por desnutrição na província de Tucumán. A história chocou o país e se tornou notícia na imprensa internacional. "Vergonha e controvérsia na Argentina com a morte de quatro crianças desnutridas", escreveu o jornal espanhol *El País*.[99] Como pode haver fome no celeiro do mundo? À medida que as terras agrícolas deixam de cultivar alimentos para, em seu lugar, cultivar lavouras destinadas à ração animal, a expansão da soja ameaça a segurança alimentar do país (Barruti, 2013; Teubal, 2008). Ainda assim, a imprensa publica matérias sobre o potencial da segunda revolução dos Pampas para ali-

98 "El granero del mundo", *Clarín*, 17 out. 2002.
99 "Vergüenza y polémica en Argentina por la muerte de cuatro niños desnutridos", *El País*, 15 nov. 2002.

mentar a Argentina e o mundo, divulgando a soja como um *poroto maravilloso* [feijão milagroso], uma "arma carregada para o futuro" que pode resolver o problema da fome por ser uma fonte de proteína, por seus altos lucros e seus baixos custos.[100] Receitas à base de soja e anúncios de cursos gratuitos de culinária para ensinar a população argentina a incluí-la em sua alimentação começaram a aparecer na mídia depois da crise de 2001. Pipocaram artigos promovendo esse grão e o retratando como o melhor substituto para o consumo de carne. É o caso de um texto publicado no *Clarín*, que dizia: "Na ausência da carne barata, o bom acaba sendo a soja".[101] As matérias recorrem a argumentos de nutricionistas baseados em expertise científica: "Está confirmado: a soja reduz o colesterol e protege o coração", diz uma manchete do *La Nación*.[102] Valores culturais, no entanto, entram em conflito com o chamado conhecimento especializado e as orientações médicas. A carne bovina é a principal base da dieta e da cultura argentina. Os argentinos se orgulham de ter a melhor carne do mundo. Apesar dos esforços midiáticos para convencê-los do contrário, a soja continua a alimentar o gado, não as pessoas.

A cobertura sobre soja feita pela mídia hegemônica costuma ser muito positiva. No entanto, analisar como atores e instituições poderosas retratam a biotecnologia GM publicamente é tão importante quanto questionar o que é omitido, o que não está na pauta da imprensa. A decisão sobre o que vai ou não ser veiculado está nas mãos daqueles que controlam os canais de notícias (Herman & Chomsky, 2002 [2003]; McChesney, 2000). Manter eventos controversos longe dos olhos do público ajuda a reprimir a participação da sociedade no tema. Durante mais de

100 "La soja es un arma cargada de futuro", *Clarín*, 2 fev. 2002.

101 "A falta de carne barata, buena resulta ser la soja", *Clarín*, 22 abr. 2002.

102 "Confirman que la soja reduce el colesterol y protege el corazón", *La Nación*, 19 nov. 2007.

uma década, desde que as culturas geneticamente modificadas foram introduzidas, em 1996, notícias a respeito dos impactos negativos reais ou potenciais do modelo da soja transgênica estiveram visivelmente ausentes da mídia; mas isso mudou com *el conflicto del campo*, a revolta agrária em torno dos impostos de exportação em 2008. Naquele ano, a soja não saía dos noticiários.

Durante os quatro meses de conflito, a mídia hegemônica noticiou os protestos diariamente e dedicou grande espaço à discussão sobre a produção de soja. Antes disso, a soja havia recebido apenas uma atenção dispersa na imprensa. Contudo, os eventos, de repente, trouxeram a atenção do público para um processo que vinha se desenrolando havia mais de uma década. O conflito criou uma "janela de oportunidade" para que o modelo da soja GM fosse questionado pelo seu potencial impacto negativo (McAdam, 1982). Pela primeira vez, os riscos à saúde e ao meio ambiente causados pelos agrotóxicos apareceram na mídia hegemônica argentina.

Na capa do *Página 12*, o terceiro jornal de maior circulação nacional, em letras maiúsculas e negrito, sobrepostas à imagem de uma fazenda de soja sendo pulverizada, lia-se: "VENENO".[103] A imagem colorida ocupou toda a capa do jornal. Foi a primeira de uma série de reportagens publicadas pelo veículo pró-Kirchner, começando em janeiro de 2009 com esse texto sobre os efeitos nocivos do glifosato, o herbicida companheiro da soja transgênica. As matérias divulgaram descobertas importantes sobre os efeitos do glifosato com base em testes laboratoriais feitos por uma equipe de cientistas argentinos

103 A manchete completa foi "La mancha venenosa", *Página 12*, 19 jan. 2009. O *Página 12* é conhecido por suas capas irônicas e irreverentes. Aqui, ele se refere aos agrotóxicos como venenosos e, ao mesmo tempo, brinca com o nome de um jogo infantil popular na Argentina, parecido com pega-pega. Uma pessoa chamada de "mancha" precisa pegar as outras que correm dela e, quando encosta em alguém, é como se espalhasse nela seu "veneno".

do Laboratório de Embriologia Molecular da Universidade de Buenos Aires, liderada por Andrés Carrasco.[104] O estudo de Carrasco, o primeiro desse tipo em nível local, refutou a alegação de baixa toxicidade do Roundup. Sua principal descoberta revelou que o glifosato é tóxico para embriões de anfíbios em doses ainda menores que as utilizadas na agricultura, produzindo malformações e distúrbios neurais, intestinais e cardíacos (Paganelli *et al.*, 2010). Na TV, matérias de jornalismo investigativo demonstraram com gráficos os impactos dos agrotóxicos à saúde. Muitos dos meus entrevistados se lembram de um episódio específico de *La Liga*, no canal Telefé.[105] Nele, aparecem imagens devastadoras dos efeitos da exposição a agrotóxicos no longo prazo: crianças pequenas com malformações incapacitantes, gestantes aterrorizadas com a temporada de fumigação e o corpo nu atrofiado de Fabián Tomasi, um ex-trabalhador da pulverização.[106]

O conflito do campo desencadeou uma batalha midiática entre governo e agronegócio. Com a repentina exposição, na imprensa, do glifosato como um risco à saúde em meio ao *conflicto del campo*, ficou nítido que os Kirchner estavam amea-

104 "El tóxico de los campos", *Página 12*, 13 abr. 2009.

105 O episódio, intitulado "Soja", foi ao ar à meia-noite do dia 26 de agosto de 2008. Cerca de 1,2 milhão de pessoas assistiram; ver "La soja la ligó", *Página 12*, 28 ago. 2008.

106 Fabián Tomasi, que mais tarde se tornaria uma figura pública contra a pulverização de agrotóxicos, aparece no programa explicando como manuseava pesticidas sem equipamento de proteção e mostrando o impacto nocivo do glifosato no seu próprio corpo. Ele sofreu polineuropatia tóxica grave. Sua imagem, com o torso muitas vezes nu, apareceu em muitos meios de comunicação nacionais e internacionais. Ver, por exemplo, "Argentines Link Health Problems to Farming Chemicals", USA *Today*, 20 out. 2013; as fotografias de Jordi Ruiz Cirera em "The United Soya Republic", disponível em: https://tinyurl.com/yc7jj8um; e Piovano (2017). Tomasi morreu em 7 de setembro de 2018, aos 53 anos; ver "Murió Fabián Tomasi, símbolo de la lucha contra el glifosato" [vídeo], 9 set. 2018, disponível em: https://youtu.be/SeJq2Q5akUU.

çando os ruralistas (Arancibia, 2013). A imprensa favorável ao agronegócio (*Clarín* e *La Nación*) retaliou com uma campanha em defesa do glifosato, recorrendo ao conhecimento científico para avaliar o risco. "De acordo com o Senasa, o herbicida cumpre todos os regulamentos", afirmou o agrônomo e chefe do setor de agrotóxicos do Senasa em uma entrevista ao *La Nación*, lembrando o público do baixo grau de toxicidade do glifosato, de acordo com os padrões internacionais da Organização das Nações Unidas para Alimentação e Agricultura (FAO) e da Organização Mundial da Saúde (OMS).[107]

A estratégia do governo de reprimir o agronegócio para acabar com a greve não passou despercebida. Ao contrário, provocou uma forte reação de poderosos atores internacionais, de forma mais significativa a Monsanto e o governo estadunidense. "A imprensa pró-governo [referindo-se ao *Página 12*] está fazendo uma campanha contra o uso do glifosato... que parece ser impulsionada mais pela política local do que por preocupações com a saúde", diz um documento confidencial do Departamento de Agricultura dos Estados Unidos vazado pelo WikiLeaks. O relatório caracteriza ainda as descobertas de Carrasco como "não verificadas", atestando que o "suposto estudo não tem credibilidade científica". Assim, o Departamento de Agricultura estadunidense passa a fornecer para o Senasa "informações sobre estudos realizados com glifosato" por meio da Embaixada dos Estados Unidos em Buenos Aires, ainda que essas informações não tenham sido solicitadas. Os estudos disponibilizados, de acordo com o WikiLeaks, eram da própria Monsanto e confirmavam a baixa toxicidade do Roundup.[108] Assim como a aprovação das sementes resistentes a herbicidas e o glifosato, como demonstrei no capítulo 1, esse é outro exemplo de como o lobby

107 "Para el Senasa, el herbicida cumple con todas las normativas", *La Nación*, 25 abr. 2009.

108 "Los cables utilizados", *Página 12*, 9 mar. 2011.

corporativo é uma ferramenta poderosa para promover a aceitação e o consenso em torno da biotecnologia transgênica.[109]

Como detalho no capítulo 4, a mudança na atmosfera política durante o *conflicto del campo* criou um contexto propício para que ganhassem força os movimentos sociais de combate aos agrotóxicos, já que cada vez mais pessoas aprendiam sobre o impacto do glifosato na saúde e no meio ambiente. No entanto, notícias com essas informações foram exceção e desapareceram aos poucos depois do término do conflito. Durante os governos Kirchner, o potencial impacto negativo da expansão da soja e a mobilização de ativistas contrários aos OGM foram pouquíssimo noticiados. Como uma ativista em 2012 comentou comigo, "não apareceu no programa *6, 7, 8* nem no TN", apontando que houve pouca ou nenhuma discussão sobre esses temas, fosse no programa de notícias que faz propaganda dos governos Kirchner — o *6, 7, 8*, veiculado na TV aberta —, fosse no TN, o canal de notícias do Grupo Clarín.[110]

Na próxima seção, mostro como essas informações (ou a ausência delas) impactam as populações rurais e como a mudança de paradigma da produção agrícola transformou o cotidiano e o trabalho nos Pampas. Habitantes rurais declaram: "vivemos do campo". Desenredo os significados dessa frase tão repetida e me debruço sobre como esses atores que estão "no meio" — moradores do campo que não têm poder sobre a

109 Ver também Kloppenburg Jr. (2005).

110 Em 2012, Cristina Kirchner e o Grupo Clarín se envolveram em uma amarga disputa legal e discursiva; ver "Battle between Argentine Media Empire and President Heats Up over a Law", *The New York Times*, 30 nov. 2012. A "batalha" se deu em torno de uma lei que visava desmantelar a concentração da mídia corporativa, popularmente conhecida como Ley de Medios. O presidente Mauricio Macri derrubou a lei com um decreto executivo em 2016 (Vommaro & Gené, 2017). Apesar dessa disputa judicial, as corporações e o Estado continuaram aliados na continuidade do discurso positivo sobre o modelo da soja como estratégia de desenvolvimento.

agricultura em larga escala, mas desfrutam de seus benefícios culturais e econômicos — muitas vezes ajudam a perpetuar a retórica da biotecnologia GM. Por último, apresento Bernetti, um produtor de soja que orgulhosamente cultiva mil hectares de culturas transgênicas no próprio quintal. Assim, busco mostrar a extensão da invisibilização dos riscos da exposição a herbicidas à base de glifosato.

TODOS VIVEMOS DO CAMPO

Antonio aumentou o volume de seu aparelho auditivo para se preparar para a nossa conversa. Desde que completou oitenta anos e sua esposa faleceu, seus olhos e seu coração também têm lhe trazido problemas. Ainda assim, durante nossa entrevista ele não virou seu ouvido bom na minha direção nem parou de se mover, entrando e saindo da cozinha e mantendo os olhos grudados na churrasqueira do lado de fora. Antonio nitidamente não havia adquirido o hábito de uma vida doméstica quieta e de repouso. "São 38 anos vivendo do campo!", ele disse, referindo-se ao tempo dedicado ao trabalho de gerenciar as lavouras (*encargado de campo*). Antonio é um trabalhador rural aposentado que dedicou sua atividade profissional a produtores muito grandes. Seus pais emigraram da Espanha com seus dois irmãos mais velhos. Antonio e as outras oito crianças da família nasceram e foram criadas na Argentina. Ele sustentou a própria família com o trabalho na fazenda. Antonio e sua esposa foram contratados pela primeira vez para morar no local, "como um casamento". Em um arranjo típico das divisões de gênero do trabalho dos Pampas (Stølen, 2004), a função dela era cuidar da casa da fazenda e cozinhar para os funcionários, enquanto ele ficou encarregado das tarefas no campo. No entanto, à medida que os filhos foram crescendo, sua mulher se mudou com eles para a cidade, para que pudessem ir à escola. Antonio passava, então, algumas noites na fazenda; na maior parte das vezes, porém, viajava para encontrar a família. Ao falar de sua vida trabalhando na propriedade, Antonio não poupou elogios aos empregadores e aos métodos de cultivo. "*Son productores muy de punta*. Estão no topo da mudança tecnológica", repetiu algumas vezes. Eu o entrevistei em duas ocasiões entre junho e julho de 2011. Nesse dia estávamos na sua casa em General Artigas [nome fictício], uma cidade rural de quinze mil habitantes no sudeste da província de Buenos Aires. A ideia era visitar algumas das fazendas nas quais ele trabalhou.

"Como as pessoas ganham a vida?", perguntei a ele e a Rosa, uma vizinha contratada para ajudá-lo com os afazeres domésticos. Nós três já estávamos conversando havia algum tempo, tomando mate e comendo salame enquanto o almoço não ficava pronto. *Del campo.* "Vivem do campo", eles responderam, quase em uníssono.

"Todos vivemos do campo" foi a frase que mais escutei durante meu trabalho nos Pampas. Algumas pessoas, como Rosa naquela manhã, diziam "no campo", ou seja, que as pessoas viviam nas próprias fazendas. No entanto, como constatei em minha pesquisa, inclusive naquele mesmo dia, quando eu e Antonio visitamos diferentes fazendas, a impressão é de que ninguém efetivamente mora nas fazendas. O êxodo rural, consequência da inovação tecnológica agrária — com automação, máquinas e petroquímicos substituindo a força de trabalho humana e animal —, antecedeu a adoção do pacote tecnológico GM nas plantações. Quando os fazendeiros dos Pampas começaram a adotar o pacote da Revolução Verde nos anos 1970, a população rural argentina já era significativamente menor do que a de outros países da América Latina, representando pouco mais de 21% do total, em contraste com os 43% do restante da região. Com a adoção de outras inovações, a queda desse índice continuou. Em 1995, pouco antes da implementação da biotecnologia GM, a população rural já havia diminuído para menos de 12%. Em 2015, apenas 8% dos argentinos viviam em áreas rurais.[111]

As fazendas de agronegócio da família que contratou Antonio ocupam mais de sessenta mil hectares em terras próprias e arrendadas ao redor do país (cerca de dez vezes o tamanho de Manhattan). O despovoamento rural caminha lado a lado com a diminuição do número de fazendas, o aumento do tamanho de latifúndios e a concentração fundiária. De acordo com os dados do censo rural, cerca de oitenta mil fazendas nos Pampas deixaram de existir entre 1988 e 2008. Isso representa uma diminuição de 42% nas fazendas em apenas duas décadas.[112] Quase metade dessa redução aconteceu durante os seis anos do boom da soja. Entre 2002 e 2008, o censo aponta que o número de fazendas nos Pampas diminuiu 18%. O tamanho e a desigualdade decorrente no acesso à terra, como apontei no capítulo anterior, também aumentaram.

111 Em 1970, a população rural na Argentina era de 5,1 milhões de pessoas, o equivalente a 21,3% do total de habitantes (enquanto na América Latina era 43,3%). Em 1970, a população rural havia diminuído para 17,1% (4,81 milhões) e, em 1995, para 11,9% da população total (4,17 milhões de pessoas). Em 2015, eram apenas 3,55 milhões de pessoas, ou 8,2% da população total; ver "Cepalstat: Statistics and Indicators — Demographic and Social", Cepal, disponível em: https://statistics.cepal.org/portal/cepalstat/dashboard.html?theme=1&lang=en.

112 De acordo com os censos nacionais rurais de 1998, 2002 e 2008, houve uma perda de 78.900 fazendas entre 1988 e 2008, uma diminuição de 41,7%. Entre 2002 e 2008, na região dos Pampas houve uma redução de 24.405 fazendas, uma queda de 18%. Os dados são do Censo Nacional Agropecuário de 1998, 2002 e 2008. Os de 2008 são preliminares, porque a maioria dos números não foi divulgada até o momento em que este texto foi escrito. A região dos Pampas inclui as províncias de Buenos Aires, Entre Ríos, Córdoba e La Pampa. O Norte, aqui, inclui Chaco, Santiago del Estero e Salta. Ver "Censo Nacional Agropecuario 2008: resultados provisorios", 30 out. 2009, disponível em: https://www.indec.gob.ar/ftp/cuadros/publicaciones/cna08_10_09.pdf.

Em julho de 2011, Antonio me levou para visitar três fazendas nas quais havia trabalhado antes de se aposentar. Eram enormes, entre 1.000 e 1.500 hectares. As duas primeiras eram um misto de cultivo agrícola e pecuária. Assim como na fazenda leiteira descrita por Lucas na abertura deste capítulo, foi contratada mão de obra especializada para o curral de engorda do gado, com turno de oito horas diárias. O confinamento animal, típico nos Estados Unidos, não era comum na Argentina, mas logo passou a ser implementado para todos os animais criados para consumo humano — vacas, galinhas e porcos —, liberando terra para uso agrícola. O cativeiro traz uma série de consequências socioecológicas: aumento do uso de hormônios e antibióticos nos animais, problemas de saúde relacionados ao consumo da carne bovina confinada, além da degradação do meio ambiente, uma vez que os cativeiros poluem o ar, a água e o solo (Barruti, 2013). Ainda me lembro do cheiro forte no ar e das vacas apertadas, que se moviam com esterco e lama até a barriga.

A terceira fazenda que visitamos era dedicada exclusivamente aos grãos. Naquele dia estavam ensacando a colheita — milho e soja — em silobolsas. Essa é uma tecnologia recente que permite o armazenamento de grãos no próprio local. São sacolas brancas de 75 metros de comprimento e três metros de largura que parecem salsichas gigantes (figura 5). Os produtores preferem as silobolsas porque assim podem armazenar a colheita por até dois anos, em vez de ter que vendê-la de imediato, podendo especular por preços mais altos (e pressionar o governo, retendo o pagamento dos impostos de exportação). Nesse dia, dois homens de meia-idade com barrigas robustas terminaram o trabalho de encher essas sacolas em menos de uma hora, tendo como única ajuda um trator e um funil. Cada uma das dez silobolsas foi preenchida com duzentas toneladas de grãos em uma questão de minutos. Com a tonelada de milho valendo mais de trezentos dólares e a tonelada de soja, mais de quinhentos dólares (em junho de 2011), havia uma fortuna naquelas sacolas.[113] "É um avanço enorme", disse Antonio. "Antes levava muito tempo para colocar os grãos no caminhão." Ele se juntou ao coro de vozes celebrando a modernidade e o advento de máquinas que proporcionam a economia de tempo e o alívio do trabalho pesado.

Nenhum dos trabalhadores das três fazendas que conheci naquele dia morava no local. Assim como os funcionários da Los Cardones, eles residiam na cidade e viajavam para trabalhar nas fazendas conforme a necessidade. Havia uma pessoa morando na fazenda, me disseram. Sua função principal era proteger as silobolsas de possíveis ladrões.[114]

A região dos Pampas argentinos é bem pouco povoada, e a sua extensão chama a atenção. Uma pessoa pode viajar 160 quilômetros sem encontrar ninguém, em especial quando sai das principais estradas federais. As três fazendas que visitei com Antonio, por exemplo, são adjacentes. Juntas, elas ocupam mais de 3.600 hectares e são apenas três das muitas da região. Dirigimos durante horas vendo apenas plantações e vacas no horizonte — e eu rezando para meu carro urbano compacto não atolar nas estradas de terra. ("É por isso que aqui você precisa de um caminhão", repetia Antonio. "E não mais de cavalos. Eles são uma perda de tempo.")

113 Ministerio de Agricultura, Ganadería y Pesca, "Mercado de granos: Informe diario", 3 jun. 2011, disponível em: https://tinyurl.com/nv3esywa. Esses são os preços antes dos impostos no porto (*free of board* — FOB). Produtores precisam pagar tributos, principalmente os de exportação, que para a soja subiu a 35%, além das despesas (incluindo transporte). Os produtores não recebem tanto quanto os preços FOB, razão pela qual eram tão antagônicos aos governos Kirchner e à sua política tributária.

114 Roubo e vandalismo não são incomuns. Em 2014, como parte da repercussão da divisão social depois do conflito do campo, uma série de produtores rurais relataram ter tido suas silobolsas rasgadas. Ver "Silobolsas: La revolución del agro que obsesiona al gobierno", *La Nación*, 24 jun. 2015.

Figura 5 — As silobolsas permitem que os produtores estoquem a colheita nas próprias fazendas. Cada silobolsa consegue armazenar duzentas toneladas de grãos. Foto da autora.

A mudança de paradigma na produção agrícola transformou radicalmente a vida, o trabalho e o meio ambiente nos Pampas. Não são muitas as pessoas que vivem e trabalham no campo. No entanto, aquelas que ficaram são beneficiadas economicamente pelo boom da soja transgênica e demonstram apoio ao modelo. A frase compartilhada "vivemos do campo" captura a forma como os habitantes dos Pampas percebem a distribuição econômica da produção agrícola como positiva.

Os benefícios econômicos do boom da soja chegam até a população rural de muitas formas. Uma delas é a geração direta de emprego. Como a Los Cardones, em Santa María, muitas empresas do agronegócio têm sede em cidades rurais maiores. Los Grobos, por exemplo, fica em Carlos Casares, na província de Buenos Aires. O agronegócio gera, assim, uma grande quantidade de cargos técnicos e especializados para planejar e supervisionar a produção, fazendo com que muitos dos seus funcionários vivam na cidade, como explicaram Lucas e Tomás. Los Cardones, por exemplo, emprega cinquenta pessoas em cargos de agronomia, pecuária e administração. Também emprega, por meio da empresa terceirizada, outro punhado de funcionários para as tarefas agrícolas de plantio, fumigação e colheita. Ou seja, há geração de empregos: trabalhos confortáveis e bem remunerados. Alguém poderia argumentar que o número de empregos gerados não é alto o suficiente para justificar frases como "todos vivemos do campo". No caso da Los Cardones, no máximo sessenta pessoas são contratadas para gerenciar um território de doze mil hectares. Isso equivale a mais do a cidade inteira de Paris, onde 2,2 milhões de pessoas vivem e trabalham.[115]

A geração de empregos na indústria da soja ocorre, em sua maior parte, de forma indireta. A produção cria um amplo

115 Paris tem 105 quilômetros quadrados (12 mil hectares equivalem a 120 quilômetros quadrados); ver "Paris", *Encyclopedia Britannica*, disponível em: https://www.britannica.com/place/Paris.

setor de fornecedores de insumos e serviços para atender à agroindústria: desenvolvedores, produtores e vendedores de sementes e agrotóxicos; caminhões e treinamento de transportadoras para deslocar a colheita até os portos; fabricantes e vendedores de maquinário; trabalhadores das filiais exportadoras de grãos, entre outros. Nas grandes cidades rurais, os escritórios do agronegócio costumam ficar na principal avenida do centro. Assim, quando você entra na cidade, um desfile de outdoors e banners lhe dá as boas-vindas: as exportadoras de grãos Cargill e Louis Dreyfus Company; as vendedoras de agrotóxicos Syngenta, Basf e DuPont; as vendedoras de sementes Nidera, Don Mario e Compañía Argentina de Granos. Class, John Deere e Ford atraem consumidores em potencial com seus tratores brilhantes, colheitadeiras e caminhões estacionados na frente das lojas. Como argumentam os grandes empresários do agronegócio, ainda há uma ampla gama de empregos criada nas indústrias de petróleo, combustível e processamento de alimentos que é sustentada pela agricultura, ainda que esses empregos não sejam contabilizados nas estatísticas dos benefícios do setor rural, porque esses trabalhadores são tipicamente urbanos.[116]

Outro grupo de empregos é gerado pelo consumo associado aos rendimentos e lucros da alta classe ligada ao agro: trabalho de limpeza doméstica e comercial, vagas em supermercados e varejo, entre outros. A área de construção, em particular, se beneficiou muito do boom da soja, já que investimentos em propriedade são considerados um dos meios mais confiáveis de guardar dinheiro na Argentina — o que é compreensível em um país assolado por desvalorizações repentinas da moeda e colapsos do sistema bancário. O Estado também contribui para a renda derivada da soja, que flui para

116 "El modelo del poroto", *Página 12*, 11 abr. 2010.

as áreas rurais por meio de subsídios mensais dos programas de transferência de renda descritos no capítulo 1.

Outra maneira importante com que os benefícios econômicos se espalham pelas cidades rurais é por meio das propriedades de terra. Alguns residentes rurais são ex-*chacareros* que, incapazes de competir com os grandes produtores, optam por deixar a agricultura e arrendar suas terras, já que pode ser mais lucrativo e menos arriscado do que o cultivo próprio (Gras, 2009). Outros são proprietários de terra que nunca se envolveram diretamente na agricultura, mas herdaram partes da fazenda da família. Sergio é um deles. É um advogado que vive em Álvarez [nome fictício], uma cidade rural de cerca de nove mil habitantes no sul da província de Córdoba. Foi ali que eu o conheci, em março de 2012.

O sul das províncias de Córdoba e Santa Fe costumava ser a potência da produção de laticínios do país. "Entre 1920 e o fim dos anos 1980", relatou Sergio, "a pecuária leiteira (*la tambería*) era a principal atividade nessa área. Mas tudo mudou com a soja. Agora a região é agrícola e voltada para a sojicultura". Conversamos num café no centro da cidade. Sergio é divorciado e deve ter em torno de cinquenta anos. Seu filho tinha vindo visitá-lo de Buenos Aires, onde estuda design gráfico na universidade. A filha se formou em arquitetura na Universidade de Córdoba. Sergio gostaria que eles se encarregassem da administração da fazenda em algum momento, mas nenhum dos dois demonstra esse interesse, nem mesmo de voltar para Álvarez, cidade onde cresceram. Sergio é bastante reservado e não respondeu quando lhe perguntei a extensão da terra que possui ou a margem de lucro que o arrendamento lhe traz. Respeitei sua privacidade e não insisti. Ele não foi o primeiro dos meus entrevistados a lançar um olhar cauteloso quando eu fiz essas perguntas pessoais. Antes de responder, muitos brincaram: "Você é da Afip [agência argentina de arrecadação de impostos]?".

No dia seguinte, Sergio, seu filho e eu dirigimos por menos de meia hora até Colonia Schoos [nome fictício] para visitar a fazenda deles. Sergio pareceu contente de ter uma justificativa para o passeio. "Não costumo vir para cá", comentou. Eles arrendam a terra para um polo sementeiro que tem sede na província de Corrientes, a cerca de mil quilômetros de distância. Polos sementeiros (*pools de siembra*) são fundos de investimento coletivos para a produção de soja em larga escala. Eles combinam conhecimentos técnicos, administrativos, comerciais, financeiros e, principalmente, poder de investimento. Os *pools de siembra* são relativamente novos na agricultura argentina: surgiram depois da crise de 2001. Uma importante característica que têm é trazer habitantes urbanos para o mercado agrícola unicamente como investidores. Como em qualquer outra oportunidade do tipo, o objetivo dos investidores é maximizar seus retornos no curto prazo (Grosso *et al.*, 2010; Murmis & Murmis, 2012).

O contrato de arrendamento de Sergio é de quatro anos, com possibilidade de ser estendido. Ele recebe uma porcentagem dos lucros, calculada sobre o rendimento médio de cada colheita. Seu acordo, ele me disse, é menos lucrativo que o habitual. "A maioria das pessoas estabelece um prazo menor, de dois anos, e define um preço fixo", conta. "O problema com esse tipo de contrato é que você apenas recebe o dinheiro, e não pode opinar sobre o uso da terra."

"Por que as pessoas preferem esse tipo de contrato?", perguntei.

"Houve uma enorme mudança ideológica, no modo de pensar. Hoje o que importa é o dinheiro, pouco interessa o que gera esse rendimento. Mas em quatro, cinco, seis anos, a terra já não serve mais. Porque a monocultura traz consequências."

Sergio enfatizou que prioriza a qualidade da terra em vez do dinheiro recebido para que ela seja explorada. "Precisamos manter a sustentabilidade do solo", ele repetiu diversas vezes.

"E como fazer isso?", perguntei, me referindo às práticas agrícolas do polo sementeiro.

"Com plantio direto e fertilizantes e herbicidas de alta qualidade", respondeu. "Para que seja feito um bom manejo dos talos contra a erosão." Assim, "conseguimos rentabilidade a longo prazo", ele explicou. Sua preocupação principal, me disse várias vezes, é que *el campo* lhe dê "recursos para viver tranquilo" e propiciar "uma vida boa" aos filhos.

As palavras de Sergio reproduzem com perfeição o discurso positivo sobre o pacote tecnológico que ouvi com tanta frequência de agrônomos e produtores. Assim como o CEO da Los Cardones, Sergio defendeu que a combinação do método de plantio direto com agrotóxicos e sementes tolerantes a herbicidas é a fórmula para alcançar sustentabilidade ambiental e econômica em sua fazenda. Depois que enfatizou tanto a rotação de culturas para manter o solo saudável, fiquei surpresa ao descobrir, quando cheguei ao local, que a rotação era apenas entre soja e milho, ambas culturas transgênicas cultivadas com o pacote tecnológico.

De fato, monoculturas transgênicas trazem consequências. Apesar de todos os elogios feitos por Sergio, sua fazenda tinha um aspecto de abandono: ninguém que trabalhava lá morava no local. Em um período melhor, a propriedade era dedicada ao laticínio, como outras da região. Agora, tudo o que já tinha sido usado para criar as vacas leiteiras estava enferrujando: as cercas para contê-las, o moinho, o tanque de água. As lavouras também estavam pouco cuidadas, muitos afetadas por fungos e doenças. Em contraste explícito com seu discurso, até o solo tinha claros sinais de erosão (figuras 6 e 7).

O município próximo à fazenda, Colonia Schoos, parecia tão abandonado quanto ela: mais uma cidade nos Pampas em vias de desaparecer. O lugar é basicamente uma longa rua de terra ladeada por um punhado de casas, algumas com mais de cem anos (figura 8). É a colônia alemã para onde o avô de Sergio foi quando imigrou para a Argentina nos anos 1890. Fizemos uma parada porque o filho de Sergio queria pechinchar umas cadeiras de metal antigas que viu à venda em uma dessas casas. Imaginei as cadeiras sendo vendidas por um preço muito mais alto em bairros descolados de Buenos Aires. Saímos do carro, e Sergio caminhou em direção a um senhor que estava do lado de fora de casa bebendo mate. Os dois se cumprimentaram com simpatia, como conhecidos.

Com o cabelo branco bagunçado e escasso, José me pareceu ter uns setenta anos, mas podia ser mais jovem e desgastado pela vida rural. Usava chinelos, calça comprida e uma camisa branca aberta, deixando à vista uma barriga redonda. Era um dia quente e ensolarado. José tinha um jeito calmo e um sorriso grande: *un tipo muy simpático*, anotei em meu caderno, um sujeito legal. Seu trabalho, segundo nos contou, é abater bois. "Antes, eram até sessenta por dia", contou, "mas hoje apenas um ou dois por semana, se tivermos sorte".

"Não tem mais ninguém na cidade", disse José, "só o pessoal mais velho."

"*Tapera*", Sergio confirmou. *Tapera* é uma palavra que os argentinos usam para se referir aos domicílios rurais pobres e abandonados (Academia Argentina de Letras, 2003). Escutei muito o termo ao longo do meu trabalho de campo; residentes do campo o utilizam para descrever cidades vizinhas ou suas próprias que passam por processos de emigração.

"As crianças vão embora para estudar", descreveu José. "Vão para um internato ou para Álvarez. Depois as mães vão atrás, para cuidar delas. Não faria sentido ficarem aqui e percorrerem todo esse trajeto até a escola. Teriam que acordar às três da madrugada, chegariam tão cansadas que não iam aprender nada."

"E as outras pessoas?", perguntei.

"Todo mundo vai embora", explicou ele, uma vez mais. "Por que ficariam se não há emprego aqui? Antes havia as fazendas leiteiras, que empregavam famílias inteiras." José começou a listar o nome das *estancias* e a quantidade de pessoas que cada

Figura 6 — Caminhando entre as fileiras de milho transgênico na fazenda de Sergio, no sul da província de Córdoba. Note a falta de talos que protegem contra a erosão do solo. Foto da autora.

Figura 7 — Talo de milho com fungo na fazenda de Sergio, no sul da província de Córdoba. Foto da autora.

Figura 8 — Colonia Schoos, uma cidade rural pequena e pobre no sul da província de Córdoba. Foto da autora.

uma empregava: uma longa lista. "Mas agora todas fecharam. É tudo soja."

Definitivamente, nada além de soja nos rodeava. Da sua casa dava para ver, no fim da estrada, uma fazenda de soja. Não estava a mais de cem metros de distância, praticamente um quarteirão. Eu não tinha visto nada além de soja durante todo o trajeto entre as cidades de Álvarez e Colonia Schoos. A soja era cultivada até na beira da estrada, numa terra que tecnicamente é pública (Sergio comentou que a prefeitura estava por trás disso e que revertia os lucros da soja para melhorias na cidade).

De repente, José comenta: "É um problema a questão das fumigações".

Fiquei quieta, curiosa. Os moradores dos Pampas haviam me dito "todos vivemos do campo" e contado as muitas formas como os benefícios da produção de soja reverberavam em suas cidades. Sendo na forma de aluguel, renda ou lucro, pessoas como Sergio, Antonio, Lucas e Tomás colhem benefícios econômicos do boom da soja. A despeito de todos esses benefícios, me intrigava o fato de os custos da produção de soja serem repetidamente minimizados, desconsiderados ou apenas ignorados — sobretudo os riscos das fumigações de herbicidas à base de glifosato, que não eram mencionados.

Como expliquei na introdução, o uso do glifosato na Argentina cresceu exponencialmente com a expansão das culturas resistentes a herbicidas, aumentando os riscos ecológicos e ambientais (Catacora-Vargas *et al.*, 2012). O uso anual de glifosato aumentou de menos de 1 milhão de quilos em 1996 para 88 milhões de quilos em 2014, pulverizados em 20 milhões de hectares de soja transgênica.[117] Estudos laboratoriais mostram que

117 Em 1996, fazendeiros aplicaram 821 mil quilos de glifosato em mais de 6,67 milhões de hectares de soja transgênica. Em 2014, foram 88,03 milhões de quilos em 19,78 milhões de hectares (Benbrook, 2016, apêndice).

o glifosato e as fórmulas Roundup têm impactos desreguladores no sistema endócrino de ratos e embriões de ratos, causando malformações severas e deficiências crônicas nos rins e no fígado (Paganelli *et al.*, 2010; Séralini *et al.*, 2014). Médicos argentinos têm documentado taxas crescentes de abortos espontâneos e defeitos congênitos entre mães com histórico de exposição direta a agrotóxicos em todo o país (Reduas, 2010; Ruderman *et al.*, 2012). Como já mencionado, a OMS reclassificou o glifosato como "provavelmente cancerígeno" em 2015 (Iarc, 2015).

No entanto, quando perguntei a Sergio se as fumigações em sua fazenda tinham lhe causado algum impacto, ele respondeu com um sonoro "não". Ao contrário, ele insistiu na "necessidade de pensar a longo prazo e manter a sustentabilidade do solo". Para isso, como comentou constantemente, o pacote tecnológico (cujo componente primordial é o herbicida à base de glifosato) era fundamental. Antonio só elogiou os agrotóxicos: "Para o melhor controle das ervas daninhas, misture glifosato e 2,4-D. *Te queda todo limpito* [o campo fica todo limpinho]", explicou. Leo, que apresentei no início do livro e que cria os filhos no quintal de uma fazenda de soja, reiterou o baixo risco do glifosato. "Ah, sim, o glifosato tem um impacto", ele disse quando questionei a sustentabilidade do pacote tecnológico. "Mas é baixo e deixa pouco resíduo."

Assim como outros agrônomos que entrevistei, Leo destacou a baixa toxicidade de herbicidas à base de glifosato empregando o discurso do conhecimento científico: uma estratégia para gerar concordância e reprimir a dissidência (abordo esse tema nos próximos capítulos). "Os OGM têm sido mais testados que medicamentos", comentou ele ao falar sobre os impactos dos transgênicos à saúde, rejeitando as alegações de toxicidade ao se referir a elas como uma "suposta contaminação". Germán, com quem falei logo depois do *conflicto del campo*, período em que o glifosato estava no noticiário, disse que "há estudos específicos, e não de hoje, mas de trinta anos atrás, dizendo que um inseticida organofosforado é mais poluente, cancerígeno etc. que o glifosato. E, no entanto, só se fala do glifosato, e nada é dito sobre o outro agrotóxico". Em seguida, ele minimizou sua toxicidade. "Alguns dizem", apontou Germán, "que a molécula do glifosato se desdobra em outras moléculas e que elas foram encontradas em águas subterrâneas. Sei, sei...", suspirou, irônico. "Em águas subterrâneas eles encontraram aspirina! Moléculas da aspirina. São tantas coisas", Germán concluiu, "tudo o que usamos acaba contaminando os lençóis freáticos."

À medida que os benefícios econômicos do boom da soja se fazem sentir nos Pampas, aqueles que tiram proveito deles ressaltam seus efeitos positivos e minimizam os custos desse modelo produtivo. Os que estão nos mais altos degraus da sinergia de poder — devido ao efeito combinado de seus privilégios de classe, raça e gênero — são mais propensos a aprovar o uso de agrotóxicos e desconsiderar qualquer impacto negativo que possam causar. Mas muitos deles também residem no campo e estão expostos aos pesticidas que pairam no ar, ou seja, à difusão não intencional e aos potenciais efeitos negativos da pulverização de agrotóxicos. Apesar de arcar com alguns custos, os que estão "no meio" (como Sergio, Leo e Antonio) reproduzem o discurso positivo das culturas GM e, como consequência, do status quo. A exceção são as mulheres de Santa María, cujas histórias relato no capítulo 3. Elas, às vezes, falavam de possíveis riscos à saúde, mas contiveram suas queixas por meio da negação e de um autopoliciamento.

A população rural pobre, à qual José pertence, sofre os impactos do boom da soja. Como argumenta Jill Harrison (2011), a deriva de pesticidas é uma questão de injustiça ambiental porque seus custos recaem desproporcionalmente sobre os mais pobres, os trabalhadores das fazendas, as famílias camponesas e indígenas, as mulheres, crianças e os idosos. Nesse contexto injusto, é compreensível que José considere as fumigações "um problema", ainda que isso não se traduza necessariamente em alguma ação coletiva. Minha conversa com ele prosseguiu.

"Eles pulverizam com aviões?", perguntei a José, quando ele mencionou o assunto.

"Não, é tudo terrestre", explicou. "Mas dá no mesmo... Outro dia estavam fumegando, e o vento estava soprando para o norte", ele fez um gesto com a mão, indicando que aquilo significava em direção à cidade.

"E não faz mal?"

"Ah", ele suspirou. Para minha surpresa, ele também minimizou os danos. "Para aqueles que têm boa saúde, não. Mas para quem tem asma ou algo do tipo, sim", respondeu.

"E vocês falam sobre isso?", perguntei.

José deu de ombros, resignado: "Se você reclama, ganha um inimigo".

Embora, de acordo com a literatura sobre justiça ambiental, fosse esperado que os pobres e destituídos se levantassem contra os responsáveis pela contaminação (e alguns de fato o fazem, como explico no capítulo 4), não é o que acontece com a maioria. Ao contrário, pequenas cidades rurais nos Pampas estão desaparecendo sem que ninguém abra a boca. Como José mencionou por alto, a maioria da população rural escolhe uma solução individual (como se mudar para estudar e trabalhar) ao invés de agir coletivamente para solucionar esses problemas. O exemplo de José — ao afirmar que as fumigações não prejudicam quem tem "boa saúde", como ele — também joga luz sobre o fato de que muitos moradores ignoram (ou, ao menos, não conhecem ao certo) os riscos à saúde causados pela deriva de pesticidas. Como expõem Javier Auyero e Débora Swistun a respeito de um caso de sofrimento ambiental em uma favela argentina, não é incomum que moradores pobres, desempregados ou com empregos precarizados, em certa confusão ou mistificação a respeito dos ambientes tóxicos em que vivem, *apoiem* profusamente a indústria que é a responsável por sua contaminação, ao invés de condená-la. Essa mesma indústria é a fonte do seu escasso bem-estar material, pois fornece alguns empregos e recursos para a comunidade (Auyero & Swistun, 2009).

As cidades rurais dos Pampas dependem economicamente da produção agrícola em larga escala. A soja GM traz empregos e recursos para as comunidades rurais, o que explica como o apoio ao agronegócio é disseminado nessas cidades. Estudiosos apontam que, quando comunidades estão intrinsecamente conectadas a uma única indústria, cria-se um contexto político e econômico pouco propício à mobilização (Bell, 2016; Beamish, 2002; Crenson, 1971; Gaventa, 1982; Gould, 1993, 1991). Se o agronegócio da soja transgênica simplesmente acabasse, cidades inteiras entrariam em colapso — como já aconteceu em Colonia Schoos com o fechamento das fazendas leiteiras. A ameaça do desemprego em massa em áreas sem fontes alternativas de trabalho gera complacência e condescendência forçadas, a despeito das más condições ambientais e de trabalho.

Além disso, a experiência objetiva de dano é ofuscada pelo fato de que o meio ambiente não parece visualmente poluído. Em Colonia Schoos, assim como em outras cidades da soja que visitei, não vi aterros sanitários, esgotos a céu aberto, montanhas evisceradas nem chaminés cheias de fumaça. Não vi ratos nem pessoas revirando o lixo. Não havia mau cheiro no ar nem violência nas ruas. Ao contrário dos ambientes tóxicos nos quais os pobres urbanos são forçados a viver, ou dos lugares extrativistas clássicos, como cidades usadas pela mineração, mesmo em cidades de *tapera* no campo a sensação é a de estar na "natureza".[118] Os Pampas são verdejantes e têm horizontes abertos de céu azul; as pessoas ali têm um estilo de vida tranquilo. Assim, é difícil para os moradores "enxergar" objetivamente os danos que podem vir com a soja GM.

118 Sobre riscos ambientais e sanitários na favela, ver Auyero e Swistun (2009).

A quantidade de fazendeiros que orgulhosamente cultivam soja para enfeitar os jardins de suas casas caras é bastante ilustrativa do nível de invisibilização dos potenciais danos à saúde causados pela pulverização de agrotóxicos (figuras 9 e 10).

Era o caso de Bernetti e da esposa (todos o chamavam de gringo italiano, por conta do sobrenome). O casal morava no topo da encosta natural de sua fazenda, que fica a cerca de quinze minutos de Santa María. Bernetti administrava a propriedade de 1.200 hectares utilizando mão de obra contratada, plantando soja transgênica em metade da área e, de forma rotativa, milho transgênico e girassol na outra metade. Nitidamente ele amava seu trabalho e se orgulhava muito dele. Trabalhava na fazenda todos os dias, cuidando até dos menores detalhes. Quando o conheci, em fevereiro de 2012, ele estava pintando o portão e pendurando uma placa com o nome da fazenda: La Enamorada.

"As pessoas me perguntam: 'Você não fica entediado de morar no campo?'", me contou Bernetti quando falávamos sobre viver na área rural, longe dos confortos urbanos. "Como vou me entediar", perguntou ele, "se não me sobra tempo para nada?! Agora mesmo, os pintinhos estão nascendo. Sempre tem alguma coisa para fazer".

Nas suas próprias palavras, Bernetti "não é um fazendeiro típico". Para me mostrar o que queria dizer, comparou a entrada da sua fazenda — com o portão recém-pintado, a grama cortada e a bandeira da Argentina flamulando — com a da fazenda do outro lado da rua: um portão aos pedaços, podre e enferrujado, cercas derrubadas e ervas daninhas cobrindo a vegetação. Naquele mesmo dia, sua mulher faria um comentário parecido, elogiando o tempo e a atenção que Bernetti dedicava ao local. "O olho do patrão engorda o gado", diz, citando um ditado popular que significa que as pessoas devem cuidar de perto seus negócios se quiserem tirar o maior proveito dele. "Os outros", acrescentou ela, em referência aos fazendeiros mais típicos, "querem gerir a fazenda por controle remoto."

Bernetti me levou, na sua caminhonete Ford, para um tour pela fazenda. Paramos nos setores de cada uma das lavouras cultivadas. Com carinho, ele pegou uma folha de soja aqui, um girassol ali, me mostrando como identificar se a planta está saudável, além do lucro que cada cultivo potencialmente renderia (figura 11). Mas pulamos um dos campos de soja, que, em suas palavras, estava "sujo", ou seja, tinha sido invadido por plantas nativas — ou "ervas daninhas", na perspectiva de um produtor. Como expliquei antes, Bernetti tinha uma visão moderna sobre natureza e agricultura: sua meta era manter sua fazenda sempre em ordem, altamente produtiva, domesticada. Os campos de soja que me mostrou eram incrivelmente limpos: uma ampla extensão de arbustos alinhados, padronizados e de um verde brilhante (figura 12). Quando a brisa soprava, o campo mudava sua cor aos poucos, numa ondulação suave, como um mar de soja.

Na parte alta da fazenda de Bernetti, rodeada por mais de mil hectares de lavouras transgênicas, ficam sua casa, um pomar e uma horta com alimentos para consumo pessoal. Vi alface, tomate e pêssegos maduros. Galinhas ciscavam livremente com seus pintinhos bicando em volta. O casal demonstrou muito orgulho de cultivar tudo o que comia, faziam até o próprio queijo.

"Vocês comem a soja e o milho que cultivam também?", perguntei.

"Não. É tudo para exportação." Bernetti não fez nenhuma declaração grandiosa, como outros produtores, de estar fazendo sua parte para alimentar o resto do mundo. Deu para perceber, pela expressão de desaprovação que fez e pela paixão com a qual falava dos alimentos plantados em seu quintal, que ele não via aqueles cultivos industriais como "comida". Ele até comentou

Figura 9 — Soja usada para paisagismo nos quintais de casas de alto valor, no noroeste da província de Buenos Aires. Foto da autora.

Figura 10 — Soja usada para paisagismo nos quintais de casas de alto valor, no sul da província de Córdoba. Foto da autora.

Figura 11 — Bernetti em sua fazenda, mostrando a saúde do girassol. Foto da autora.

Figura 12 — Plantação de soja GM na fazenda de Bernetti, no noroeste da província de Buenos Aires. Foto da autora.

que estava considerando voltar a criar gado para o consumo de carne da família. "A carne que se compra em supermercado é toda de cativeiro, tem gosto de peixe", resumiu.

Depois de me mostrar os campos de cultivo, o pomar e as galinhas, Bernetti me convidou para entrar na casa, tomar uma bebida gelada e conhecer sua esposa. A casa era linda. Espaçosa, iluminada e com uma decoração rústica: tijolos à vista, tapetes de couro cru, móveis de madeira. Girassóis recém-colhidos estavam expostos em vasos grandes. Portas de vidro que pareciam janelas enormes com vista para o horizonte propiciavam uma visão panorâmica dos campos de soja, a menos de trinta metros de distância. Fiquei perplexa. A literatura sobre os movimentos ambientalistas dos Estados Unidos me ensinou que, na origem, ativistas se organizavam em torno de demandas chamadas de *not in my backyard* [não no meu quintal], expressão resumida na sigla NIMBY (Walsh, Warland & Smith, 1993). Mas lá estava eu, olhando para um quintal de mil hectares de cultivos geneticamente modificados. Ainda que muitos habitantes das zonas rurais dos Pampas não tenham recursos para se afastar dos campos tóxicos, muitos outros, que têm a possibilidade de fazê-lo, *escolhem* estabelecer suas casas ali mesmo.

Não perguntei para Bernetti nem para sua mulher o que eles achavam dos riscos da pulverização de agrotóxicos. Era *eu* que estava atordoada e confusa. Na minha cabeça, não havia a menor dúvida de que eles estavam expostos à deriva de pesticidas. Em todas as minhas anotações de campo, eu sublinhava: preciso saber em detalhes etnográficos o que as pessoas pensam e sentem em relação às fumigações. Mas ali, na hora, me veio uma trava: simplesmente não consegui perguntar. Pareceu evidente que eles não viam os agrotóxicos como um risco ou prejuízo. Caso contrário, não pulverizariam a própria casa. Outras duas interações me levaram a deduzir que Bernetti considerava os agrotóxicos um benefício da modernidade, ao invés de um risco. A primeira, quando ele disse que os agrotóxicos são "apenas uma ferramenta para melhorar a natureza". E a segunda, quando a esposa lhe pediu conselhos para tratar do tomateiro na porta da casa, que estava infestado de insetos. Com o mesmo carinho, ele disse: "Não se preocupe, querida, mais tarde eu borrifo".

Ali naquela sala, imaginei o casal sentado no sofá, se abraçando carinhosamente e observando com orgulho, pela porta de vidro, o verde brilhante das plantações depois de um longo dia de trabalho. Uma imagem idílica da vida no campo, afastada da cidade poluída e estressante. No entanto, também consegui visualizar a ameaça das fumigações. Pude ver, de forma explícita, que a produção de soja transgênica é percebida por quem com ela lucra apenas de modo benéfico, e que os potenciais riscos à saúde causados pela pulverização de agrotóxicos são absolutamente subestimados.

Por que os habitantes da zona rural são condescendentes diante do aumento dos danos sociais e ambientais da expansão da soja GM? A dependência econômica da produção de soja e a identidade cultural criada em torno da inovação tecnológica agrária geram um consenso sobre os benefícios do agronegócio, ainda que isso provoque uma ampla desorganização social e ecológica. O capítulo 3 se debruça com mais profundidade sobre essa categoria dos "do meio" e em como eles perpetuam o status quo. E remete, em particular, à maneira como as mulheres de Santa María apresentam um saber alternativo (considerado de gênero) que enfatiza o cuidado com os filhos e, assim, faz com que questionem os riscos da pulverização de agrotóxicos. No entanto, por ocuparem uma posição estruturalmente desvantajosa em relação ao poder, em vez de se mobilizarem, elas promovem a condescendência por meio do silêncio e da negação.

3

O ELEFANTE NO CAMPO

Era fim de tarde num dia quente de verão em fevereiro de 2012, em Santa María. Conheci Julia em sua casa. Ela tinha mais ou menos a minha idade, vinte e muitos ou trinta e poucos, e tudo em sua vida parecia se encaixar nos moldes confortáveis de uma família branca de classe média. A sala de jantar onde conversamos era espaçosa, e os móveis, novos. Portas de vidro conectavam a sala ao pátio, onde podíamos ver as filhas dela brincando com as amigas. As quatro meninas subiam e desciam o escorregador, entrando e saindo da piscina. O terceiro e mais novo filho de Julia, que tinha menos de um ano, dormia tranquilamente no carrinho de bebê ao nosso lado. O marido estava no trabalho.

Julia me passou o mate enquanto me dava mais um exemplo de quanto a cidade e sua família estavam bem com o boom da soja. Ela e o marido administram duas lojas no centro que vendem brinquedos, material escolar e de escritório. Os negócios iam bem porque, segundo Julia, "quando o campo vai bem, nós vamos bem". Durante a primeira hora, nossa conversa pareceu mais um exemplo do "todos vivemos do campo", tema que destaquei no capítulo 2.

Santa María está visivelmente colhendo os benefícios da produção de soja. A praça central é um exemplo contrastante da riqueza da cidade em comparação a outros municípios rurais que visitei. Tudo muito bem cuidado, um esforço que requer recursos. Ladrilhos novos na pavimentação, árvores podadas e canteiros bem preservados. No centro da cidade, a praça é o coração da vida social local. Fui passear por ali com Nidia muitas vezes no fim da tarde, quando o tempo dava uma refrescada, e todo mundo — de jovens a idosos — parecia sair para brincar, socializar, tomar sorvete. Em volta da praça, assim como é a disposição da maioria das cidades da província de Buenos Aires, estão os principais prédios públicos: a prefeitura, a igreja, a delegacia de polícia e o Banco de la Nación. Todos esses edifícios foram reformados recentemente. Boa parte das ruas da cidade foi pavimentada (algo incomum em áreas rurais) e nelas se veem casas grandes e caras e carros novos. O setor de construção também vai de vento em popa, fruto do reinvestimento dos produtores de soja, além de uma reação às demandas cada vez maiores de novos moradores. De acordo com os dados do censo Indec, Santa María tinha cerca de doze mil habitantes em 2010, um crescimento de 10% desde 2001.

Como no restante dos Pampas, as plantações ao redor de Santa María, que historicamente cultivavam trigo e alimentavam o gado que pasta por ali, deram espaço para a soja. Lavouras transgênicas resistentes a herbicidas crescem quase exclusivamente até os limites da malha urbana (figura 13). Como em todo o país, produtores de soja plantam até o acostamento das estradas (figura 14). Outdoors anunciando serviços de pulverização estão perfilados pelas estradas que levam à cidade. Na fronteira do município há várias silobolsas para o armazenamento de grãos, escritórios de muitos de seus comerciantes e fornecedores de insumos, lojas da agroindústria que vendem tratores ou outros maquinários agrícolas e uma grande fábrica de fertilizantes. Tudo isso gera emprego para as pessoas que ali vivem, mas também é uma fonte em potencial de contaminação agroquímica.

Julia parecia orgulhosa do boom da soja. Entretanto, à medida que passamos tempo conversando, sua história começou a se afastar desse universo em que tudo é positivo. Ela mencio-

Figura 13 — Arredores de Santa María, com uma fazenda de soja que chega até o limite da cidade. Foto da autora.

Figura 14 — Soja crescendo nos acostamentos das estradas. A fazenda particular acaba na cerca que fica na linha das árvores. Foto da autora.

nou o vizinho, que trabalha terceirizando fumigações terrestres. Disse não gostar que ele tenha o hábito de estacionar seu trator de fumigação do outro lado da rua, muito perto de sua casa. Depois, Julia comentou sobre as pulverizações e como as fazendas se estendem até a entrada da cidade. Em seguida, ela levantou o assunto dos fertilizantes. Senti que alguma coisa lhe incomodava. Ela parecia preocupada, às vezes até com medo, mas nunca era muito específica sobre o quê ou por quê: ela mencionava o assunto e, de repente, desviava do tema.

Então insisti. "Algum problema em relação a isso tudo?"

Julia comentou que as plantas no jardim da frente estavam morrendo. Era por causa do trator do vizinho estacionado do outro lado da rua? Ela mencionou o maquinário de fumigação em uma frase e a "esqueceu" na seguinte. Nossa conversa avançou devagar, mas firmemente, de monótona para aterrorizante. Sem conexão com nada do que havíamos dito, Julia mencionou o crescente número de pessoas com câncer na cidade. "Pessoas jovens, com trinta e poucos, quarenta anos", relatou, chamando a atenção para o fato de esses casos serem surpreendentes. Uma sensação de desconforto e preocupação foi se instalando entre nós. Julia não parou de falar. Ela me contou de conhecidas suas, mulheres jovens e saudáveis, que sofreram abortos espontâneos ou tiveram bebês com deficiências. Imaginei como casos assim devem ter sido chocantes entre mulheres jovens com recursos e acesso rotineiro aos serviços de saúde. A sobrinha de Julia era um desses bebês. Ela relatou que a família da irmã foi para Buenos Aires em busca de tratamento.

E então Julia ficou em silêncio. Um silêncio estranho.

Não abri a boca até ela perguntar: "Será que foi *esse* o motivo?".

Esse. Nós duas sabíamos do que ela estava falando. Glifosato. Agroquímicos tóxicos. Será que a deriva de pesticidas tinha causado a morte de suas plantas, o câncer dos vizinhos, os abortos espontâneos, as malformações fetais?

Julia fez a mais espinhosa das perguntas, mas não esperou que eu respondesse. Ela emendou logo em seguida, como se falasse comigo, mas basicamente falando para si mesma: "Eu não sei. Ninguém sabe".

Santa María é uma das muitas cidades dos Pampas que se beneficiaram, das formas que expliquei no capítulo 2, do boom da soja transgênica. São cidades onde seus habitantes me diziam repetidas vezes, assim como Julia, "todos vivemos do campo", e louvavam os aspectos positivos, culturais e materiais trazidos pela produção em larga escala do agronegócio. Santa María é também uma típica cidade da soja em razão da absoluta ausência de protestos de massa contra essa forma de extrativismo. Mas a vida não é só soja e flores nessa cidade próspera. A história de Julia destaca a existência de um descontentamento velado decorrente da sojicultura, em particular por causa dos danos à saúde causados pela exposição a agrotóxicos. Como aponta Steven Lukes (2005), descontentamentos latentes indicam um conflito de interesses entre os poderosos e os que a eles precisam se sujeitar. Essa situação de conflito latente revela o funcionamento do poder, já que sujeitos — ou seja, pessoas comuns que sofrem as consequências tóxicas da agricultura em larga escala — obedecem e consentem ao invés de se rebelarem contra essa situação injusta.

Neste capítulo, conto a história de um grupo de mulheres que, como Julia, compartilharam comigo, em murmúrios e suspiros, preocupações e receios a respeito dos agrotóxicos; todas estavam chocadas com o aumento das taxas de câncer entre os vizinhos e preocupadas com a saúde das crianças. Apesar dos medos, no entanto, essas mulheres nunca tentaram se aprofundar na questão. Muito pelo contrário, sempre que um questionamento surgia, elas ou outras mulheres o silenciavam — como Julia fez quando murmurou: "Não sei. Ninguém sabe", encerrando nossa conversa. Tendo mostrado como o poder opera para gerar aquiescência e consentimento, neste capítulo mergulho no micronível das emoções e interações sociais para observar como isso se manifesta na vida cotidiana. As histórias que relato aqui ilustram como, mesmo quando há incômodos pelos quais vale a pena se mobilizar, eles se mantêm velados. Essas histórias provam como as formas pelas quais o poder opera são bem-sucedidas e eficientes ao criar um consenso em torno do extrativismo da soja GM entre as comunidades rurais dos Pampas.

Manter esses descontentamentos latentes envolve práticas específicas que as mulheres de Santa María demonstraram durante o período que passamos juntas, como o silenciamento, o autopoliciamento e a negação, como Julia fez ao dizer "ninguém sabe", me desencorajando a fazer qualquer comentário. As mulheres também diziam que "sempre existiu câncer", para negar o aumento dos riscos à saúde causado pelas fumigações, ou até mesmo que "não conversamos sobre essas coisas".

Esses atos de silenciamento, embora individuais e subjetivos, têm uma base social. A incerteza coletiva e a negação dos perigos ambientais são social e politicamente criadas e se manifestam nas emoções e práticas cotidianas (Auyero & Swistun, 2009; Norgaard, 2011). "O elefante na sala" é uma metáfora para o que Eviatar Zerubavel (2006, p. 2) chama de "conspiração do silêncio", ou seja, o acordo tácito entre um grupo para "demonstrar que ignoram algo sobre o qual todos têm consciência pessoal". Como você pode não ver um elefante na sala? A imagem ridícula evidencia que, para evitar uma questão tão explicitamente visível, é preciso fazer um esforço deliberado para ignorá-la. É esse o caso dos perigos à saúde pela exposição a agrotóxicos, um problema que paira nos Pampas e que seus moradores fingem, ativamente, não existir.

A poucos quilômetros da entrada principal, espalhados entre as fazendas, ficam escritórios e silobolsas de vários comerciantes e exportadores multinacionais de grãos, como Bunge, Cargill e Louis Dreyfus Company. Fui com Nidia a um desses escritórios para entrevistar Diego em seu local de trabalho. Diego é sobrinho de Nidia, um rapaz de vinte e poucos anos que viveu a vida toda em Santa María.

A maior parte da entrevista consistiu em Diego nos apresentar a empresa e explicar o funcionamento do comércio e da exportação de grãos. Vimos os escritórios, onde vários computadores mostravam a flutuação de preços das safras nos principais mercados mundiais. Essas salas se conectam com um enorme barracão, onde ficam pequenos tratores e outros equipamentos de manuseio e armazenamento de grãos. Passamos um tempo ali conversando, aprendendo que o barracão fica bem ao lado da estrada para que os grãos possam ir das silobolsas, passando por tubos imensos, até os contêineres nos trens de carga, que vão direto para o porto, que os envia ao exterior.

Quando a entrevista se aproximava do fim, uma coisa inesperada aconteceu. Enquanto saíamos do barracão, passou um avião, voando baixo, bem diante dos nossos olhos. Um avião fumigador.

Olhei em volta. À esquerda, a menos de vinte metros de distância de nós, um campo com plantas de soja de quase um metro de altura. Em frente, outro. À direita, um campo de girassóis. Estávamos cercados por plantações agrícolas de larga escala.

Por uma fração de segundo, vi o avião, as plantações e pensei: glifosato. Gelei. Senti meus olhos se arregalarem. Escutei Diego, ao meu lado, dizer calmamente, como se não fosse nada de mais, "um avião fumigador". Como se fizesse uma simples descrição do ambiente, como havia feito mais cedo, com os equipamentos e as máquinas.

Perplexa, perguntei: “As pessoas aqui fazem fumigação com aviões?”.

“Sim, claro”, Diego respondeu, confiante.

“Mas não é proibido?”

Pelo menos foi o que me disse o CEO da Los Cardones: fumigações aéreas no entorno de Santa María não eram permitidas.

Diego balançou a cabeça e revirou os olhos com incredulidade. “Talvez exista uma regulamentação, mas não é cumprida”, ele respondeu. Em seguida, confirmou: “As fumigações são feitas de avião”.

Eu estava atordoada. Minha objetividade de pesquisadora já tinha ido para o espaço. “Mas está bem aqui!”, levantei a voz enquanto apontava para o campo de soja do outro lado da cerca. Na minha cabeça, não tinha a menor possibilidade de aquele avião não pulverizar seu local de trabalho, que estava cercado por lavouras com uso intensivo de agroquímicos.

Um momento de silêncio. Eu podia ver a resignação estampada no rosto de Diego.

Em voz baixa, ele rompeu o silêncio. “As pessoas dizem que saiu uma reportagem, que há malformações...” A voz desapareceu antes que ele concluísse o pensamento.

Eu estava em choque, um misto de indignação e intensa curiosidade. Constatei que estava frente a frente com a questão principal da minha pesquisa sobre aquiescência e com o incômodo latente que, como Lukes (2005) descreve, torna explícito o funcionamento do poder.

Disparei: “Mas, e então?! Ninguém protesta?!”

Diego fez uma pausa. Tentou esboçar uma resposta. “Bem... é que a soja dá muito dinheiro.” Essa era sua explicação simples para a ausência de protestos.

Ele ficou em silêncio e abaixou a cabeça. Entendi que ele não podia dizer muito mais, considerando a empresa multinacional que o empregava. No mínimo, tive certeza de que Diego não queria correr o risco de ser demitido.

Em meio a nosso silêncio desconfortável, Nidia, que quase não havia dito nada durante toda a entrevista, interveio.

"Bom, mas o câncer... o câncer sempre existiu", ela disse. "Ninguém sabe se é por causa das fumigações ou por outra coisa."

Durante toda a conversa, ninguém havia mencionado câncer ou qualquer outra doença, a não ser a tímida menção feita por Diego sobre as malformações fetais. Havíamos falado por horas sobre a exportação das safras, os preços no mercado de grãos de Rosario e Chicago, o transporte local e global, as instalações de armazenamento, o aumento da produtividade, as margens de lucro e afins. Nitidamente, algo mais ocupava a mente de Nidia e a fez intervir. Com seu comentário, ela verbalizou o que nós três pensamos ao ver aquele avião fumigador, mas nenhum de nós se atreveu a mencionar; o "elefante no campo", a questão sobre a qual todos tínhamos ciência pessoalmente, mas que, pelo jeito, nos recusávamos a reconhecer: os efeitos tóxicos para a saúde da pulverização de agroquímicos. Mesmo assim, de uma só vez, Nidia questionou essa responsabilidade e encerrou a conversa.

DISSO NÃO SE FALA

Insatisfações veladas sobre os riscos sanitários da pulverização de agrotóxicos surgiram nos momentos de mais íntima confiança entre mim e as mulheres — quando os homens se retiravam da sala ou na segurança das cozinhas e dos pátios. Como destaca Zerubavel (2006), esses momentos de proximidade entre iguais (no que diz respeito a relações de poder) são os mais propícios para promover a confiança e a abertura necessárias para falar e nomear "o elefante".

Na primeira vez, fui pega de surpresa. De início, Santa María não era nada diferente das outras cidades da soja que visitei. Nidia e Carlos, seu marido, estavam ansiosos para me mostrar como a cidade tinha se dado bem com o boom da soja. Os dois me levaram para um passeio de carro, mostrando o centro renovado, o novo edifício de vários andares, "o primeiro da cidade", explicou Nidia orgulhosamente. "Tudo pago com o dinheiro da soja", disse Carlos. Eles mesmos também tinham se dado bem. Carlos tem uma pequena empresa de caminhões que faz o transporte dos grãos até o porto. Durante anos ele foi motorista de caminhão. "Mas principalmente na última década, com a lucratividade da soja, consegui substituir os caminhões mais velhos", relatou. "Comprei dois Scania novinhos." Ele se aposentou como motorista, mas não como gerente. Seu filho e um funcionário dirigem os caminhões agora. O "trabalho principal" de Nidia, ela mesma me contou, "é o de avó". Ela cuida dos dois netos todos os dias.

Quando Carlos, Nidia e eu estávamos juntos, os temas que abordei no capítulo anterior se repetiam. "Todos vivemos do campo", diziam eles com frequência, ainda que também precisassem qualificar a resposta quando questionados. "São os latifundiários (*son dueños grandes*)", dizia Nidia, quando eu perguntava quem de fato controla a agricultura. "O povo trabalha nos silos, nas lojas e nos comércios", continuou. "Aqui não temos fábricas. Se tivéssemos... que bom seria (*qué bien vendrían*)." Carlos, com frequência, mencionava o assunto das tecnologias agrárias, mobilizando o discurso da modernização. "Você precisava ver essa máquina alemã que trouxeram para a colheita! Uma maravilha", se orgulhou, enquanto fazia a mímica de dirigir a colheitadeira: mão direita no volante, mão esquerda como quem fala ao celular. "Ela vem com um computador que dá todas as informações: umidade do solo, sementes, quanto você colhe... uma beleza a máquina."

Como muitas de nossas conversas aconteciam na casa deles, onde eu estava me hospedando, Nidia costumava estar presente.

Ela sempre concordava com Carlos, meneando a cabeça ou usando os mesmos termos, continuando nossa conversa, nunca o contradizendo. Quando Carlos criticava o governo, por exemplo, Nidia concordava, dizendo: "Sim, os Kirchner estão contra o campo. Se tivermos mais quatro anos com Cristina [como presidente], ela vai nos enterrar". Ela não contradizia o marido nem quando o assunto era agrotóxico. "São todos paranoicos", ele dizia com frequência quando eu mencionava quem se preocupava com isso. As fumigações, para ele (e também para Nidia quando Carlos estava presente), pareciam ser um assunto que não valia a pena discutir, já que essas preocupações eram rapidamente descartadas em nossas conversas, consideradas, como dizia Carlos enquanto Nidia assentia, "medos infundados".

No entanto, quando o marido não estava em casa, o apoio de Nidia cedia um pouco e mudava, em especial no tópico dos agrotóxicos. "O povo fala, diz que fulano e beltrano na cidade estão com câncer... Não sei... a fábrica de fertilizantes me preocupa às vezes, especialmente por causa das crianças", comentou ela, referindo-se aos netos. À medida que passei mais tempo com eles, minha perplexidade aumentou: percebi que a performance das mulheres na frente dos outros era diferente da que assumiam nas conversas dos bastidores (Goffman, 1959 [2002]). E notei rapidamente que eu não deveria expor essa dissonância — assim, eu também caía na mesma espiral de negação quando estava com mais gente.

Ainda que Nidia e outras mulheres de Santa María não mantivessem silêncio absoluto comigo, a negação delas me transmitia a mensagem de que, para elas, o incômodo não valia a mobilização. Muitas e muitas vezes, Nidia concluía nossa prosa dizendo "sempre existiu câncer", como uma forma de minimizar e negar o dano para, em seguida, se ocupar de suas tarefas.

Isso aconteceu repetidas vezes.

Certa vez fui a um churrasco na casa de Carolina e Martín, para uma pequena reunião de família e amigos próximos. Eles são um casal jovem com duas crianças pequenas. Martín administra uma fazenda de mil hectares, dedicada principalmente ao cultivo de soja e à criação de gado em cativeiro. A carne do churrasco tinha vindo de lá. Na mesa, todo mundo — em particular Martín, que conduzia a conversa — se revezava exaltando a qualidade superior da carne bovina criada em confinamento.

Durante o jantar, falamos sobre *el campo*, e todos pareciam querer mostrar seus conhecimentos e suas experiências sobre o tema da minha pesquisa e o motivo da minha visita a Santa María. Conversamos sobre as dádivas da propriedade rural, como elas se faziam sentir em toda a cidade. Os homens prontamente elogiavam a velocidade e a qualidade da inovação tecnológica e seu impacto positivo no desenvolvimento do país. Boa parte do tempo também foi dedicada a discussões políticas, como é comum nas mesas de jantar animadas na Argentina. Todos compartilharam suas frustrações com as medidas do governo Kirchner, que, em suas palavras, "impedia o progresso". Mesmo assim, de modo geral, o clima em relação ao campo era celebrativo.

Quando terminamos de comer, as mulheres limparam a mesa para o café e a sobremesa. Os homens continuaram sentados, como é ainda o costume, à mesa de jantar. As crianças estavam dormindo ou brincando lá fora.

Na cozinha, a portas fechadas, surgiu uma história totalmente diferente daquela contada na mesa. Carolina e eu nos encarregamos de lavar a louça. Ficamos ombro a ombro, de frente para a pia. Ela lavava os pratos, e eu secava. Sem qualquer pergunta da minha parte e totalmente de súbito — nenhuma palavra tinha sido dita sobre isso no jantar —, Carolina começou a falar sobre agrotóxicos e saúde. Primeiro, ela me contou como Martín se gabava de conseguir abrir um galão de pesticida com os dentes, se necessário. Ao mesmo tempo que mostrou como algumas pessoas confiam que os herbicidas não são prejudiciais, Carolina, ainda que sem desqualificar abertamente o marido, questionou de forma sutil se isso era uma coisa segura a fazer. Em seguida, ela me contou do caso de três mulheres da cidade que interromperam a gestação porque a cabeça dos bebês não estava se desenvolvendo como deveria. Eu sabia que a microcefalia é uma causa frequente de aborto entre mulheres expostas à deriva de pesticidas (Reduas, 2010). E então ela mencionou o número cada vez maior de pessoas com câncer na cidade. Ela estava preocupada, era perceptível. Para dissipar as próprias angústias, Carolina recorreu ao mantra popular: "Eu sei, o câncer sempre existiu". Ainda assim, ela não pôde evitar o complemento, numa voz ainda mais suave: "Todo mundo diz que não é o caso, mas acho, sim, que os agrotóxicos têm algo a ver com isso".

Carolina nunca perguntou minha opinião. Nidia entrou na cozinha e, no mesmo instante, ficamos em silêncio, como se tivéssemos sido pegas no flagra. Calmamente, terminamos de cuidar da louça. Nós três levamos o café e a sobremesa para a mesa, onde continuamos a conversa do ponto em que tinha parado, como se a "confissão" de Carolina nunca tivesse acontecido.

A transformação de uma injustiça rotineira em uma insatisfação mobilizadora (o "enquadramento") surge na interação social por meio de processos interpretativos mediados pela cultura (Benford & Snow, 2000). No diálogo, encontramos espaço para relacionar nossas questões pessoais com problemas públicos. No entanto, pelo silenciamento ou pela negação, esses espaços são fechados, em vez de criar oportunidades para a ação coletiva (Mills, 1959; Norgaard, 2011). As trocas com as mulheres em Santa María ilustram como o policiamento, o silenciamento e a negação funcionam para conter o enquadramento das insatisfações e, assim, abafar a contestação. "Por que as pessoas não protestam?", eu perguntava sempre que podia quando essas questões eram sussurradas. E todas as vezes me deparava com um gesto de resignação e um suspiro que dava fim à conversa. Invariavelmente, a espiral de negação era alimentada pelo silêncio.

A resposta de Julia foi a mais simbólica da conspiração do silêncio sobre os riscos à saúde do uso de agrotóxicos na produção de soja GM nos Pampas.

Quando perguntei o motivo de as pessoas não protestarem, ela respondeu: "Sobre isso não se fala", e ficou quieta... assim como eu.

"*De eso no se habla*" é uma frase icônica que, para qualquer argentino, faz lembrar instantaneamente o terror e a cumplicidade do silêncio sobre os desaparecidos da Guerra Suja.[119] Ditaduras e regimes policiais totalitários são exemplos extremos de enfraquecimento e silenciamento da população promovidos pelas elites do poder, como aconteceu na Argentina entre o fim dos anos 1970 e início dos 1980 (Zerubavel, 2006, p. 41). Durante esse período, a sociedade argentina se manteve basicamente em silêncio enquanto trinta mil pessoas eram "desaparecidas", sequestradas pelo Estado sem deixar rastro, e enquanto bebês eram roubados de mulheres em centros de detenção clandestinos e criados pelas famílias de seus sequestradores. A violência, explica Sebastián Carassai (2014), é central para entender por que a classe média argentina criou uma cultura de não ativismo durante aquele período. O terror de Estado pode estar no passado, mas a memória, não.[120] A frase "*de eso no se habla*" é usada comumente entre os argentinos e tem conexão direta com a falta de curiosidade política que prevaleceu durante a ditadura, como aconteceu durante as minhas conversas com as mulheres de Santa María.

119 O termo, emprestado daquele usado pelos franceses para se referir à sangrenta ação de contrainsurgência na Argélia (1954-1962), é cunhado por algumas pessoas na Argentina para nomear a ditadura civil-militar implementada entre 1976 e 1983. [N.T.]

120 Violações de direitos humanos foram julgadas a partir de 1983 com o retorno à democracia (como visto no Julgamento das Juntas e no *Nunca Más*, relatório da Comissão Nacional sobre o Desaparecimento de Pessoas) e durante os governos Kirchner (Novaro, 2010).

"Por que as pessoas não falam sobre isso?", consegui finalmente perguntar a Julia.

"Bom... fortunas estão sendo feitas." Como Diego, ela indicou a alta lucratividade como razão para a condescendência.

PERCEPÇÕES DE GÊNERO

A dependência econômica da produção de soja e a identidade cultural criada em torno da inovação tecnológica agrária em cidades rurais como Santa María mantiveram a maioria das pessoas quietas; os benefícios parecem compensar os riscos. No entanto, insatisfações latentes a respeito dos danos à saúde provocados pela exposição a agrotóxicos indicam uma dissonância entre o que é dito publicamente (aprovação e apoio) e o que as pessoas comentam entre quatro paredes (questionamentos e dúvidas), expondo o funcionamento do poder. Com base em minhas observações de Santa María, posso afirmar que essas queixas veladas se dividem de acordo com o gênero. Mulheres, recorrendo às identidades de mães e cuidadoras, estavam mais propensas a questionar o potencial impacto nocivo dos agrotóxicos no contexto de hegemonia da soja. Por quê? E qual o impacto disso na mobilização ou na inação?

Como ressaltam os estudiosos de movimentos sociais, há um componente subjetivo fundamental para a emergência de um movimento; os significados subjetivos que as pessoas atribuem às situações e que levam à ação coletiva são resultado de dimensões cognitivas e emocionais (McAdam, 1982; Goodwin, Jasper & Polletta, 2004; Jasper, 2011). Aquilo que notamos e compreendemos tem origem nos papéis que desempenhamos e nas interações com os outros. Nosso "viés cognitivo", avalia Barbara Risman (2004), é fruto de diferentes expectativas de status para mulheres e homens. Papéis de gênero levam a experiências generificadas. O papel atribuído às mulheres como cuidadoras primárias da família as torna mais cientes dos riscos reais e potenciais à saúde provenientes das indústrias poluidoras (Bell, 2013; Brown & Ferguson, 1995; Krauss, 1993). Assim, sujeitos feminizados apresentam um modo de saber que vem de emoções afetivas (os vínculos afetivos do amor), bem como de observações detalhadas e fundamentadas. Por estarem encarregadas das crianças, mães coletam dados sobre os filhos de forma constante e consistente. A cada dia elas sabem como as crianças dormiram e por quanto tempo, o que comeram ou deixaram de comer, como se sentem e reagem quando estão doentes ou tristes em comparação a quando estão felizes, saudáveis e animadas. É assim que as mães *sabem*. É uma cognição fundamentada, observacional, experiencial, corporificada e emocional. Esse modo de conhecimento contrasta com o conhecimento (civilizador) racional da ciência moderna.

De forma semelhante (mas, obviamente, no extremo oposto), os papéis tradicionais de gênero afetam experiências, crenças e formas de conhecimento da maioria dos homens que conheci em Santa María. Seguindo as expectativas e os arranjos masculinos europeus tradicionais, eles se autodefinem produtores, especialistas e empresários e, no contexto de seus lares, como Martín, também como arrimo de família. O mesmo ocorreu com todos os outros homens que entrevistei que eram responsáveis, trabalhavam ou tinham sido treinados na produção agrícola em grande escala, como demonstro ao longo do livro. É importante ressaltar que, em minha pesquisa, as mulheres enfatizaram o cuidado, enquanto os homens se concentraram em lucratividade, produtividade e conhecimento científico. Isso não se deve à diferença de sexo, mas à definição socialmente construída do que é ser macho/masculino ou fêmea/feminina — em resumo, ao gênero (Kimmel, 2013). Nos Pampas, a vida e o trabalho são organizados de acordo com arranjos tradicionais de gênero: assim, as identidades tendem a corresponder ao sexo atribuído no nascimento (a definição de cisgênero). Nas áreas rurais onde fiz meu trabalho de campo, homens tendem a agir de acordo com o que se entende como masculino, e mulheres, com o que é visto como feminino; homens e mulheres se casam e, depois que têm filhos, a mulher vai cuidar e o homem, prover. (É por isso que, como explico na introdução, as mulheres me trataram como futura esposa e mãe sem nenhuma dúvida ou questionamento.)

A agricultura em larga escala nos Pampas mantém as divisões tradicionais de gênero no trabalho e, ao mesmo tempo que é dominada por homens, a masculinidade na produção de soja é hegemônica.[121] A "masculinidade hegemônica", segundo R. W. Connell e James Messerschmidt, é o conjunto de práticas materiais e discursivas que visa produzir e manter desigualdades baseadas no gênero (Connel & Messerschmidt, 2005). Quando uma mulher adentra esses espaços de trabalho dominados por homens, é esperado que ela se comporte de acordo com os padrões de gênero (masculinos) da posição que ela ocupa, e não com os associados a sua identidade (feminina) de gênero (Kimmel, 2013). Foi o caso de Mariana, a única mulher agrônoma empregada no ramo que conheci durante meu trabalho de campo. Funcionária da sede de Santa María da Los Cardones, ela é colega de Lucas e Tomás, apresentados no capítulo 2. Assim como eles, ela tem vinte e tantos anos e se formou em engenharia agrária em uma universidade nacional. Quando a conheci, não consegui esconder meu espanto por ela ser a primeira mulher trabalhando no agronegócio que pude entrevistar.

"Estou sempre falando com homens", comentei, com sincera surpresa.

"Sim", Mariana respondeu com delicadeza e um meio-sorriso. "Sim, é uma terra de homens."

121 Elaborei essa questão pela primeira vez em Leguizamón (2019).

Contive minha empolgação para me alinhar a seu tom cauteloso. Estávamos, de fato, cercadas de homens no escritório da Los Cardones.

"Mas existem! Existem algumas mulheres", Mariana tentou levantar nosso ânimo feminista, pelo menos por um momento. "Mas estão nas vendas", acrescentou. "De todas as minhas amigas [que também são] engenheiras agrônomas, a maioria está em cargos comerciais."

"O que isso significa?", perguntei.

"Foi assim que comecei também, na Cargill, em *acopio* [armazenamento de grãos para comercialização]", contou Mariana. "Área comercial significa que você está nas vendas: no armazenamento de grãos, na compra de safras e venda de insumos ou no relacionamento com clientes. Não tem muito a ver com a área técnica, em que você vai para as fazendas durante a época de colheita."

"E por que isso?"

"Bom...", deu pra perceber que ela acionou seu tom cauteloso de novo. "É porque existem... Existem certos paradigmas ainda. Não é simples. Trabalho na Los Cardones porque eles me conhecem. Mas se não te conhecem e surge uma vaga para engenheiro... Não sei. Não é fácil, enquanto mulher, ser contratada. Pelo menos foi assim comigo. Antes de começar a trabalhar aqui, em muitos outros lugares onde fiz entrevista me disseram: 'Verdade seja dita, sim, [você ficaria com a vaga] se você fosse homem'. Quer dizer, ser mulher... é complicado para nós."

"Mas por quê? Não é um trabalho pesado." Eu poderia até entender um argumento baseado na relativa força física de homens, necessária para realizar algumas tarefas extenuantes na fazenda. No entanto, a tecla tão batida durante meu trabalho de campo foi justamente que a inovação tecnológica permitiu a substituição de trabalhos físicos extenuantes por computadores e máquinas e pela possibilidade de manejar a agricultura confortavelmente à distância. Qualquer pessoa com treinamento e formação adequados poderia fazê-lo, não importando seus atributos físicos.

"Não, não é [um trabalho pesado]", Mariana concordou. "Mas ainda é um pouco machista. As mulheres estão tentando se inserir no campo, mas não é fácil. E, em comparação com outros países, nem vale comentar! Em outros países, as mulheres fazem os mesmos trabalhos físicos que os homens. Na fazenda, exatamente os mesmos. Mas aqui...", ela fez uma pequena pausa. "Mas você está certa, para o trabalho que fazemos, o aspecto físico não tem nada a ver, é muito mais o paradigma do que qualquer outra coisa. E aqui até o solo é macio!" Mariana riu rapidamente da própria piada, porém, em seguida, seu semblante ficou bem sério. "É que este é um país machista", afirmou ela, dando um suspiro longo antes de continuar. "A parte boa é que, quando você vai para o campo, todo mundo cuida de você. O motorista do caminhão oferece um mate. Outros homens oferecem uma cadeira, um terceiro vem e diz: 'Não, deixa que eu subo para você'", a voz de Mariana comunicava ironia e irritação por ser tratada com tanto cuidado, pesando as vantagens de receber uma atenção extra no seu trabalho diário na fazenda com as desvantagens sexistas do cenário mais amplo. "Ou seja... junto com os pontos positivos vêm os ruins... Digo, para mulheres... é muito mais difícil quebrar a barreira para entrar nesse ambiente."

Das colegas que se formaram com ela na universidade, "apenas uma está fazendo o mesmo tipo de trabalho" que Mariana. "Nas reuniões técnicas que a Monsanto e a Syngenta fazem para nos treinar, costuma haver uma ou duas de nós. O resto é tudo homem."

Fiquei curiosa sobre a opinião de Mariana a respeito do glifosato e da pulverização de agrotóxico. Será uma "coisa de mulher" enfatizar o cuidado em detrimento da produtividade e do lucro? Mariana, com ensino superior e empregada como engenheira agrônoma, confirmou o diagnóstico de estudiosos do gênero, reproduzindo o discurso masculino do novo paradigma agrícola. "Existem normas para a fumigação", disse ela. "Se você, como agrônoma responsável, estiver presente durante as fumigações, a lei está sendo cumprida."

Ela deixou explícito que agrotóxicos são seguros se usados adequadamente, repetindo o discurso de poderosos atores (masculinos) corporativos e estatais, como mostrei no capítulo anterior. Assim como eles, Mariana acredita que leigos devem confiar nos especialistas sobre o uso de agrotóxicos e seus impactos. Ela me deu uma série de exemplos sobre como isso precisa ser mais bem comunicado ao público em geral. "Eu estava em La Rural, em uma apresentação organizada pela Casafe [Câmara de saúde agropecuária e fertilizantes]", ela começou a contar. La Rural é uma enorme feira do agronegócio que acontece em Buenos Aires durante as férias de inverno e atrai milhares de pessoas do campo e da cidade. "A conversa", continuou Mariana, "era para conscientizar as pessoas de que o que os produtores fazem não é prejudicial". Esse evento aconteceu durante a batalha narrativa sobre o glifosato entre o governo e os produtores de soja, logo depois do *conflicto del campo*. Durante essas conversas informativas (obviamente uma estratégia para obter a aceitação entre a população em geral), os especialistas da Casafe, Mariana relatou, "mostraram dados sobre a quantidade de pessoas intoxicadas nos últimos, vamos dizer, doze anos. Eram cerca de cinco casos de envenenamento por agrotóxicos. Nada!". Ela repetiu o discurso hegemônico: "É que as pessoas ficam falando, mas elas não têm ideia". Em seguida, mencionou outra palestra. "Estavam mostrando imagens da Europa, de como as plantações chegam até a porta da casa das pessoas — você já viu essas paisagens europeias, né? Tem uma casinha, as colinas, está tudo tomado pelas plantações, eles pulverizam lá também! E o sujeito [o representante do agronegócio] disse: 'Se você bater na porta daquela casa, a pessoa que atender não vai ter nenhuma deformação'. Quer dizer, de fato, aqui na Argentina vemos tanta ignorância nas pessoas.

Elas [as leigas] querem que você acredite que o produtor não tem a menor consciência."

Minha conversa com Mariana ilustra que os papéis de gênero nas interações generificadas moldam as experiências e percepções das pessoas sobre a situação de modo geral e os impactos ao meio ambiente em especial. Sua forma cognitiva e emocional de conhecimento surge do fato de ser, ela mesma, uma especialista e engenheira em um ambiente dominado por homens. Nesse sentido, ao mesmo tempo que está bastante ciente das desvantagens estruturais de ser mulher nessa esfera, ela é um sujeito masculinizado ao enquadrar a produção agrícola e o uso de agrotóxico nos mesmos termos usados por especialistas e produtores que se autodefinem como homens/masculinos. Sujeitos feminizados como as mulheres de Santa María, por outro lado, priorizam a maternidade e o cuidado, e isso impacta sua percepção sobre os danos ambientais.

NEM LÁ, NEM CÁ: OS "DO MEIO"

Por que as mulheres de Santa María admitem conhecer os potenciais riscos da produção de soja, enquanto outros na cidade só enfatizam seus benefícios? E por que essas mães preocupadas não se organizam para agir? Argumento que essa inação, a despeito da percepção do risco, é o resultado do funcionamento de sinergias do poder — ou seja, o efeito composto de múltiplos eixos de dominação e desigualdade que se cruzam. Nesse caso, o gênero é nitidamente um eixo dominante. As mulheres de Santa María compartilham uma característica importante: todas são casadas e vivem em arranjos de gênero tradicionais; os maridos são os principais provedores da casa, e a fonte de renda é oriunda da agricultura em larga escala. Assim, elas também estão nessa categoria "do meio", entre uma coisa e outra no espectro de poder. Elas desfrutam da riqueza e do privilégio provenientes da sua posição de classe e raça (enquanto mulheres brancas, de ascendência europeia). Ao mesmo tempo, seu gênero é historicamente excluído das esferas de poder e das tomadas de decisão na produção agrícola, mesmo que "a família" esteja no negócio da soja (como resultado de dois séculos de agricultura capitalista nos Pampas, como expliquei nos capítulos 1 e 2).

O gênero estrutura a posição na sociedade, bem como as formas de saber — e aqui me refiro ao conhecimento de forma ampla, como uma concepção e uma percepção de risco que é, ao mesmo tempo, cognitiva, corporificada e emocional. Autoidentificadas como esposas e mulheres, encarregadas do cuidado das crianças, que, por serem pequenas, são mais vulneráveis à exposição tóxica, a maneira como o gênero se manifesta as leva a priorizar o cuidado em detrimento do lucro da agricultura em larga escala. Assim, elas revelam um modo de conhecimento baseado na experiência vivida, resultado do constante cuidado cotidiano daqueles que amam — ou, como elas me disseram, da "intuição materna" de proteger os filhos. Ao mesmo tempo, também estão cientes de que esse saber íntimo, vivenciado e generificado não consegue estabelecer legitimidade perante a economia cultural e política do extrativismo de soja, que é patriarcal, capitalista e moderna. Lidando com os riscos reais e presentes de perder o marido e a fonte de renda, as mulheres de Santa María escolhem silenciar a si mesmas e às outras, ao invés de levantar a voz sobre os potenciais riscos do extrativismo de soja. Ao fazê-lo, elas ativamente — embora eu ache que não de propósito — consentem e reproduzem a injustiça e o status quo.

No capítulo 4, introduzo o Grupo de Mães do Bairro Ituzaingó Anexo e as ativistas da cidade de Malvinas Argentinas. Diferentemente das mulheres de Santa María, elas se organizam em ações coletivas para proteger as crianças dos riscos tóxicos representados pelos agroquímicos. "Quando uma criança está doente", as ativistas me disseram, a mãe "sabe" e, nas palavras delas, tem o "dever" protegê-la. As ativistas do bairro Ituzaingó e de Malvinas Argentinas também se referiam com frequência à "intuição materna" de proteger os filhos. Essa ideia de "dever" e "intuição" dá a essas mulheres o ímpeto para protestar (Bell, 2013; Brown & Ferguson, 1995; Krauss, 1993). Recorrer à maternidade como identidade é uma estratégia que lhes deu legitimidade e proteção contra aqueles que podem querer questionar (ou silenciar) seu ativismo.[122] As Mães do Ituzaingó, por exemplo, se identificam como "mães" em um ato político e em referência às Mães da Praça de Maio, as argentinas que se organizaram na luta contra o desaparecimento forçado de seus filhos durante a Guerra Suja (Torrado, 2016).[123] Assim, elas desafiam a tradicional divisão entre as esferas pública e privada por meio da politização da maternidade (Mason-Deese, 2016; Motta & Seppälä, 2016). Ao recorrer a essa condição, porém, as ativistas caem em uma contradição — ou se veem "atadas a um roteiro ruim", como diz Diana Taylor (1997) sobre as Mães da Praça de Maio. A maternidade é despolitizada aos olhos da população em geral (estão sendo apenas "boas mães"), o que lhes dá mais liberdade para protestar. No entanto, devido ao status inferior das mulheres na hierarquia social, esse ativismo não é levado tão a sério por aqueles que estão no poder. Essa é, como argumenta Shannon Bell, também uma barreira para o engajamento de homens. Como os protestos feitos por homens são sempre considerados políticos, eles têm menos liberdade e correm o risco de marginalização e perda de status ao enfrentar a ordem econômica dominante (Bell, 2016).

122 Como disse uma das mães de Ituzaingó: "Ninguém conseguia desafiar a gente com um 'quem autorizou vocês [a protestar]?!'. O fato de ser mãe já autoriza a levantar a voz. Ninguém consegue questionar se meu filho está doente, se quero denunciar o que aconteceu com ele, ou levar ele aonde eu quiser" (Leguizamón, 2019, p. 209).

123 Sobre as Mães da Praça de Maio, ver Navarro (2001).

Ao contrário das ativistas que apresentarei em seguida, as mulheres de Santa María, em vez de agir baseadas na insatisfação compartilhada, optam pelo silêncio e pela negação. Elas não poderiam se organizar em ações coletivas para lidar com as questões que as preocupam? As mulheres de Santa María, argumento, estão presas em outro tipo de contradição. Pesquisadores de gênero usam o conceito de feminilidade enfatizada, em oposição à masculinidade hegemônica, para se referir a práticas nas quais mulheres se engajam para construir inequidades de gênero em relação aos homens enquanto esposas, filhas e assim por diante (Connell & Messerschmidt, 2005; Schippers, 2007). A feminilidade enfatizada atua na interação entre masculinidades e feminilidades e especialmente nas formas como as mulheres obedecem à hierarquia de gênero. Ao explorar suas identidades de gênero enquanto mães para questionar as potenciais ameaças à saúde causadas pelo uso de agrotóxicos, as mulheres de Santa María colocam em risco sua posição de classe (já que suas famílias dependem economicamente da produção de soja) e, provavelmente, a relação com os parceiros. Assim, por se sentirem impotentes ou por aceitarem de bom grado essa troca, ao invés de se manifestarem, elas se autopoliciam e mantêm o assunto adormecido.

As diferenças e inequidades de gênero, por si só, não explicam a complexa constelação de poder que coloca as mulheres de Santa María nessa situação. O status e a identidade de classe são também dimensões fundamentais para explicar a sua condescendência. As conotações culturais e raciais da sua identidade de classe contribuem ainda mais para esse silêncio. Muito em função do casamento (e das ocupações dos maridos), elas pertencem à classe média.[124] A identidade da classe média

124 Por não ter dados sobre seus rendimentos, determinei o status de classe dessas famílias com base em suas ocupações. A estrutura ocupacional reflete a estrutura de classes, baseada na renda.

argentina, como descreve Ezequiel Adamovsky (2009), é composta pelas seguintes características raciais, políticas e culturais específicas: em essência, é branca (de ascendência europeia), antiperonista e defensora da ideia de modernização e civilização — em oposição à "barbárie" das classes trabalhadoras peronistas. A classe média, sobretudo nos Pampas, carrega de forma enraizada os mitos orientadores da identidade nacional que expliquei no capítulo 1: mitos que, como argumento, são a chave para explicar a anuência e o consentimento.

Como integrantes da classe média, famílias em Santa María compartilham modos de vida, valores e crenças similares aos das classes médias de outras partes do mundo; esses estilos de vida são, como comentou Carlos, "pagos com o dinheiro da soja". Dois desses valores compartilhados são o consumismo e a visão da educação como meio para a mobilidade social (Sautu, 2016). Nessa busca, quem está "no meio" muitas vezes defende as indústrias poluidoras para proteger seu status de classe, ainda que à custa da intoxicação de sua própria terra e corpo.

Sociólogos ambientais sabem bem como a aceleração da esteira do consumo leva à devastação social e ecológica: comprar mais "coisas" significa uma corrida global por salários mais baixos, poluição e maior extração de recursos naturais (Gould, Pellow & Schnaiberg, 2008). Os residentes de Santa María, como explico, estão bastante bem em comparação com o restante da população nas décadas recentes e com as outras cidades rurais. Contudo, ao mesmo tempo que veem aumentar seu nível de conforto por conta do boom da soja, eles não consomem tanto quanto a classe média urbana. Observei casas caras e carros novos circulando pelas ruas, mas não vi shopping centers, entregas da Amazon, drive-thru de fast-food, aparelhos

---

Na Argentina, os grupos sociais considerados de "classe média" são gestores de empresas, profissionais e técnicos universitários, pequenos empresários e funcionários públicos (Sautu, 2016).

eletrônicos de última geração nem outros sinais de consumo excessivo. As famílias que conheci não tinham ar-condicionado em casa, não desperdiçavam comida e não viajavam para o exterior nas férias. Então, ao mesmo tempo que protegem a indústria da soja para manter seu estilo de vida de classe média, o rastro ambiental deixado por eles, enquanto consumidores de classe média, não é tão grande quanto os de seus pares em nações mais ricas. No entanto, sua riqueza material, além da escassez de empregos em outras indústrias, contribui para sua aquiescência.

O valor dado à educação formal — no contexto da Argentina contemporânea, em que famílias de classe média preferem escolas particulares ao invés de públicas — também é revelador da situação ambígua em que se encontram as mulheres de Santa María.[125] Durante a maior parte do tempo que passei com Nidia e Laura, sua nora, não falamos sobre doenças nem fumigações, mas sobre a rotina diária: o que preparar para o jantar, o que está passando na TV, em que parte da estrada estará o marido de Laura, como as crianças se comportaram e, com certa frequência, sobre a educação delas. Laura é professora e mãe de dois: um menino de dez anos e uma menina de um ano. O garoto frequenta a única escola particular de Santa María, que é subsidiada por, talvez sem nenhuma surpresa, esforços filantrópicos dos produtores de soja locais. Essa é outra maneira como os poderosos atores do agronegócio obtêm o consentimento das comunidades rurais.

"Em Santa María, os ricos não estão separados, mas integrados [à comunidade]", disse Laura. Era uma tarde como outra qualquer, e nós três estávamos tomando mate no pátio de Nidia, cuidando das crianças enquanto Carlos dormia a sesta. "A escola tem um sistema de bolsas e apadrinhamento para que crianças de renda mais baixa (*chicos humildes*) possam ter

125 Sobre famílias de classe média e educação, ver Sautu (2016).

acesso à educação privada", relatou. Os apadrinhamentos são pessoais: um produtor rural se torna o padrinho uma criança e vira seu benfeitor.

O filho de Laura recebe uma bolsa para frequentar a instituição — uma escola literalmente paga com dinheiro da soja. Os ruralistas e latifundiários que financiam uma educação melhor para o menino não são desconhecidos e distantes, mas vizinhos, parte da comunidade de Santa María. Como alguém poderia virar as costas para o próprio vizinho? E se voltar contra as fumigações, se a produção de soja é o que garante um futuro melhor para seu filho? Querer a melhor educação para os filhos também é cuidar deles, não é? Presa nesse dilema e ocupada com a rotina diária, Laura, assim como outras mulheres em Santa María, opta por normalizar a vida em meio à toxicidade;[126] isto é, se e quando a preocupação vem, ela prefere negá-la e seguir adiante. A moeda de troca é, com certeza, a saúde de todos.

As mulheres de Santa María ocupam uma posição ambígua em relação à produção de soja: elas a apoiam porque se beneficiam dela, no âmbito privado a questionam, porque percebem os danos que causa, mas não ousam contestar publicamente as bases políticas, econômicas e científicas que a sustentam e que reafirmam a segurança dos agrotóxicos. Seus modos de saber não estão calcados nos mesmos valores do conhecimento perpetuados pelas sinergias de poder que controlam o extrativismo de soja. É importante notar, no entanto, que essas mulheres que acessam benefícios compensatórios da produção de soja não são totalmente impotentes: elas têm uma autonomia considerável, o que revela os dilemas da hegemonia de gênero e as ambiguidades da dominação. Dentro de casa, essas mulheres têm um poder significativo sobre os parceiros e as crianças (Stølen, 2004; Risman, 2004). Sherry Ortner se refere ao poder feminino no chão do cotidiano ao olhar para as maneiras como as mulheres resis-

126 Como em Auyero e Swistun (2009) e em Norgaard (2011).

tem sutilmente à desigual hierarquia de gênero — à maneira do que James Scott chama de "as armas dos fracos" (Ortner, 1989, p. 38; Scott, 1985).

Imagino quantas mulheres em outras cozinhas na região dos Pampas, presas nesse lugar entre as sinergias de poder, notam o perigo, mas optam pelo silêncio. O capítulo 4 se debruça sobre aquelas que estão na base do espectro de poder, que não se beneficiam da produção de soja GM, mas são impactadas por seus custos. Elas se organizam para desafiar o extrativismo da soja, enquanto atores muito mais poderosos tentam silenciar essa dissidência.

4

CONTRA O GRÃO

"Você tem ideia do que é perder um filho?"

Marcela fez a pergunta no meio da conversa. Era retórica, lógico. Todo mundo sabe que a dor de perder uma criança não está ao alcance de palavras nem da compreensão de qualquer pessoa que não a tenha vivido; deve ser o pior dos sofrimentos. Ainda assim, para Marcela e as outras mães com quem tive o prazer de falar — mulheres mobilizadas pela dor de terem perdido filhos e filhas para a leucemia e outros tipos de câncer —, o sofrimento as levou a se organizarem em um movimento.

A missão de descobrir por que seus filhos estavam adoecendo e morrendo reuniu treze mulheres, no início de 2002, num movimento chamado Grupo de Mães do Bairro Ituzaingó Anexo. Essas mães se tornaram símbolo da luta contra a pulverização de agrotóxicos na Argentina. Durante nossa conversa, em 2015, ouvi dor e cansaço em suas vozes. Vi em seus olhos: essas mulheres pareciam desoladas com as penúrias diárias das doenças e do luto, exaustas de ir ao hospital para cuidar de familiares e de ir às secretarias de saúde para exigir atendimento médico e o fim das fumigações. Senti a raiva e a frustração de lidar com a falta de respostas de agentes públicos que prometem mas não cumprem. Pude sentir também, além da dor, o acolhimento e a força. Havia uma centelha, um brilho no fundo de seus olhos exaustos. Era a valentia e a coragem de enfrentar aquilo que a maioria não quer encarar: o fato de os pesticidas serem responsáveis pelo adoecimento e pela morte de tantas pessoas que trabalham e vivem perto das fazendas de soja na Argentina.

As Mães de Ituzaingó são figuras centrais no movimento contra os agrotóxicos na Argentina. Confirmando o que mostra a literatura sobre justiça ambiental, as mobilizações contra o extrativismo da soja surgiram entre aqueles que estão na base do espectro de poder: aqueles que arcam com seus custos, mas não obtêm nenhum dos seus benefícios (Bullard, 1990; Cole & Foster, 2001; Mohai, Pellow & Roberts, 2009).

A mobilização social contra a soja transgênica na Argentina está concentrada basicamente em dois eixos principais: o dos riscos sanitários e ambientais da exposição a agrotóxicos; e o das remoções forçadas e da devastação ambiental, consequência da expansão da fronteira agrícola para o norte. Em linhas gerais, os movimentos que surgiram em reação a isso são: (i) assembleias cidadãs em defesa da saúde e da vida, como as Mães de Ituzaingó, impulsionadas pela disseminação de doenças decorrentes de agrotóxicos; e (ii) o movimento indígena camponês no norte do país. Aqui concentro minha atenção nos movimentos contra os agrotóxicos por alguns motivos. Em primeiro lugar, este livro se dedica aos Pampas, e, nessa região, a mobilização contra os agrotóxicos é mais extensa. Em segundo lugar, o movimento camponês nos Pampas é menor em força e número, consequência da história de expropriação e invisibilização que expliquei no capítulo 1. Em terceiro lugar, o impacto da deriva de pesticidas na saúde infantil é o principal catalisador do ativismo entre esses atores e regiões, como é o caso dos camponeses indígenas no norte da província de Formosa.[127] Em quarto lugar, o movimento antiagrotóxico tem obtido um sucesso relativamente maior em suas demandas. Por exemplo, ele conseguiu aprovar leis locais para estabelecer zonas protegidas e aumentou a conscientização sobre o impacto negativo da produção de soja transgênica e do uso de glifosato em particular. Por último, acredito que o enquadramento da insatisfação em torno da proteção da saúde das crianças tem o potencial de formar alianças e incentivar a oposição, como as mães deste capítulo começaram a fazer.

Ainda que as reivindicações desses movimentos em defesa da vida e dos meios de subsistência sejam urgentes e louváveis, eles são ainda relativamente pequenos, e seus impactos na política nacional são ínfimos. Por quê? O que tem impedido a mobilização local de desencadear uma mudança em grande escala? Somando-se ao fato de que as cidades rurais — e o país como um todo — estão econômica e ideologicamente atreladas à produção agrícola em larga escala, aqui argumento que, enquanto sujeitos generificados e racializados em uma posição social historicamente desfavorável, essas ativistas enfrentam barreiras estruturais e simbólicas que limitam sua capacidade para afastar do extrativismo a estratégia desenvolvimentista da Argentina. Além disso, atores corporativos e estatais não são passivos em relação às ativistas. Ao contrário, eles mobilizam uma ampla gama de estratégias e táticas para explorar essas desigualdades estruturais e simbólicas e, assim, paralisar, silenciar e desmobilizar ativistas e suas demandas.

127 Ver, respectivamente, Rauchecker (2016, p. 71); Cáceres (2015, p. 16); Lapegna (2016).

AS MÃES DO BAIRRO DE ITUZAINGÓ ANEXO

Conheci as mulheres que organizam o Grupo de Mães do Bairro Ituzaingó Anexo num dia frio e cinza de inverno, em agosto de 2015. Suas histórias eram conhecidas, de forma que, em certo sentido, eu já sabia quem eram: eu já tinha lido muito sobre o trabalho delas, visto imagens nos noticiários, estudado suas histórias em artigos acadêmicos, assistido a documentários e ouvido falar delas em entrevistas com outros ativistas antifumigação. O doutor Mauricio Berger, professor da Universidade Nacional de Córdoba e um dos aliados das mães desde o início dessa luta, gentilmente se ofereceu para me apresentar a essas mulheres. Naquele dia encontrei Mauricio na universidade, caminhamos alguns quarteirões até o ponto de ônibus; eu já havia comprado algumas *facturas*[128] para levar. Na Argentina, não se aparece na casa dos outros com as mãos abanando e, àquela hora do dia, os pastéis doces no fim de tarde caem muito bem com mate.

Leva cerca de uma hora de ônibus do centro de Córdoba até Ituzaingó Anexo, um bairro operário no cinturão industrial que circunda a cidade, capital da província de Córdoba. Localizada na porção central do país e no núcleo da produção sojeira dos Pampas, a província de Córdoba tem a segunda maior economia do país, baseada principalmente na agroindústria e na fabricação de automóveis. No que diz respeito à produção de soja transgênica, fica atrás apenas da província de Buenos Aires.[129] A cidade de Córdoba, no coração da província, é o segundo maior centro urbano da Argentina. Sua economia é diversificada em serviços e

128 Variedades de massas de padaria, em sua maioria doces, típicas da Argentina. [N.T.]
129 "Economía", Gobierno de la provincia de Córdoba, disponível em: http://www.cba.gov.ar/provincia/economia/.

manufatura. Da janela do ônibus eu via a transição dos prédios altos do centro adensado para casas cada vez mais escassas, substituídas por terrenos baldios e fábricas. Esses marcadores que distinguem os limites entre o centro e a área industrial no sul da cidade de Córdoba são visuais e olfativos. Eu podia ver a diferença e *sentir seu cheiro*. Havia um fedor no ar. Mauricio comentou que aquele odor era comum por ali e provavelmente vinha da fábrica de automóveis ou da usina de bioetanol à base de milho transgênico. As fazendas de soja também ficavam por perto, a cidade de Córdoba é cercada por elas. Muitos residentes dos bairros industriais de Córdoba estão, portanto, expostos rotineiramente a toxinas. PCB,[130] dioxinas, altos níveis de nitrogênio e dióxido de carbono dessas instalações industriais e pesticidas ficam à deriva nessas áreas (Reduas, 2013).

Mauricio e eu descemos do ônibus e caminhamos alguns quarteirões até a casa de Vita, uma das lideranças do grupo. Ituzaingó Anexo é um bairro pobre — *un barrio humilde*, como dizem as pessoas na Argentina para se referir, com um tom de dignidade, à pobreza da classe trabalhadora. O bairro mudou, e isso é consequência do trabalho das Mães. Uma das grandes conquistas de sua luta foi fazer com que a prefeitura de Córdoba, em meados de 2002, declarasse o bairro como um território em emergência sanitária e ambiental (Carrizo & Berger, 2008; Torrado, 2016). Essa designação fez com que fundos extraordinários fossem investidos para remediar a situação; o dinheiro foi aplicado na retirada dos transformadores de energia elétrica que poluem a água e na construção de um posto de saúde para tratar pessoas com doenças crônicas e seus familiares (uma das principais demandas do movimento). Nas periferias do bairro, num campo vazio que se estendia por quilômetros a fio, um enorme outdoor

130 PCB (Polychlorinated Biphenyls) são químicos altamente tóxicos, proibidos nos Estados Unidos desde 1979; "Learn about Polychlorinated Biphenyls (PCBs)", United States Environmental Protection Agency, disponível em: https://www.epa.gov/pcbs/learn-about-polychlorinated-biphenyls-pcbs/.

anunciava um empreendimento imobiliário: "*Ecotierra*. A chave para o seu futuro". A nova comunidade é anunciada no site como a "nova Ituzaingó", e, em imagens computadorizadas, é possível ver o projeto de bairro: casas novas e modernas, habitadas por famílias jovens, brancas e de classe média, segurando bebês com enormes sorrisos no rosto. A área dessa nova comunidade começa a menos de sessenta metros da casa de Vita, que fica exatamente onde o bairro acaba. Ficamos ali na rua pavimentada que marca a fronteira: casas do lado direito, campo aberto com as novas construções à esquerda (figura 15).

"Não é um campo *qualquer*", Mauricio me tirou da bolha verde, enquanto eu comentava como era positivo o crescimento do bairro. "Aqui era um campo de soja", continuou ele, "*o* campo de soja". Aquela era a origem da situação que fez surgir o Grupo de Mães: o campo de soja onde elas viam, com frequência, aviões pulverizando agrotóxicos a cerca de trinta metros de suas casas, onde as crianças costumavam brincar. Em 2003, as Mães aprovaram dois decretos municipais proibindo a pulverização naquela área e em qualquer outra região urbana da cidade de Córdoba. Além disso, foi banida a fumigação (aérea ou terrestre) até uma distância de 2.500 metros do bairro de Ituzaingó Anexo (Torrado, 2016, p. 177). Ainda assim, em 2004 um produtor de soja e um piloto de avião fumigador violaram a norma local e pulverizaram esses campos a menos de um quarteirão da casa de Vita — com compostos de cloro e fósforo (incluindo 2,4-D, dieldrin e clorpirifós). Por isso, as Mães e seus aliados entraram na Justiça contra o fazendeiro e o piloto. Em 2012, em um julgamento histórico, ambos foram considerados culpados pela fumigação ilegal e receberam a pena suspensa[131] de três

131 Sentença suspensa é um acordo legal no qual a pessoa considerada culpada, a princípio, não precisa cumprir a pena privativa de liberdade, mas pode ter de fazê-lo caso cometa outro crime em determinado período. [N.T.]

Figura 15 — Limites do Ituzaingó Anexo, na cidade de Córdoba. Antiga fazenda de soja, agora o local é usado para um empreendimento imobiliário. Foto da autora.

anos. Ironicamente, é nessa área que a "nova Ituzaingó" vai se desenvolver. Essa é a "ecoterra"?, me perguntei. Rapidamente me dei conta de que não se tratava de uma ecologização, mas de *greenwashing*:[132] um discurso ecológico forjado.

Mauricio tocou a campainha da casa de Vita. "Pelos fundos!", atendeu uma voz feminina, referindo-se ao portão lateral, por onde um corredor estreito conectava a rua com a parte de trás do terreno. Mauricio foi na frente. Ele conhecia bem o lugar e parecia se sentir em casa. Mais tarde, depois de horas conversando e tomando mate com essas ativistas, eu me sentiria em casa também, graças à maneira como elas falam e acolhem, ao jeito como riem e fazem piadas umas com as outras, demonstrando um apoio mútuo. Muitas pessoas já haviam ocupado aquele lugar de entrevistadora/pesquisadora no qual eu estava. Ainda assim, depois que me apresentei e agradeci pelo tempo que me foi concedido, elas me deram respostas generosas. Essas mulheres recebem de braços abertos todos que querem escutar sua história, me disseram, porque assim ajudam a difundi-la — para que mais pessoas conheçam a situação dos *afectados por los agrotóxicos*, como chamam as vítimas da contaminação (Berger, 2016). Reconheci vagamente o quintal de Vita. Depois lembrei que aquele era o cenário de uma entrevista que aparece em um documentário da Al Jazeera a que eu assisti muitas vezes, chamado *Argentina: The Bad Seeds* [Argentina: as sementes ruins].[133] Apesar de toda a sua "fama", o quintal onde essas ativistas se encontravam era bem simples. Em volta de uma mesa de madeira, embaixo de um telhado que abriga as reuniões em dias de chuva, sentaram-se Vita, Marcela

132 O termo refere-se à apropriação, por parte de pessoas ou instituições, do discurso ambientalista para, de forma publicitária, criar uma falsa aparência de sustentabilidade e compromisso ecológico. Pode ser traduzido como "lavagem verde" ou "maquiagem verde". [N.T.]

133 "Argentina: The Bad Seeds — People & Power" [vídeo], 14 mar. 2013, disponível em: https://youtu.be/JxATngnqgv8.

e Norma, três das quatro mulheres que são o núcleo duro do grupo; Ricardo, um jovem do bairro que ajuda na organização; Mauricio e eu.[134] Estávamos rodeados por plantas, e uma laranjeira exalava um leve cheiro doce de flores brotando. A casa de Vita parecia um mundo à parte do ambiente tóxico lá fora.

A luta das Mães em defesa da saúde e da vida começou no início de 2002, quando elas constataram um índice muito elevado de crianças e adultos da comunidade adoecendo e morrendo de câncer. Naquela época, a apenas três quarteirões da casa de Vita, havia três casos de leucemia: um homem de sessenta e poucos anos e duas meninas. Uma delas tinha três anos e a outra, treze. Então um grupo de mulheres trabalhadoras sem experiência formal de organização decidiu investigar o que estava acontecendo com a sua comunidade. Primeiro, culparam o abastecimento de água, pois suspeitaram que estivesse poluída pela fábrica de automóveis ou pelos transformadores de energia elétrica — que, quando fiz a visita, já tinham sido removidos. Elas se perguntaram se a pulverização de pesticidas nos campos de soja no fim da rua também poderia ser a explicação, já que perceberam ser comum que as pessoas ficassem com dor de cabeça, tosse e erupções cutâneas depois das fumigações. Com manifestações e bloqueio das ruas, elas pressionaram as autoridades a testar a água e oferecer exames de sangue. Os resultados confirmaram as suspeitas das Mães: o índice de resíduos poluentes agroquímicos e industriais na água e em seus corpos estava acima da média.

Como relacionar surtos de doenças e mortes com a poluição ambiental? As Mães de Ituzaingó, com a ajuda de cientistas e profissionais da área (elas mencionaram em especial o biólogo Raúl Montenegro), fizeram um levantamento e um mapea-

134 O grupo original de treze pessoas se dividiu entre Grupo de Madres de Barrio Ituzaingó e Madres de Ituzaingó Anexo Línea Fundadora, liderado por Sofía Gatica.

mento das pessoas doentes na comunidade e revelaram um incomum e elevado número de patologias — anemia, linfoma e leucemia — em alguns quarteirões específicos. Em um bairro de cinco mil habitantes, elas detectaram mais de duzentos casos de câncer, doenças respiratórias e de pele e deficiências congênitas (Berger & Ortega, 2010, p. 133). O "mapa da morte", como elas o chamam, está pendurado na parede de uma pequena edícula no fundo do quintal de Vita. Esse cômodo serve como sede do movimento, um lugar onde são realizadas as reuniões com a comunidade e outras organizações e também onde ficam guardados os documentos. A bandeira do movimento, fotografias e lembranças de visitantes e atividades estão penduradas na parede (figura 16). Há duas versões do "mapa da morte": a original, de 2005, e outra que é constantemente atualizada, sinal do impacto implacável da deriva de pesticida e da ausência de reparação. Os mapas mostram os 127 quarteirões que compõem o bairro de Ituzaingó Anexo. Em praticamente cada um deles está afixado, no mínimo, um pequeno quadradinho colorido: os vermelhos indicam uma pessoa com leucemia que vive no quarteirão; os azuis representam câncer; os verdes, problema de tireoide. Um pontinho branco sobre o quadrado indica uma morte. A visibilidade do aglomerado de doenças proporcionada pelos minúsculos adesivos coloridos, indicando sete, dez, catorze pessoas doentes no mesmo quarteirão, tantos deles cobertos com o mortal pontinho branco, é chocante. Além de comovente e revelador, o mapa dá a visibilidade necessária para uma mudança de consciência. Sua simplicidade é muito eficaz para mostrar que algo não está certo e, por isso, quando outras vítimas da poluição ambiental entram em contato com as Mães para pedir conselhos sobre como se organizar, elas respondem: "Comece pelo mapa".

A aliança das Mães com cientistas especializados para fazer desse um caso público sobre os efeitos danosos dos pesticidas à saúde e ao meio ambiente tem sido uma forma poderosa de

Figura 16 — Uma das bandeiras de protesto do Grupo de Mães do Bairro Ituzaingó Anexo. Foto da autora.

ação coletiva. A estratégia, chamada de "epidemiologia popular", reúne pessoas leigas com cientistas e outros profissionais para investigar padrões e causas de doenças e, então, organizar a mobilização para melhorar a situação (Brown, 1992; Brown & Mikkelsen, 1997). É largamente utilizada em lutas por justiça ambiental nos Estados Unidos e foi aplicada pela primeira vez nos casos icônicos de Love Canal, Nova York, e Woburn, Massachusetts.[135] Ao questionar os casos de doenças, ativistas desafiam a autoridade dos especialistas e o próprio funcionamento da economia política (Brown, Morello-Frosch & Zavestoski, 2011, p. 3-15).

PAREM DE FUMIGAR!

Como representantes de uma comunidade contaminada, as Mães de Ituzaingó não estão sozinhas. Em 2006, em solidariedade à luta delas, um grupo de acadêmicos e ativistas de Buenos Aires chamado Grupo de Reflexión Rural organizou uma campanha contra a pulverização de agrotóxicos: Parem de Fumigar. Fizeram um levantamento das cidades pulverizadas nas províncias de Buenos Aires, Entre Ríos, Córdoba e Santa Fe para organizá-las sob um único guarda-chuva, coordenando esforços e recursos (Grupo de Reflexión Rural, 2009).

Em um encontro crucial em 2008 na Colonia Caroya, em Córdoba, a campanha "Parem de Fumigar" passou a se organizar como um coletivo de diferentes comitês nas províncias dos

135 O bairro de Love Canal, em Niagara Falls, e a cidade de Woburn foram palco de graves desastres ambientais no fim da década de 1970. Em ambos os casos, parte da população ficou exposta a resíduos químicos e houve aumento considerável nos casos de malformações fetais, doenças congênitas e cancerígenas, inclusive em crianças. [N.E.]

Pampas. Nicolás e Micaela são membros do comitê de Córdoba. Eu os conheci na cidade em 2011. Ambos tinham pouco mais de vinte anos; ele tinha acabado de se formar em engenharia, e ela estava prestes a concluir a graduação em biologia. Originalmente eram de Río Carlo,[136] uma cidade rural a uma hora do município de Córdoba, e tinham se mudado para a capital para estudar.

"Río Carlo", descreveu Nicolás, "é uma típica cidade da soja": pequena e historicamente atrelada à produção comercial agrícola, foi povoada por imigrantes europeus (os chamados *gringos*), e as atividades da maioria das famílias estão relacionadas à agricultura. Assim como em outras cidades da soja nos Pampas, a produção em larga escala de soja transgênica significou um aumento em quantidade e escopo das fumigações de agrotóxicos, uma vez que, em busca maiores lucros, ruralistas expandem as áreas de plantação de soja até os limites da cidade. "Em Río Carlo", continuou Nicolás, fazendeiros "pulverizam até a porta de casa".

Preocupados com o impacto dos agrotóxicos na saúde, alguns membros da comunidade, como Nicolás e Micaela, se organizaram em um grupo chamado Vecinxs Autoconvocadxs por un Ambiente Sano [Vizinhos autoconvocados por um ambiente saudável], que integra o comitê Parem de Fumigar Córdoba. Seus objetivos principais, me contaram, são "tornar o problema visível" e "manter as fumigações longe das casas". Eles assinaram petições e fizeram protestos no campo, mobilizando os vizinhos das fazendas para impedir a pulverização dessas áreas. De acordo com a lei estadual de Córdoba, não há uma distância mínima para a aplicação de agrotóxicos do tipo 4, como o glifosato. Assim, na prática e amparados pela lei, como Nicolás falou, fazendeiros levam a fumigação até muito perto

136 Río Carlo é um nome fictício, assim como são pseudônimos os nomes de ativistas que menciono neste capítulo, com exceção das Mães de Ituzaingó, que são figuras públicas.

da casa das pessoas (Rauchecker, 2017, p. 182-3). Encorajados pelo sucesso de outros grupos que integram o coletivo Parem de Fumigar, como os de San Jorge e Ituzaingó, vizinhos em Río Carlo exigiram uma portaria municipal para estabelecer uma distância mínima entre residências e as áreas de fumigações de agrotóxicos.

Em 2009, o grito para que as pulverizações cessassem foi ouvido pelo governo federal. Graças à pressão pública (uma combinação entre as ações da campanha Parem de Fumigar e das Mães de Ituzaingó; a publicação, no *Página 12*, dos resultados do estudo de André Carrasco sobre o glifosato; e o *conflicto del campo* em curso), a presidenta Cristina Kirchner assinou um decreto para formar uma comissão nacional, com o objetivo de estudar os impactos dos agrotóxicos na saúde humana. Conhecida como Comissão Nacional de Investigação sobre Agroquímicos e Saúde, ela foi formada por cientistas do Conicet, a principal autarquia responsável pela promoção de ciência e tecnologia na Argentina.

O anúncio teve um curto sucesso. Em um golpe contra os ativistas antiagrotóxicos, o relatório do governo negou as experiências e as demandas das comunidades contaminadas e defendeu as práticas corporativas. O documento concluiu que, "sob condições de uso responsável (entendido como a aplicação das doses recomendadas e de acordo com as melhores práticas agrícolas), o glifosato e suas formulações apresentam baixo risco à saúde humana e ao meio ambiente".[137] Críticos argumentam que o relatório foi tendencioso porque o Conicet não encomendou os testes: ele confiou na revisão de documentos fornecidos pela Monsanto. Além disso, não incluiu relatórios

137 "Evaluación de la información científica vinculada al glifosato en su incidencia sobre la salud humana y el ambiente" (informe), Conicet, jul. 2009. Disponível em: http://www.fundacion-campo.org/userfiles/prensa/glifosatoinfoconicet09.pdf.

que analisam os impactos da exposição a longo prazo (Berger, 2016; Skill & Grinberg, 2013). Isso evidencia como autoridades estatais usam seus especialistas para legitimar determinadas tecnologias de produção, e revela a preferência do governo por aumentar os riscos, a despeito da incerteza dos resultados (Cable, Shriver & Mix, 2008).

MALVINAS ARGENTINAS DIZ NÃO PARA A MONSANTO

Com algumas vitórias significativas no primeiro semestre de 2012, o ano prometia ser bom para as Mães de Ituzaingó e a campanha Parem de Fumigar. As Mães ganharam o processo judicial histórico contra um fazendeiro de soja e o piloto do avião fumigador, desafiando o establishment científico ao provar que os agrotóxicos poluem o meio ambiente e trazem prejuízos à saúde. Foi o primeiro caso desse tipo na América Latina (Arancibia, 2016). O grupo foi reconhecido inclusive internacionalmente: Sofía Gatica, outra das lideranças do movimento, foi premiada com o Goldman Environmental Prize, o "maior prêmio do mundo que celebra ambientalistas de movimentos de base".[138]

Contudo, assim como em 2009, o sucesso do movimento sofreu uma retaliação. Em junho de 2012, Cristina Kirchner anunciou de Washington o futuro investimento da Monsanto na Argentina: a fábrica de sementes de milho transgênico. A notícia dizia que, em reunião prévia, os executivos da Monsanto "dis-

138 "2012 Goldman Prize Winner: Sofía Gatica", Goldman Environmental Prize, disponível em: https://www.goldmanprize.org/recipient/sofia-gatica/.

cutiram com a presidenta a importância da inovação em agricultura no contexto do crescimento exponencial da demanda por alimentos nos próximos anos" e que nesse cenário a Monsanto previu "um papel fundamental para a Argentina".[139] Esse é mais um exemplo de como a aliança entre as elites empresariais e estatais promove o extrativismo e a soja GM mobilizando tanto seu poder econômico quanto discursivo. Acompanhada pelos executivos da Monsanto, a presidenta fez um discurso repleto de referências a valores culturais e simbólicos que exploram os temores malthusianos de escassez e fome mundial, o discurso da modernização ecológica de lavouras geneticamente modificadas para um desenvolvimento sustentável e o papel estratégico da Argentina como celeiro do mundo.

A fábrica da Monsanto foi projetada como uma instalação de secagem e acondicionamento para sementes de milho transgênico. O folheto da empresa previa que a capacidade da instalação era de 3,5 milhões de toneladas — uma das maiores indústrias de sementes de milho do mundo. O lugar escolhido foi a cidade de Malvinas Argentinas, um subúrbio no cinturão industrial da cidade de Córdoba, a cerca de dezesseis quilômetros do Ituzaingó Anexo.

Malvinas Argentinas é o município mais pobre da província de Córdoba. De acordo com o censo de 2010, de seus 12.187 habitantes, um quarto vive na pobreza, dois terços estão desempregados ou subempregados, e cerca de 70% não têm plano de saúde. Como outras cidades do sul periférico da cidade de Córdoba, Malvinas é cercada por campos de soja e, portanto, seus moradores também são afetados pela deriva de pesticidas. Médicos da região identificaram uma série de doenças locais características da exposição a agrotóxicos: doenças pulmonares, dermatites, tumores, cânceres, malformações congênitas e a maior taxa de abortos espontâneos do país: 22

139 "Monsanto invertirá $1.500 millones", *La Voz del Interior*, 16 jun. 2012.

para cada 100 gestações (Ruderman *et al.*, 2012). Mesmo assim, os moradores de Malvinas Argentinas não achavam que valesse a pena se mobilizar contra a poluição agroquímica — até que a Monsanto chegou à cidade.

A Assembleia Malvinas Luta pela Vida (AMLV) é uma coalizão de vizinhos que se organizou para dizer "Não à Monsanto" e interromper a construção da usina da empresa. "Por que os moradores se opuseram à construção da indústria?", perguntei a Estela, uma das integrantes da AMLV, quando a conheci em 2015. "Porque a usina vai ter 240 silos operando 24 horas por dia. As sementes dentro das silobolsas recebem um banho químico para secagem e liberam partículas poluentes que flutuam pela cidade. É um risco para a saúde — a saúde das nossas crianças." Estela tinha uma voz suave e cadenciada, uma paciência que provavelmente era resultado de trabalhar numa escola e ser mãe de dois adolescentes. "A usina", ela explicou, "fica muito perto da cidade, não chega a nem setecentos metros de distância da escola pública ou a um quilômetro da cidade. Por isso o risco de contaminação é alto."

Quando nos conhecemos, Estela falou com a confiança de uma especialista sobre o impacto dos agrotóxicos à sociedade e ao meio ambiente, mas, antes de a usina ser anunciada, ela não tinha ideia do que a Monsanto era ou fazia. E, ainda que ela soubesse sobre as fazendas rodeando Malvinas, os agrotóxicos não a preocupavam. Foi o mesmo que aconteceu com Melina, outra integrante da AMLV que eu tinha conhecido uma semana antes. Melina estava desempregada na época e nunca tinha se engajado num movimento social. Fiquei curiosa em saber como e por que esses vizinhos tinham tido esse "estalo", o momento-chave de transformação de consciência. O que os fez querer saber mais sobre o tema e se organizar num movimento? Como é que podiam estar tão perto das Mães de Ituzaingó, suportando o impacto dos pesticidas no próprio corpo e, mesmo assim, tão distantes (intelectual e emocionalmente) das consequências do modelo da soja transgênica? Será que não tinham visto o julgamento nos jornais? Não, não foi isso. Ao explicar a cronologia do movimento, Melina trouxe à tona, explicitamente, a concomitância dos eventos: o anúncio da instalação da fábrica da Monsanto em Malvinas ocorreu ao mesmo tempo que o histórico processo judicial das Mães.

"Então vocês sabiam que o julgamento estava acontecendo?", pedi a confirmação.

"Sim", respondeu Melina, "mas nunca relacionei isso à Monsanto. Eu pensava: 'puxa, pobres mulheres'. Ficava tocada por serem mulheres, as doenças, essas pobres mães."

"Mas você sabia que isso estava acontecendo também na *sua* cidade?", perguntei.

"Não. Descobri por causa do julgamento. E, assim que soube, veio a Monsanto. Até aí, para mim, a Monsanto era uma empresa de carros, de brinquedos, qualquer coisa." Quando se informou sobre a instalação da fábrica em Malvinas, Melina se deu conta de que a Monsanto "também fazia fumigações, e aí... virou aquela chave! Para mim, antes da chegada da Monsanto, Ituzaingó não tinha nada a ver comigo. Depois entendi como as lutas se entrelaçam. Para dar um exemplo, tudo o que aprendi com o julgamento de Ituzaingó, que foi um processo que não vi de perto, todo esse conhecimento foi absorvido depois em Malvinas, no nosso movimento. Muitos companheiros nos ajudaram a entender que éramos uma assembleia da Universidade Nacional e de organizações políticas, eles nos ajudaram a trabalhar nisso. Foram as brasinhas que acenderam a chama do movimento".

Como bem sabem estudiosos de movimentos sociais, as redes e trocas de experiência são fundamentais para a formação de organizações. "A própria existência de laços sociais entre pessoas potencialmente recrutáveis é um pré-requisito para o surgimento de um movimento social", escrevem Jeff Goodwin e James Jasper em seu livro de introdução aos movimentos sociais

(Goodwin & Jasper, 2003, p. 12). Para os moradores de Malvinas, especialistas científicos e profissionais da Universidade Nacional de Córdoba, como Raúl Montenegro, Mauricio Berger e Cecilia Carrizo, junto com outros movimentos — o das Mães de Ituzaingó em particular —, foram estratégicos para acender a faísca da resistência.

Estela me contou como descobriu o que era a Monsanto, em 2012. Foi numa atividade escolar organizada pelo diretor e pelo biólogo Raúl Montenegro que ela aprendeu, pela primeira vez, sobre sementes geneticamente modificadas, agrotóxicos e seus impactos na saúde e no meio ambiente. Assim como Estela e Melina, a maior parte dos membros da Assembleia de Malvinas não tinha nem conhecimento especializado sobre o impacto sanitário dos agrotóxicos nem experiência como atores políticos. Como disse Vanesa, outra integrante da AMLV, em uma entrevista para Marina Sitrin, na Telesur: "Se alguém tivesse me dito lá atrás: 'Seu futuro é esse', eu jamais teria acreditado, porque nós, da Assembleia, somos só vizinhos — estudantes, professores, donas de casa e trabalhadores" (Sitrin, 2015).

A chegada da Monsanto — como um evento concreto — foi outra chave catalisadora para a mobilização. Como os impactos dos pesticidas se manifestam lentamente ao longo do tempo, a visibilidade necessária para dar forma à indignação se torna difícil. Problemas crônicos de início lento costumam ser negligenciados, gerando pouca reação por parte das comunidades contaminadas. Mas, quando um problema se torna subitamente agudo, a exemplo de quando acontecem acidentes ou desastres, ele pode descortinar algo que já estava em andamento, tornando as pessoas mais propensas a interpretar a situação como algo pelo qual vale a pena se mobilizar (Lukes, 2006). A chegada da Monsanto, para os habitantes de Malvinas, foi exatamente esse evento súbito.

Como parte de seu repertório de contenção, os ativistas de Malvinas fizeram petições e marcharam até a capital de Córdoba, exigindo que a Monsanto cumprisse a Lei Geral do Meio Ambiente (Ley General de Ambiente).[140] Essa lei prevê que, para implementar um projeto dessa magnitude, a entidade responsável precisa submeter um relatório de avaliação do impacto ambiental, que, por sua vez, precisa ser aprovado pela comunidade. Consultas à comunidade têm sido uma iniciativa popular por justiça ambiental entre os movimentos socioambientais da América Latina (Walter & Urkidi, 2016). Ao transferir a decisão para a própria comunidade que vai sediar o projeto e que arcar com seus impactos, as consultas desafiam o poder das elites. A Monsanto, entretanto, começou as obras antes de cumprir essa parte da lei.

A construção da usina e a mobilização avançavam de forma concomitante, até que os ativistas de Malvinas resolveram elevar a ação direta e impedir a construção da fábrica no local. Bloquearam a entrada para o canteiro de obras. Primeiro por um tempo e depois permanentemente, a partir de 19 de setembro de 2013, quando começou a primavera. Com a esperança típica da estação, os vizinhos de Malvinas e seus aliados organizaram uma festa na área das obras, a Primavera sem Monsanto. Foi, nas palavras de Estela, um festival-protesto "em defesa da saúde das nossas crianças, sobrinhas e sobrinhos". Naquele dia, o bloqueio se transformou numa ocupação permanente.

Visitei a ocupação, conhecida como *el acampe de Malvinas*, em 2015, pouco antes de completar seu segundo aniversário. Os preparativos para a celebração seguiam a todo vapor. Havia cerca de quarenta pessoas. No início, o acampamento abrigava até duzentas pessoas, mas, com o tempo, foi diminuindo, e, na época em que cheguei, eles tentavam organizar um revezamento em turnos. Ainda assim, o *acampe* se manteve firme, com cerca de dez pessoas no local de forma permanente. O dia da minha visita, 1º de agosto, era especial: o dia da Pacha Mama, uma celebração

140 Para mais detalhes sobre a AMLV, ver Agosto (2014).

tradicional dos indígenas andinos em homenagem à Mãe Terra. O acampamento estava cheio de jovens que tinham vindo para as celebrações, trazendo violões, atabaques e claves de malabares.

O acampamento foi montado no portão do estaleiro da Monsanto, bloqueando estrategicamente a entrada de trabalhadores e materiais de construção. Eram barracas e construções de barro e adobe, com bandeiras e faixas penduradas ao longo de noventa metros beirando a estrada. Ao redor, por proteção, uma pilha de pneus velhos e fileiras de arame farpado, remanescentes dos primeiros dias da ocupação, quando a violência foi usada para tentar tirar os ativistas à força. O dia da minha visita estava calmo, a sensação de uma ocupação já estabilizada. Já se via do portão que a usina da Monsanto estava abandonada (figura 17). Vigas de aço enferrujadas saíam do concreto inacabado. Não havia movimento algum: nem trabalhadores, nem placas, nem máquinas, nem materiais de construção. Apenas sinais de uma obra interrompida.

Na entrada do acampamento havia uma estrutura de barro e adobe chamada de *Puesto Camiones*. Fazia as vezes de cozinha: prateleiras com comidas secas e um tambor de aço, no qual, no fogo, dois jovens cozinhavam o que parecia ser um delicioso refogado de legumes. Havia outras estruturas de barro e adobe no acampamento, incluindo uma biblioteca e um espaço amplo para reuniões e trabalho, cheio de mesas compridas e cadeiras brancas de plástico, conhecido como *Puesto Amaranto*. No coração do acampamento, havia uma grande tenda feita de paus e folhas de plástico, um espaço de encontro com cadeiras e troncos para as pessoas se sentarem. Estava cheia de bandeiras, faixas e pinturas que anunciavam, em diferentes formas e cores, "Não para Monsanto" e "Sim para a vida". Uma grande pintura chamou minha atenção. Era uma paródia da *American Gothic*, a obra famosa de Grant Wood de um casal quaker com um semblante bem sério, mas nesse caso os fazendeiros eram cadáveres, e um avião fumigador sobrevoava ameaçadoramente (figura 18).

O acampamento era um espaço para alianças, um espaço onde as lutas se entrelaçavam, como disse Melina. Sob o teto do *Puesto Amaranto*, ativistas, jornalistas, cineastas e acadêmicos da Argentina e de outras partes do mundo se encontravam para aprender uns com os outros e ajudar a dar visibilidade global para a luta contra a Monsanto.[141] A lista é longa: as Mães de Ituzaingó e parceiros da Universidade Nacional de Córdoba, os membros das muitas assembleias ambientais de todas as partes da Argentina, jornalistas da BBC Mundo e da Telesur, o diretor da Avaaz (uma rede global on-line de ativistas), o cantor Manu Chao, indígenas do Equador e da Argentina, Adolfo Pérez Esquivel (ganhador do prêmio Nobel da Paz), Marie-Monique Robin (diretora do filme *O Mundo segundo a Monsanto*), a ativista e acadêmica indiana Vandana Shiva e muitos mais.

Como um espaço de alianças, no entanto, o acampamento também gerou divisões, principalmente entre os habitantes de Malvinas. Apesar de a ocupação ter sido feita pela AMLV e seus aliados, com o tempo, à medida que recebia gente de todos os lugares, os moradores começaram a perder o engajamento. Junto com ativistas famosos, vieram também jovens urbanos atraídos pela luta. "Hippies contemporâneos, veganos, muitas figuras", descreveu uma das ativistas da AMLV. Com um murmúrio e uma virada de olhos para cima, um segundo integrante da AMLV confirmou a observação. "Tem cada louco...", comentou ele, entre dentes cerrados. Ao mesmo tempo que a presença de pessoas de fora trouxe visibilidade e ajudou o movimento (já que proveu a quantidade de pessoas necessária para segurar a ocupação), também criou uma barreira para a participação de alguns residentes de Malvinas.[142] Apesar dessas questões, depois de cinco anos de luta, o povo de Malvinas Argentinas

141 Entrevista com Cecilia Carrizo e Mauricio Berger, pesquisadores da Universidade Nacional de Córdoba, agosto de 2015.
142 Para conferir uma situação similar, ver Bell (2016).

Figura 17 — A fábrica abandonada da Monsanto, Malvinas Argentinas, Córdoba. Foto da autora.

Figura 18 — Paródia anônima da obra *American Gothic*, de Grant Wood, com fazendeiros como cadáveres sendo pulverizados por um avião fumigador, na ocupação da fábrica da Monsanto. Foto da autora.

colheu uma vitória de Davi sobre Golias: em 2017 a Monsanto vendeu o terreno e foi embora da cidade.[143]

O que as Mães de Ituzaingó, a campanha Parem de Fumigar e a AMLV têm em comum? Todas representam lutas de base, de pessoas da comunidade auto-organizadas, preocupadas com os riscos do uso de agrotóxicos à saúde e ao meio ambiente. Durante meu trabalho de campo, conheci mães, estudantes, advogados, médicos, donas de casa, desempregados e trabalhadores do setor de serviço que participavam dessas organizações e assembleias. Muitos se identificavam como "cidadãos" ou "vizinhos" (vários usando o "x" para uma linguagem inclusiva de gênero, como vizinhxs) e ressaltavam sua condição de "auto-organizados" para fazer uma diferenciação explícita entre seu ativismo e as agendas de partidos políticos. Ainda que todos vivessem perto das fazendas de soja (e, no caso dos habitantes de Malvinas, também perto da usina que emanava fumaça agroquímica), nenhum dependia economicamente da agroindústria. Além disso, embora muitos membros do movimento fossem de comunidades pobres da classe trabalhadora, a aliança com especialistas profissionais e científicos trouxe os recursos necessários para a mobilização (McCarthy & Zald, 1977; Brown, 1992, 2007; Brown & Mikkelsen, 1997).

Os grupos também compartilham uma preocupação com a saúde das crianças, um dos principais catalisadores da mobilização contra os agrotóxicos, e de vários outros movimentos por justiça ambiental pelo mundo, nos quais as mulheres costumam estar na linha de frente (Bell, 2016, 2013; Brown & Ferguson, 1995; Krauss, 1993; Levine, 1982; Toledo, Garrido & Barrera-Bassols, 2015). E, claro, na Argentina, as preocupações sobre os riscos à saúde decorrentes da deriva de pesticidas não se restringem aos Pampas; se espalharam por todo o território da soja.

143 "Conflictos socioambientales: Monsanto en Malvinas, una insignia", *La Voz del Interior*, 23 abr. 2017.

Em Las Palmas e La Leonesa, no norte da província do Chaco, vizinhos organizaram um protesto contra a pulverização de glifosato (Aranda, 2015). Pablo Lapegna (2016, p. 89-92) conta como camponesas no norte da província de Formosa organizaram uma manifestação depois que um incidente de contaminação nas fazendas afetou a saúde dos seus filhos.

MOVIMENTOS CAMPONESES NA REGIÃO NORTE DO CHACO

No norte do país, a mobilização contra a soja transgênica é protagonizada pelos povos indígenas camponeses. A irrefreável expansão da produção de soja transgênica empurrou a fronteira agrícola para além da região dos Pampas, ao norte, entrando nas províncias de Chaco, Formosa, Santiago del Estero e Salta. É lá que as monoculturas de soja GM cobram seu preço mais alto.

O norte do Chaco tem o maior ecossistema florestal e o maior reservatório de biomassa da Argentina e da América do Sul extratropical (Gasparri, Grau & Manghi, 2008). *El monte*, como a população local chama a floresta, está sendo rapidamente destruído pela derrubada de árvores e pelo fogo utilizado para limpar a terra, dando lugar a plantações mecanizadas em larga escala e à pecuária. No *State of the World's Forests 2016* [Estado das florestas do mundo, 2016], relatório periódico da FAO, a Argentina desponta em primeiro lugar no ranking de desmatamento da América do Sul e do mundo (FAO, 2016).

Esse processo nas províncias do Norte começou muito antes da expansão da soja, fato repetido pelos defensores da biotecnologia transgênica para desviar as críticas (Trigo, 2011). Muitos autores concordam, no entanto, que a taxa de desmatamento se *acelerou* com a introdução da soja transgênica (Gasparri, Grau

& Manghi, 2008; Paolasso, Krapovickas & Gasparri, 2012; Pengue, 2005). Um relatório do governo também aponta a expansão das monoculturas de soja GM na Argentina como o principal impulsionador da depredação florestal nas últimas décadas e afirma que essas são as maiores taxas de desmatamento da história da Argentina (Montenegro *et al.*, 2004, p. 4). Entre 1998 e 2008, 1,7 milhão de hectares de florestas nativas foi derrubado nas províncias de Salta, Santiago del Estero, Chaco e Jujuy. A Lei Florestal, aprovada em 2007 para proteger a floresta nativa, não conseguiu diminuir o ritmo do desmatamento (Usdef, 2008). Na Argentina, assim como no Brasil, no Paraguai e na Bolívia, a expansão das lavouras comerciais (em especial de soja) e da pecuária continua sendo o principal motor do desmatamento (FAO, 2016; De Sy *et al.*, 2015). Este, por sua vez, é um dos mais importantes causadores das mudanças climáticas, fato que contraria o discurso hegemônico dos transgênicos como desenvolvimento sustentável (Blanco *et al.*, 2014).

A expansão da fronteira agrícola também ameaça a existência e os modos de vida dos habitantes rurais, muitos dos quais indígenas e camponeses. "Vivemos isso, a invasão da fronteira pelo agronegócio, pela soja, pelos transgênicos", me disseram os líderes do Movimento Camponês de Santiago del Estero (Mocase), quando eu os entrevistei em sua sede em Quimilí, em agosto de 2011. "É uma ameaça permanente ao nosso território, às terras das comunidades indígenas camponesas: a poluição ambiental dos produtos do pacote tecnológico que vem com os transgênicos, a ameaça à biodiversidade, a perda das nossas sementes, a criminalização da luta que defende o território" (Leguizamón, 2016b, p. 686).

O Mocase é o maior e mais importante movimento camponês da Argentina (Barbetta, 2005). Os camponeses de Santiago del Estero começaram a se organizar no fim dos anos 1970, em reação às remoções forçadas feitas pelo agronegócio. O Mocase foi criado na década de 1990, no auge da reestruturação neoliberal argentina. O grupo é membro ativo de articulações nacionais, regionais e internacionais: do Movimento Nacional Camponês Indígena (MNC), da Coordenação Latino-Americana de Organizações do Campo (Cloc) e da transnacional Vía Campesina (Mocase, 2017).

O Mocase faz parte de uma nova onda de ativismo indígena na Argentina, que começou no fim dos anos 1980 e ganhou visibilidade nacional em 1992, com protestos contra os quinhentos anos do "descobrimento" da América por Colombo (Gordillo & Hirsch, 2003; Teubal, 2009). A década de 1990 foi marcada por conflitos e mobilizações pela terra, de Neuquén, no Sul, liderados pelos Mapuche, até Salta e Jujuy, no Norte, protagonizados pelos Kolla, Toba e Wichí. Muitos desses conflitos ganharam visibilidade nacional. Em 1998, por exemplo, o *Clarín* publicou uma matéria sobre a resistência de membros do Mocase a um despejo feito por um empreendimento do agronegócio. Foi a primeira reportagem sobre a luta camponesa publicada em um veículo grande desde a redemocratização, em 1983 (Barbetta, Domínguez & Sabatino, 2012). Essas mobilizações lançaram luz sobre grupos étnicos que eram invisibilizados e marginalizados desde a campanha de "conquista do deserto" nos anos 1870 (ver capítulo 1) (Gordillo & Hirsch, 2003; Barbetta, Domínguez & Sabatino, 2012). A vitória institucional veio com a inclusão dos direitos indígenas na Constituição da Argentina de 1994 (artigo 75, seção 17), garantindo o respeito às suas línguas e culturas, a posse coletiva das terras ocupadas tradicionalmente e o direito de participação nos processos de tomada de decisão quanto a seus recursos naturais. Essa reforma constitucional abriu a possibilidade de reivindicar legalmente o controle sobre terras invadidas pela expansão do agronegócio (Collado, 2015).

Cerca de nove mil famílias compõem o Mocase, e a maioria delas corre risco de despejo. Assim, a meta mais importante e urgente do movimento, como suas lideranças me disseram, "é que as famílias permaneçam em suas terras". Para obter títulos fundiários e assegurar a proteção de famílias que por gerações vivem no mesmo terreno, a entidade move ações na Justiça exigindo a garantia dos direitos constitucionais indígenas à propriedade comunal. Ela também recorre à chamada Lei Bidecenal (Ley Veinteañal), legislação que garante o direito à propriedade para pessoas que tenham vivido e trabalhado em território rural por vinte anos ou mais.[144]

"O Código Argentino diz que para possuir um terreno a pessoa precisa cumprir duas condições", explica Cariló, membro do Mocase, no documentário sobre o movimento, filmado em 2012 e intitulado *Toda esta Sangre en el Monte*. "A primeira é ter o título de propriedade. E a segunda é ter, efetivamente, a posse. No caso de empresários, o que eles têm é o título de domínio. O que lhes falta é a propriedade efetiva", continua ele. Empresários do agronegócio que podem nunca ter pisado naquele estado (a maior parte é de Córdoba e Salta) compram terra em Santiago del Estero para produzir soja.[145] O conflito explode porque a terra, efetivamente, é ocupada por famílias camponesas. Com os títulos de terra em mãos, os forasteiros mandam cercar o terreno. "Esse é o significado da cerca", diz Cariló. "O perímetro da cerca implica a posse do empresário que adquiriu o domínio." Ao cercar bens comuns, o arame farpado e as cercas se tornam, assim, tecnologias de acumulação por espoliação (Akram-Lodhi, 2007; Cáceres, 2015).

Despejos de terra são, via de regra, forçados e violentos (Aranda, 2015; Lapegna, 2016). Para impedir empresários de cercar lotes e desalojar pessoas que ali já viviam, membros do Mocase colocam seus corpos na linha de frente em defesa de

144 "De acordo com o Código Civil Argentino (artigos 4.015 e 4.016), qualquer pessoa pode reivindicar a propriedade da terra depois de vinte anos de ocupação ininterrupta e uso efetivo" (Cáceres, 2015, p. 14).
145 Entrevista com um corretor de imóveis, Santiago del Estero, ago. 2011.

suas casas e terras. Muitos que tentaram evitar reintegrações de posse foram assassinados por seguranças privados contratados por ruralistas. As mortes de Cristian Ferreyra, em 2011, e de Miguel Galván, em 2012, são apenas duas das mais conhecidas (Lapegna, 2013). Assim, a violência é uma estratégia importante usada por atores corporativos para desapropriar camponeses de suas terras e reprimir o ativismo. É bastante desigual a relação de poder para resistir ao agronegócio. A Rede Agroflorestal Chaco Argentina (Redaf) documentou 224 conflitos de terra em 2013, com 2,8 milhões de hectares em disputa na região norte do Chaco. Esses conflitos afetaram cerca de dezoito mil famílias indígenas e camponesas, quase metade delas vivendo em cinquenta hectares ou menos (Redaf, 2013, p. 42-3).

Depois da crise de 2001 e em meio ao boom da soja, vários movimentos camponeses se fortaleceram com a onda de agitação social pelo país. "Movimentos que têm foco na terra entraram em cena como um dos muitos que rejeitam o programa neoliberal em suas várias facetas", explica Patricia Collado (2015, p. 127). Junto com o Mocase na luta pela terra estão os movimentos camponeses de Formosa (Mocafor), de Jujuy (Mocaju) e outros que compartilham a causa e compõem também a articulação nacional (MNCI) e a Vía Campesina. O que todos têm em comum é o discurso contra o extrativismo e o desejo de um projeto alternativo para as relações entre sociedade e meio ambiente. O Mocase está liderando a luta por uma agenda de reforma agrária, justiça ambiental, agroecologia e soberania alimentar (Barbetta, Domínguez & Sabatino, 2012).

DESVIAR, DESLEGITIMAR, DESMOBILIZAR

Os apelos de ativistas contrários à soja GM para proteger vidas e meios de subsistência são urgentes e louváveis. No entanto, atores corporativos e estatais que colhem os benefícios da soja GM se recusam a ouvi-los. Quais são as barreiras que impedem lutas locais e de base de alcançar transformações em grande escala? Como tenho argumentado ao longo deste livro, atores poderosos criam obstáculos entre mobilizações menores e mudanças sociais significativas.

Uma grande barreira que os ativistas antiagrotóxicos enfrentam é mobilizar residentes do território para se juntar ao movimento.[146] As organizações são pequenas numericamente, e os ativistas expressam a dificuldade de trazer vizinhos para engrossar a luta. Uma das principais questões que dificultam a transformação da consciência e a construção da solidariedade — fatores que levam à participação — é, como vimos, o vínculo econômico e ideológico entre as cidades rurais e a produção de soja. Em outras palavras, o enquadramento proposto pelos ativistas não encontra ressonância na "cultura econômica" (Schurman & Munro, 2010; 2009). Como demonstrei, afirmações de moradores de que "todos vivem do campo" apontam para a dependência cultural e econômica com a produção agrária capitalista em geral e, neste momento, em particular com a soja. Como disseram Nicolás e Micaela, do Parem de Fumigar, de Córdoba, em uma "típica cidade da soja" como Río Carlo é difícil trazer outros vizinhos porque "a cidade vê progresso no campo", o que afeta a visibilidade do problema, necessária para a transformação de consciência. Em um lugar onde a maioria das famílias historicamente depende da agricultura comercial e

146 Assim como em Bell (2016).

onde, nas palavras de Nicolás, "sabemos que não podemos tocar na questão do lucro" (o que significaria exigir dos fazendeiros que a busca do lucro deixe de ser o parâmetro para a tomada de decisões), o potencial para angariar pessoas, bem como para a transformação, é limitado.

Em áreas periurbanas como Ituzaingó Anexo e Malvinas Argentinas, embora não haja uma dependência exclusiva da produção agrícola, a necessidade econômica também sufocou a mobilização (Auyero & Swistun, 2009; Bell, 2016; Gaventa, 1982; Gould, 1993, 1991). Em Malvinas, a fábrica da Monsanto prometia quatrocentas vagas para uma comunidade desesperada por emprego. Isso colocou vizinhos contra ativistas, já que muitos residentes apoiavam a construção, que prometia fornecer postos de trabalho muito necessários. Como uma estratégia para acirrar a divisão entre a comunidade, a Monsanto, por meio de uma ONG chamada Inclusión Social, criou um programa de treinamento profissional. De acordo com Melina, representantes da ONG batiam na porta das pessoas e perguntavam: "Então, no que você está interessado em trabalhar? Temos cursos de capacitação para formar técnicos de celular, padeiros, encanadores, costureiros...". Melina relatou, imitando o tom exaltado de marketing do representante da ONG, que, se alguém demonstrasse interesse, ele dizia: "O que queremos é formar, desenvolver a habilidade das pessoas, porque o que nos falta é emprego e capacitação. Você sabia que vai chegar uma indústria nova na cidade?".

"E então", ela continuou na sua voz normal, "se você dizia que não, respondiam (mais uma vez em tom paternalista): 'Ah, você não sabia que a Monsanto está vindo para a cidade?'." De repente, Melina parou de sorrir e ficou indignada: "E então, logo em seguida, sacavam um panfleto! Junto com o folder da ONG e o formulário de inscrição do curso, eles entregavam um da Monsanto! Que dizia como a empresa era uma boa, que traria prosperidade para a cidade, bem, toda aquela coisa". Chamado de programa de responsabilidade social corporativa (ou *corporate social responsibility* — CSR), essa é uma estratégia empresarial comum para comprar da população local a condescendência com projetos extrativistas.[147] Outros empreendimentos do agronegócio prosperaram desse jeito (e porque as pessoas precisam trabalhar). Quando visitei Malvinas Argentinas em 2015, a Bimbo (a maior empresa de panificação do mundo, segundo seu site nos Estados Unidos), planejava inaugurar um estabelecimento na cidade. Ativistas da AMLV apoiaram a construção da fábrica por causa da potencial criação de empregos. Assim como a Monsanto, a Bimbo é outra representante corporativa da concentração da produção de alimentos. Para se ter uma ideia, a Bimbo é detentora de metade do mercado de pães dos Estados Unidos. A empresa é uma locomotiva da agroindústria (Howard, 2016). Isso só mostra como serão limitadas as demandas da população enquanto ela estiver estruturalmente reprimida pelas altas taxas de pobreza e desemprego.

As elites políticas se aproveitam das necessidades materiais das pessoas afetadas por seus empreendimentos para obter consentimento, principalmente por meio da implementação estratégica de programas sociais, como os subsídios de transferência de renda do governo Kirchner, seja com a promessa de efetivá-los, seja com a ameaça de retirá-los. Estudando o motivo pelo qual camponeses de Formosa se mobilizaram em 2003 e não em 2009, depois de dois eventos parecidos de exposição a agrotóxicos, Lapegna mostra como redes de clientelismo causam desmobilização e aceitação. Sua pesquisa também ressalta como há mais nuances na relação entre camponeses e cultivos transgênicos do que os líderes dos movimentos sugerem. No caso dos membros do Mocafor em Formosa, objeções aos transgênicos surgiram não relacionadas à tecnologia em si, mas

147 "How Gold Mining Companies Stifle Opposition in Peru", *Nacla*, 7 ago. 2018.

contra o impacto negativo na sobrevivência diária, em especial porque os agrotóxicos adoecem seus filhos, seus animais e matam suas plantações (Lapegna, 2016).

Para que mudanças sociais aconteçam, as pessoas precisam se organizar em ações coletivas, *e o Estado* precisa responder favoravelmente às demandas de ativistas, aprovando leis, políticas ou regulamentações que atendam aos seus apelos (Konefal, 2018, p. 258-9). Em alguns momentos, os governos Kirchner pareceram sensíveis às reivindicações de ativistas, notadamente quando Cristina Kirchner instruiu o Conicet a formar uma comissão nacional sobre os impactos dos agrotóxicos à saúde, em 2009. No entanto, o que o governo fez foi usar o relatório para promover a dissidência e contestar as alegações de ativistas contrários aos agrotóxicos. Por quê? O poder político numa democracia precisa de legitimação, ou seja, para manter sua autoridade, o Estado precisa assegurar o apoio da população (Habermas, 1973 [2002]). Quando a oposição cresce, o Estado precisa apresentar caminhos para que a sociedade civil expresse seu descontentamento e, assim, mostrar que responde às demandas dos cidadãos. Por meio daquilo que David Meyer (2014, p. 2) chama de "perspicácia paradoxal" de governos democráticos, o sistema político propaga a dissidência ao abraçá-la. É mais fácil administrar a dissidência, fornecendo caminhos para que ela venha à tona, do que esmagá-la com violência.

Para que mudanças sociais ocorram, o mais importante que o Estado pode fazer é promulgar leis. A despeito das reivindicações de ativistas, no entanto, o governo argentino ainda não aprovou nenhuma lei federal que proíba fumigação de glifosato dentro dos limites das cidades; o Senasa continua classificando o glifosato como de baixa toxicidade; e as novas variedades de sementes transgênicas estão em processo de aprovação. O problema é que, além da legitimação, o Estado capitalista precisa dar conta de outra função primordial: a acumulação (Habermas, 1973 [2002]; Konefal, 2018). Assim, o Estado busca políticas que promovam o crescimento econômico necessário para sua própria reprodução e para angariar apoio das empresas e da sociedade civil, que se beneficiam da provisão de bens e serviços públicos (Schnaiberg, 1980). No entanto, ativistas miram as tecnologias de produção que sustentam a acumulação e a própria lógica do crescimento (Shriver, Cable & Kennedy, 2008). A mobilização contra a soja transgênica encontra essa resistência tão forte porque está atacando a base do poder político e econômico do Estado.

Para reprimir a oposição, as elites do poder têm utilizado uma estratégia muito eficaz: a exigência de que as comunidades contaminadas apresentem provas dos danos sofridos, transferindo a culpa e a responsabilidade para as vítimas (Brown, 2007). Mães da classe trabalhadora com filhos doentes foram forçadas a provar a relação entre as fumigações e as enfermidades, em vez de, seguindo o princípio da precaução, as corporações que desenvolvem e lucram com essas tecnologias serem obrigadas a testar completamente os impactos de potencial prejudicial *antes* de lançá-las. Leigos precisaram virar especialistas em aspectos químicos, biológicos e sanitários de agrotóxicos e sementes geneticamente modificadas, e em questões legais, como leis, portarias e processos judiciais. Esse processo de aprendizagem longo e exaustivo aconteceu ao mesmo tempo que passeatas eram organizadas, tomando os corredores de secretarias e ministérios da Saúde, esperando respostas oficiais para suas demandas, depois de longas jornadas de trabalho combinadas com o cuidado de familiares, alguns deles doentes. Essas demandas intelectuais, físicas e emocionais são muito pesadas e derrubam muita gente (Brown, 2007; Brown & Mikkelsen, 1997; Levine, 1982). "A gente ri assim porque a vida já é muito cansativa", comentou Vita depois de uma piada que fez as Mães zombarem umas das outras. "É", concordou Marcela, "precisamos ter um pouco de humor... Muitas vezes já pensei em desistir. É trabalho, família, um monte de coisas do dia a dia, e ainda mais isso [referindo-se ao ativismo]. Demanda muito tempo e muita energia". Norma meneou a cabeça: "Sim, às vezes é muito pesado". Como socialmente as mulheres costumam ficar encarregadas do cuidado das crianças e da família, pesquisadores descrevem que ativistas muitas vezes vivem uma "tripla jornada" de trabalho: o remunerado, o doméstico e o político (Auyero & Swistun, 2009, p. 17; Motta, 2013). Essa é uma das maneiras como o gênero estrutura a distribuição desigual do fardo da injustiça ambiental.

Forçar ativistas a esperar eternamente e negligenciá-los com longos procedimentos burocráticos são boas estratégias para protelar, cansar e fazer com que abandonem a luta. A Lei 26.210 prevê a proteção contra despejos forçados até a realização do censo das terras indígenas. Foi sancionada em 2006 e apresentada pelo governo Kirchner como parte das "reparações históricas" aos povos indígenas. No entanto, a lei só foi parcialmente implementada, e o censo, nunca concluído.[148] Em 2012, depois dos assassinatos das lideranças Ferreyra e Galván, o movimento camponês fez manifestações em Buenos Aires para exigir a sua urgente implementação (Lapegna, 2016, p. 29). Com os incessantes conflitos de terra e a violência contra os camponeses, os ativistas foram forçados a exigir extensões das proteções oferecidas por essa legislação, agora conhecida como Ley Cristian Ferreyra. Esses adendos expiraram novamente em novembro de 2021, quinze anos depois da promulgação da lei, sem sinais nítidos da vontade do Estado em aplicá-la.[149]

As Mães de Ituzaingó esperam há quinze anos que suas demandas sejam atendidas. Elas continuam reivindicando

148 "Hecha la ley, hecho el desalojo", *Página 12*, 22 ago. 2011.

149 "El gobierno oficializó la prórroga de la ley que suspende el desalojo de tierras indígenas", *Infobae*, 23 nov. 2017; "En el nombre de la Ley (26.160)", *Al Márgen*, 12 jul. 2018. [Em 17 de novembro de 2021, o presidente argentino Alberto Fernández prorrogou mais uma vez a Lei 26.160, agora válida até 2025. — N.E.]

tratamento médico para os afetados no bairro, porque o centro de saúde de Ituzaingó, apesar de "promessas e mais promessas" de políticos, como elas me contaram, recebe cada vez "menos e menos investimentos". Elas esperaram cinco anos até a Suprema Corte ratificar, em 2017, a pena suspensa de três anos para o fazendeiro e o piloto do avião fumigador, acusados no histórico julgamento de 2012 por pulverizações que datam de 2004 (Cabral, 2017). E seguem aguardando e exigindo o início do processo criminal (que elas chamam de *causa madre*, caso original). Diferentemente do julgamento de 2012, em que a sentença foi dada pela violação de uma portaria civil, esse chamado é para um julgamento para condenar o fazendeiro e o piloto por poluição ambiental intencional e estabelecer uma relação direta das fumigações com as doenças e mortes em Ituzaingó Anexo.

Mas pessoas doentes não podem esperar. Foi o que alertou Vita em uma entrevista de 2017 para a *Ecos Córdoba*, durante a manifestação de aniversário de seus quinze anos de luta.[150] Em referência aos anos de espera pelo julgamento da *causa madre*, um jornalista perguntou: "Vocês estão sendo pacientes?". Vita rebateu: "Não, não temos paciência. Veja, aqueles que eram demandantes em 2002, a maioria já morreu. Então você não pode ter paciência se sabe que está com câncer. O tempo joga contra as pessoas. Nosso tempo não é o tempo do sistema judiciário". Ao não oferecer serviços médicos a quem tanto necessita e empurrar sempre para a frente o início do julgamento, aqueles que estão no poder semeiam o dissenso, literalmente esperando que os ativistas morram.

A mobilização de cientistas para contestar as alegações de militantes também é outra tática comum para alimentar a divisão. A ciência se apresenta como uma verdade objetiva e neutra,

150 "15 años de las Madres de barrio Ituzaingó Anexo: lucha y espera", *Agencia de Noticias RedAcción*, 23 mar. 2017, disponível em: https://www.anred.org/?p=63108.

e espera-se que leigos acreditem cegamente nesses profissionais, baseando-se em nada mais do que nas suas credenciais (Brown, 2007; Cable, Shriver & Mix, 2008; Kinchy, 2012). Negar o problema com base em evidência científica é uma das melhores maneiras para silenciar ativistas e desestimular qualquer ação por parte dos demais. Nos Estados Unidos, os negacionistas das mudanças climáticas usam essa tática para impedir ações, e ela tem sido empregada também em casos de denúncia às indústrias do chumbo, do amianto e do tabaco (Norgaard, 2011; Oreskes & Conway, 2011). O Estado argentino a utiliza por meio de experientes instituições de defesa, entre as quais estão o Conicet e o Senasa, como expliquei. Norberto Yauhar, ministro da Agricultura do governo de Cristina Kirchner, ilustrou essa negação institucional. Em entrevista para a Al Jazeera, ele disse: "Não colocamos nossa população em risco. A Argentina tem uma das salvaguardas ambientais mais rigorosas do mundo, graças a restrições rígidas sobre fertilizantes e pesticidas".[151]

Aqueles que ousam questionar a suposta prova científica da segurança dos agrotóxicos ou das sementes transgênicas são demonizados. Caracterizá-los como fanáticos anticiência ou ignorantes contra o progresso e o desenvolvimento é outra estratégia de desmobilização bastante utilizada (Kinchy, 2012). Para desmerecer as Mães de Ituzaingó, funcionários públicos recorrem a insultos estereotipados de gênero, chamando-as de histéricas, irracionais e donas de casa ignorantes (Carrizo & Berger, 2008; Leguizamón, 2019). Para silenciar camponeses, as elites do mercado e do Estado e seus especialistas aliados costumam fazer uso do discurso civilizador colonial, bradando insultos racistas (Gordillo, 2016). "Eles dizem que os camponeses não sabem como organizar os recursos para produzir, que são negros, pobres, atrasados", descreve Cariló, do Mocase, no

151 "Argentina: The Bad Seeds — People & Power" [vídeo], 14 mar. 2013, disponível em: https://youtu.be/JxATngnqgv8.

documentário *Toda esta Sangre en el Monte*, ao falar de políticos e empresários que promovem o modelo do agronegócio. Lapegna (2016, p. 92-4) narra como membros do Mocafor são desrespeitados e ignorados por agentes de saúde que os chamam de "sujos" e que diagnosticam as erupções cutâneas, as dores nos olhos e na garganta decorrentes da exposição aos pesticidas como consequência da "falta de higiene adequada" e "das roupas que usam", propondo que se lavem com água e sabão de soda cáustica.

Os líderes da elite estatal-corporativa repetem em alto e bom som o discurso de que os ativistas são "antidesenvolvimento". Gustavo Grobocopatel, CEO da Los Grobo, disse em uma entrevista que "pessoas que são contra os pesticidas estão contra o povo pobre. A agricultura precisa de muitos pesticidas para poder produzir mais. Ao produzir mais, você reduz o custo, o preço da comida diminui e, assim, muito mais pessoas pobres conseguem comer".[152] Lino Barañao, ministro da Ciência e Tecnologia de 2007 a 2009, negou as descobertas de Andrés Carrasco e foi quem verbalizou a famosa frase de que "glifosato é que nem água com sal".[153] Em 2018, Barañao disse que "a diferença entre um ecologista e um ambientalista é a mesma que entre um *sommelier* e um vinho" e, então, convocou a sociedade para uma "batalha contra fundamentalistas".[154] Essa declaração representa

152 "Argentina: The Bad Seeds — People & Power" [vídeo], 14 mar. 2013, disponível em: https://youtu.be/JxATngnqgv8. A citação foi ligeiramente editada, já que Grobocopatel falou em inglês e não em seu espanhol nativo.

153 "Ministro & Modelo", *Lavaca*, 11 dez. 2015, disponível em: http://www.lavaca.org/mu95/ministro-modelo/. Lino Barañao foi indicado ao cargo de ministro da Ciência e Tecnologia em 2007 por Cristina Kirchner. Foi um dos poucos a fazer a transição para o governo de Mauricio Macri. Seu mandato terminou com o de Macri, em dezembro de 2019. Ver "Barañao y Robledo: dos ministros de ciencia se van", *La Voz del Interior*, 5 dez. 2019.

154 "La ciencia argentina llama a una batalla contra los fundamentalismos", *La Gaceta*, 11 abr. 2018.

um chamado ao establishment científico argentino para disciplinar e punir ativistas socioambientais que ousem desafiar a política econômica do extrativismo.

Por último, mas com certeza não menos importante, a maior estratégia para desmobilizar ativistas é o uso da violência. Ativistas de Malvinas lembram de várias ocasiões em que a repressão foi usada para removê-los à força e acabar com a ocupação do canteiro de obras da Monsanto. A primeira delas, em especial, é inesquecível. Era 30 de setembro de 2013, a ocupação existia há apenas alguns dias. Sofía Gatica, uma das Mães de Ituzaingó e uma aliada da AMLV, recorda esse dia: "Os problemas tinham começado três dias antes, com o sindicato dos trabalhadores da construção. Alegaram que as pessoas estavam sendo demitidas e que o sindicato estava ali para defendê-las. Chegaram invadindo e empurrando, quebrando barracas e bandeiras". A violência se intensificou: "Então chegou a polícia, a infantaria, desfizeram a trincheira de pneus, quebraram as bandeiras e, então, a gente se defendeu. Isso porque os caminhões com materiais de construção estavam chegando. Mas dissemos que eles não iam entrar, que a Monsanto não ia seguir com as obras". Para acabar com aquilo, Sofía e outras duas mulheres se deitaram na frente dos caminhões. Essa imagem é um espelho da luta por justiça ambiental em Warren County, na Carolina do Norte, em 1973, quando manifestantes se deitaram em frente dos caminhões-caçamba para impedir que levassem solo contaminado com PCB para o aterro local. Entretanto, dessa vez não durou muito. "A polícia me levantou e me jogou no asfalto", continua Gatica. "Eles me bateram cinco ou seis vezes. Fui parar no pronto-socorro por causa da tontura e da dor" (Agosto, 2014, p. 36-7).

Famílias camponesas também sofrem o impacto da violência. Elas precisam lidar com ameaças, com a realidade dos despejos forçados e com a violência que faz parte desse pacote, já que empresários do agronegócio, com o apoio de seus aliados no governo, chegam a ponto de matar camponeses que ousam impedir as remoções. Essa é uma das principais estratégias para desalojar pessoas e reprimir oposições, uma herança do projeto colonizador do século XIX. É um destino que camponeses e indígenas compartilham com membros de outros movimentos socioambientais na América Latina, que está se tornando uma das formas mais perigosas de ativismo.[155]

155 "New Data Reveals 197 Land and Environmental Defenders Murdered in 2017", *Global Witness*, 2 fev. 2018.

CONCLUSÃO

— Com o que foi que ele se intoxicou?

Carla fez de novo o gesto com o ombro.

— Isso acontece, Amanda, estamos numas terras rodeadas de plantações. Vira e mexe morre um, e quando alguém se salva também fica esquisito. A gente cruza com essas pessoas na rua, e quando aprende a reconhecê-las fica surpreendida com a quantidade que há.

— Samanta Schweblin, *Distância de resgate*

Em 2014, a escritora argentina Samanta Schweblin publicou *Distância de resgate*. O livro foi traduzido para o inglês como *Fever dream* e pré-selecionado para o prestigiado International Man Booker Prize em 2017.[156] Schweblin conta a história de Amanda, uma mãe urbana que passa as férias de verão no campo com a filha, Nina, enquanto o marido fica trabalhando na cidade e vai visitá-las nos fins de semana. A família é de Buenos Aires, a cidade do "barulho, da fuligem, do congestionamento de quase todas as coisas"; e a área rural é nos Pampas, onde "os campos de soja se estendem pelos lados" e "tudo é muito verde, um verde

156 Para resenhas de *Distancia de rescate*, ver "Fever Dream by Samanta Schweblin Review —Terrifying but Brilliant", *The Guardian*, 24 mar. 2017; "Samanta Schweblin's Blistering Debut Novel", *The Economist*, 22 abr. 2017; "The Sick Thrill of 'Fever Dream'", *The New Yorker*, 4 jan. 2017.

perfumado" (Schweblin, 2017, p. 93 [2016, p. 76]). Amanda, descobrimos, está deitada na cama de um pronto-socorro, falando em meio ao delírio de uma febre. Seu interlocutor é David, filho de Carla. Por que Amanda está doente? Por que David também está doente, com o rosto e o corpo cobertos por manchas brancas e a personalidade alterada? O que explica que pássaros e cavalos estejam morrendo misteriosamente, e por que as crianças que moram ali, como David e Abigail, estão doentes ou vivendo com malformações severas? Sobre Abigail descobrimos que "uma de suas pernas é muito curta, como se não se estendesse muito além do joelho, mas mesmo assim tivesse um pé" e "sua testa enorme [...] ocupa mais da metade da cabeça" (Schweblin, 2017, p. 50 [2016, p. 45]). David nos explica que as respostas estão "nos vermes" (Schweblin, 2017, p. 1-2 [2016, p. 9]).

A reverberação entre o livro de Schweblin e o meu é impressionante. Assim como as mulheres de Santa María do capítulo 3, que percebem os potenciais danos da pulverização de agrotóxicos mas mantêm seus incômodos velados, as personagens da história de Schweblin também sabem que estão "num campo cercado de plantações" e que a intoxicação da comunidade tem a ver com isso. Ainda assim, como as mulheres de Santa María, elas mantêm o silêncio, dão de ombros. A resposta objetiva — "Isso acontece, Amanda" — encerra a discussão que, de outra maneira, poderia transformar o incômodo latente em uma questão pública.[157] No livro de Schweblin, o suspense vai se formando porque não se sabe exatamente o que está acontecendo. David faz perguntas a Amanda para descobrir "o ponto exato

157 Em outro diálogo semelhante de negação, Carla conta para Amanda como os habitantes rurais muitas vezes recorrem à "mulher da casa verde" quando precisam de um médico:

"— [Ela] Consegue saber se alguém está doente e em que parte do corpo está a energia negativa. Cura dor de cabeça, náusea, feridas e vômitos. Se a pessoa chega a tempo, ela interrompe aborto espontâneo.

— São tantos os abortos espontâneos?

onde nascem os vermes" (Schweblin, 2017, p. 2 [2016, p. 9]). Mas o que nós, leitores, descobrimos à medida que a história avança — e o horror aumenta— é que o que causa as aflições nada tem a ver com vermes. Lemos sobre rios envenenados, "a brisa [que] balança a soja" (Schweblin, 2017, p. 117 [2016, p. 94]) e os "homens", nitidamente empresários do agronegócio no contexto da história, descarregando galões (*bidones*) e sorrindo para Amanda (Schweblin, 2017, p. 105 [2016, p. 71]), no exato momento em que ela se dá conta de que a filha está encharcada de brincar na grama — "mas não é de orvalho, é?", Amanda pergunta a David. No romance de Schweblin, os agrotóxicos nunca são mencionados nem responsabilizados diretamente, ainda que tenham uma real presença. Na verdade, são uma ausência que salta aos olhos: um elefante na sala, como expliquei no capítulo 3. Na ficção, como em Santa María, as mães dos Pampas se preocupam com a saúde das crianças, mas ficam caladas diante da contaminação por agrotóxicos.

Por que os moradores rurais dos Pampas consentem diante da expansão da soja, sendo eles os atingidos pela carga tóxica da exposição aos agroquímicos? Por que, ao contrário, a maioria é complacente e defensora da produção da soja transgênica em larga escala? Uma poderosa sinergia de atores estatais e corporativos mobiliza habilmente usos e significados associados à biotecnologia transgênica para construir desigualdades históricas e estruturais, bem como mitos culturais de identidade nacional, para criar consentimento em relação ao extrativismo

— Diz que tudo é energia.

— Minha avó sempre dizia isso" (Schweblin, 2017, p. 21 [2016, p. 24]).

Carla, assim como as mulheres de Santa María, trouxe à tona a lista de riscos da exposição a agrotóxicos, mas, quando questionada diretamente a respeito, ela torna a questão difusa, em negação ("Ela diz que tudo é energia"). Amanda, como uma mulher da cidade que desconhecia o problema dos agrotóxicos, aceitou a resposta e continuou a conversa como se nada tivesse acontecido.

da soja GM como um modelo nacional para o desenvolvimento socioeconômico. Atores que detêm o poder nos níveis mais altos da política e da economia — chefes de Estado ao lado de executivos e empresários do agronegócio — promovem o modelo da soja GM com a promessa da modernização ecológica para o desenvolvimento sustentável, ou seja, a promessa de que a inovação tecnológica trará crescimento econômico e bem-estar social de uma forma sustentável para o meio ambiente. Esses atores poderosos elaboraram uma promessa ampla e abstrata para se adequar ao contexto argentino: a dependência histórica de uma política econômica generificada e racializada de agroextrativismo nos Pampas. Além disso, usam mitos culturais de identidade nacional para legitimar as dimensões injustas e desiguais das consequências do extrativismo da soja.

Para entender como as "sinergias do poder" operam para obter aceitação e consentimento, esmiucei múltiplas dimensões de poder, privilégio e desigualdade que geram, agravam e legitimam a injustiça social e ambiental. Mostrei como as desigualdades estruturais de classe, gênero e raça operam nos níveis macro, médio e micro da política econômica do extrativismo da soja na Argentina. Elas beneficiam homens ricos, com alto grau de escolaridade e ascendência europeia (e poucas mulheres que precisam adotar padrões masculinos para adentrar esses espaços dominados por homens, como a ex-presidenta Cristina Kirchner). E, ao mesmo tempo, excluem os pobres e a classe trabalhadora, assim como sujeitos feminizados e racializados, das esferas de poder e de tomada de decisão sobre a agricultura em larga escala. Essas dimensões não só se intersecionam em um ponto no tempo, de forma a impactar um grupo de indivíduos, mas também se compõem ao longo do tempo e do espaço. Destaquei como dois séculos de história na Argentina moldaram — e, com o tempo, exacerbaram — a exploração da natureza, a dominação de sujeitos generificados e racializados e a predominância do urbano em detrimento da paisagem e dos modos de vida rurais. Por fim, ilustrei como a cultura, em particular os mitos orientadores da identidade nacional (a Argentina como o "celeiro do mundo", como uma nação moderna e europeia), serviu para dar forma e, em última instância, legitimar dimensões e resultados desiguais e injustos. Embora essas dimensões possam ser separadas para fins de análise, é na sua realidade histórica, sobreposta e interseccional, que o poder se compõe de modo a evitar ser contestado (ou seja, para legitimar o status quo e criar condescendência ou sujeitos voluntariamente submissos). Usei "sinergias do poder" para capturar em um conceito essas várias forças simultâneas.

Atores poderosos do mercado e do Estado introduziram a soja geneticamente modificada e resistente a herbicidas em um contexto social, cultural e ecológico cujo processo histórico deu forma para a atual política econômica dos Pampas. Acompanhei essa história desde a origem da nação Argentina: mostrei como a elite intelectual da época — a Geração de 1837 — moldou os Pampas de acordo com seus interesses, suas metas e seus ideais. Essa elite do século XIX exerceu seu poder discursivo, político e militar para desalojar e invisibilizar populações indígenas e povoar os Pampas com europeus, em nome da modernização e do progresso. Ela se lançou na missão de dominar e civilizar a ecologia e os povos dos Pampas, para tornar essa região eficiente e produtiva em termos capitalistas, e teve sucesso. Na virada para o século XX, a Argentina já tinha se tornado o celeiro do mundo, no topo da exportação global de produtos agrícolas e pecuários, graças ao estabelecimento de um tipo de agricultura capitalista em larga escala, controlada, gerenciada e na qual trabalhavam imigrantes europeus. A busca do país por uma vantagem comparativa, em nome da modernidade e da civilização, encorajou a exploração da região dos Pampas e de suas pradarias vastas e férteis, ideais para o cultivo — voltado à exportação — de culturas de clima temperado. Encorajou também a rápida urbanização, conforme maquinário e agrotóxicos substituíram o trabalhador rural em fazendas mecanizadas, e conforme a cidade, identificada como a casa da modernidade, atraía os moradores rurais — o que continua ocorrendo.

É nesse contexto, de uma Argentina urbana e moderna, que há um século já era dependente da agricultura comercial em larga escala para exportação, que a soja geneticamente modificada e resistente a herbicidas foi introduzida, em 1996. No momento atual do extrativismo da soja, atores estatais e corporativos — os governos Menem e Kirchner, aliados a líderes do agronegócio nacional e internacional — exercem seu poder político, econômico e jurídico para tornar a produção de soja transgênica em larga escala algo viável e lucrativo. Tanto o fizeram que passaram o Decreto de Desregulamentação em 1991, mantendo uma fraca estrutura de controle para a comercialização e utilização de sementes geneticamente modificadas. Também lançaram mão do poder discursivo, por meio da mobilização dos cientistas especializados e da mídia, para disseminar a narrativa da produção de soja como benéfica à sociedade e ao meio ambiente. O pacote tecnológico da soja Roundup Ready, de acordo com esse discurso, promove a sustentabilidade ambiental (já que métodos de plantio direto conservam o solo, e o glifosato é um agroquímico de toxicidade relativamente baixa) e econômica ao impulsionar a lucratividade do agronegócio. De forma mais significativa, a adoção das tecnologias agrárias de ponta representou a recuperação, pela Argentina, de seu status global de celeiro do mundo. Um século depois do primeiro boom agroexportador, e recorrendo ao orgulho da história de inovação agrária nos Pampas, a Revolução Verde dos cultivos transgênicos na virada do século XXI trouxe, com o boom da soja, bilhões em renda estrangeira, ao mesmo tempo que supostamente serve ao propósito humanitário de "alimentar o mundo".

Mas como as sinergias do poder operam na base, nas comunidades rurais dos Pampas? Os habitantes de grandes cidades rurais da região tendem a enfatizar os aspectos positivos do cultivo de soja GM em larga escala, repetindo os mantras "temos a melhor agricultura do mundo" e "todos vivemos do campo". Por que eles apoiam a produção de soja GM se a maior parte não lucra com a agricultura enquanto negócio? Como conseguem ignorar os impactos negativos da produção de soja GM? Para entender de que modo o poder opera para obter aquiescência, fui ao dia a dia da vida nos Pampas. Constatei que as pessoas não são tolas em relação ao poder, mas estão presas em uma situação ambígua e complexa, com pontos positivos publicizados e pontos negativos invisibilizados, e que muitas vezes elas criam ativamente seu próprio consentimento (como fazem as mulheres de Santa María). Enfatizei a necessidade de olhar para aqueles posicionados "no meio" do espectro do poder, a fim de desembaraçar as qualidades relacionais e sinérgicas das dinâmicas de poder, que reproduzem privilégio e injustiça. Nos Pampas, aqueles que estão "no meio" são os habitantes que não têm poder de decisão sobre os recursos naturais ou a inovação tecnológica, mas, ainda assim, colhem alguns benefícios do modelo da soja transgênica. Esses benefícios são econômicos (ganhos mais altos, aluguéis ou renda familiar) e culturais, enraizados na identidade nacional moderna e europeia. Vivendo em cidades rurais cercadas por plantações, no entanto, eles também arcam com os custos sanitários e ambientais do uso de pesticidas. Os homens que estão nessa posição "do meio", tais como agrônomos e funcionários do agronegócio (como Leo, Lucas, Tomás e Antonio), ocupam posições relativamente altas na hierarquia de poder em função de sua classe, seu gênero e sua raça. Eles se identificam com o discurso hegemônico da soja GM e, de seus status razoavelmente altos, ajudam a reproduzi-lo. Da mesma forma, Mariana, como única agrônoma em um escritório dominado por homens, se porta de acordo com os padrões masculinos do seu cargo, enquadrando o uso de agrotóxicos como algo "seguro" com base na sua credencial de especialista, em contraposição ao que ela considera "ignorância" daqueles que questionam a expertise científica.

Mulheres de classe média que se identificam, antes de mais nada, como esposas e mães (como as mulheres de Santa María) estão particularmente presas "no meio". Elas sabem, como todos os habitantes dos Pampas dizem, que todo mundo na cidade "vive do campo". Esse "viver do campo", como foi demonstrado, significa que habitantes rurais colhem os benefícios da produção de soja — por exemplo, por meio da geração de empregos nos setores de insumos e serviços da agroindústria e por meio do aumento do consumo dessa classe relacionada ao agro (que movimenta o setor imobiliário, por exemplo). Sem uma fonte de renda alternativa que não a produção agrícola, a dependência econômica das cidades rurais com a soja cria um contexto pouco propício tanto para protestos e mudanças quanto para que se altere o grau de invisibilização dos riscos à saúde e ao ambiente causados pelos agrotóxicos. O exemplo de Bernetti explicita isso: um produtor rural que, tão certo da baixa toxicidade da pulverização do glifosato e, ao mesmo tempo, com poder sobre seu negócio agrícola, entusiasticamente resolve plantar mil hectares de soja resistente a herbicidas em seu próprio quintal. As mulheres de Santa María estão cientes desse contexto e se sentem impotentes para criar uma alternativa viável, já que são economicamente dependentes dos maridos e, em razão das desigualdades de gênero, estão abaixo na hierarquia de poder. Apesar de perceberem os potenciais riscos à saúde causados pelo uso de agrotóxicos em larga escala, em vez de levantar a voz, elas constroem ativamente sua aquiescência com dúvida, silêncio e negação.

Por último, mostrei que nem todo mundo é condescendente com os imensos danos causados pela expansão da soja transgênica. Movimentos surgiram por parte de quem está na base do espectro do poder: aqueles que não colhem os benefícios, mas arcam com os custos do extrativismo da soja. Esses movimentos contra os agrotóxicos nos Pampas têm sido liderados por mulheres preocupadas com os riscos ambientais e sanitários da exposição a pesticidas. Surgiram também movimentos indígenas camponeses, organizados para resistir aos despejos forçados e violentos e ao desmatamento generalizado no norte do país.

As Mães de Ituzaingó Anexo, na cidade de Córdoba, seguem liderando o movimento antiagrotóxico na Argentina, inspirando mobilizações como a Parem de Fumigar em outras cidades rurais e a AMLV, uma coalizão de vizinhos organizada contra o estabelecimento da fábrica de sementes GM da Monsanto em Malvinas Argentinas. Em linhas gerais, a principal reivindicação dos ativistas antiagrotóxicos é a proteção da saúde por meio da regulamentação do uso de pesticidas, principalmente com a proibição da fumigação dentro dos limites da cidade, com base no princípio da precaução. Embora não exigisse a delimitação das zonas de proteção, a AMLV reivindicava a aplicação do princípio de precaução à potencial deriva de pesticidas, exigindo que a Monsanto produzisse um relatório de avaliação de impacto ambiental da sua fábrica antes da construção. Além das regulamentações, uma grande conquista dessas autodenominadas "assembleias cidadãs pela saúde e a vida" foi a criação de uma rede de leigos e especialistas que compila dados epidemiológicos provando a conexão entre as doenças e as fumigações (Arancibia, 2013; Skill & Grinberg, 2013). Outra importante vitória foi a aprovação de portarias locais que regulamentam o uso de agrotóxicos dentro dos limites da cidade. Elas têm aumentado: se em 2006 havia três portarias desse tipo, em 2013 já eram 104 (Rauchecker, 2017, p. 182). Apesar disso, essas normas estão crescendo em um número pequeno se olharmos para todas as cidades afetadas. Os movimentos locais ainda não conseguiram avançar com as regulamentações nos níveis estaduais e federal. E, ainda que haja troca de informações entre grupos e assembleias (por listas, e-mails e encontros), não existe uma articulação nacional antiagrotóxico. A maior parte das cidades rurais na Argentina se mantém complacente com esse modelo, mesmo quando a deriva de pesticidas é vista como um perigo.

Por que esses movimentos não são mais bem-sucedidos em promover mudanças amplas? As barreiras que os ativistas encontram são as mesmas cujas dinâmicas estruturais e culturais promovem o consentimento entre a população em geral. São a dependência econômica e cultural (de cidades rurais em particular, mas do país de forma geral) da agricultura industrial em larga escala para exportação. São também as posições destituídas de poder que os ativistas ocupam, enquanto sujeitos pobres, da classe trabalhadora, feminizados e racializados. Soma-se a isso o fato de que os atores empresariais e estatais pró-transgênicos não têm assistido em silêncio à mobilização dos ativistas que os desafiam; ao contrário, eles recorrem ao seu poder para reprimir a dissidência. Entre outras estratégias para deslegitimar ativistas, funcionários do governo e líderes do agronegócio mobilizam determinado discurso científico para negar as alegações sobre a toxicidade de agroquímicos, chamando ativistas que o fazem de "fundamentalistas" contra o progresso e o desenvolvimento. Frequentemente também recorrem a insultos estereotipados com base na raça e no gênero, e não raro fazem uso da violência. Dessa forma, atores poderosos conseguem diminuir o poder de movimentos sociais que, se não fosse assim, poderiam apresentar para a Argentina um caminho alternativo ao do extrativismo da soja.

O CUIDADO À CURTA DISTÂNCIA

Outro tema do livro de Schweblin ecoa fortemente o meu: o papel das mães como cuidadoras primárias, guardiãs constantes e íntimas da saúde e do bem-estar dos filhos.

A protagonista do livro é Amanda, uma mãe ansiosa. Suas preocupações a fazem calcular constantemente uma "distância de resgate" para salvar a filha de qualquer perigo (daí o título do livro).[158] Na história, Amanda e Carla criam um vínculo em torno da preocupação pelo bem-estar de suas crianças. E, ao mesmo tempo que não entendem ou não sabem exatamente o que as está prejudicando, elas veem a sensação de alerta como algo adquirido: "É coisa de mãe", diz Carla para Amanda (Schweblin, 2017, p. 97 [2016, p. 79]).

Existem mulheres preocupadas com a saúde dos filhos e que estão alertando sutil ou abertamente sobre os riscos da pulverização de agrotóxicos. Tanto as que protestam — como as Mães de Ituzaingó — quanto as que silenciam a si próprias — como as de Santa María — invocam seu "instinto" e sua "intuição" de mãe para questionar (em voz alta ou em sussurros) a alegação da ciência corporativa e estatal sobre a não toxicidade do glifosato.

Reivindicar a maternidade como estratégia pode abrir uma janela de oportunidade para o ativismo, já que sujeitos feminizados, relegados à esfera privada, podem partir desse "dever" de proteger as crianças justamente para encontrar legitimidade na esfera pública. Mas essa oportunidade tem curta duração e, em última análise, é uma armadilha. Por causa do status mais baixo das mulheres na hierarquia social, suas reivindicações são menos levadas a sério por aqueles que estão no poder, que com frequência as desvalorizam com base no gênero, chamando as mulheres que protestam de "histéricas" ou "donas de casa sem instrução".

Ainda que com frequência não sejam escutadas, essas mulheres trazem para a mesa outra forma de "conhecer" ris-

158 Assim que Carla lhe conta sobre a intoxicação de David, Amanda fala para si mesma: "Fico me perguntando se poderia acontecer comigo o que aconteceu com Carla. Sempre penso no pior. Agora mesmo estou calculando quanto demoraria para sair correndo do carro e chegar até Nina, se ela corresse de repente para a piscina e se atirasse. A isso dou o nome de 'distância de resgate', que é como chamo essa distância variável que me separa de minha filha, e passo a metade do dia fazendo esse cálculo, embora sempre arrisque mais do que deveria" (Schweblin, 2017, p. 18-9 [2016, p. 22]).

cos, diferente da ciência moderna patrocinada por corporações. Seus modos de saber são, ao mesmo tempo, uma concepção racional e uma percepção corporificada, ou seja, são simultaneamente cognitivos, corporificados e emocionais. Emergem da experiência sentida e vivida de cuidar dos entes queridos e de coletar, constantemente, dados sobre os filhos.

Ainda assim, as mulheres de Santa María sabem que, nas condições atuais — isto é, uma economia cultural do extrativismo da soja que é patriarcal, capitalista e moderna —, esse modo de conhecimento não consegue obter legitimidade. Nessa relativa impotência, as mulheres de Santa María escolhem o silêncio e a negação. Em uma reviravolta irônica, essa é também uma forma de proteger suas famílias, já que a negação garante o casamento e a renda familiar.

Mas, e se reconsiderássemos radicalmente quais conhecimentos e formas de saber são validados e valorizados? As mulheres que reivindicam a maternidade apresentam um modo de saber que emerge de observações fundamentadas e a preferência por uma sustentabilidade em longo prazo, já que está calcada na sobrevivência dos seus descendentes nas condições mais felizes e saudáveis possíveis — ou seja, *elas valorizam o cuidado em longo prazo e à curta distância*. Atores empresariais, pelo contrário, atuam para maximizar tanto o lucro em curto prazo quanto a distância da fazenda e das condições naturais que tornam a agricultura possível.

No nível extremo do distanciamento e da separação, os líderes do agronegócio afirmam que é no "conhecimento", entendido como inovação tecnológica e científica, que está o futuro da agricultura e a promessa do desenvolvimento sustentável: a de produzir mais alimentos para enfrentar a fome e a pobreza mundial com o mínimo de impacto ecológico. Discursivamente, é uma virada notável. Para a Argentina, em particular, isso possibilita abraçar o campo plena e orgulhosamente: considerada ao longo da história uma terra de bárbaros, agora a região dos

Pampas pode ser cultivada à distância, com a ajuda de satélites e instrumentos de alta tecnologia, por profissionais e empresários que "fazem agricultura" do conforto dos seus escritórios urbanos. É a transcendência da divisão urbano/rural por meio da modernização do campo. O paradoxo de um país urbano que historicamente virou as costas para o campo, mas abraçou a dependência das exportações agrícolas, virou realidade.

De modo geral, "cultivar com conhecimento" idealmente livraria a agricultura de um passado tumultuado e de uma natureza intrinsecamente conflituosa. A terra (e, em breve, a água) é um recurso escasso que está, historicamente, no cerne das revoluções mundiais (Paige, 1978; Skocpol, 1982; Wolf, 1999). O conhecimento, idealmente, não diminui quando é compartilhado. Na realidade, porém, os desenvolvimentos científicos e tecnológicos patrocinados por empresas de cultivos geneticamente modificados não são nem gratuitos nem livres para serem compartilhados. Patentes e contratos protegem investimentos corporativos e limitam a capacidade de produtores rurais de adotar, compartilhar e reproduzir livremente novas variedades de sementes. Atores poderosos — do mundo corporativo a autoridades estatais e estudiosos do desenvolvimento sustentável global — argumentam que os cultivos geneticamente modificados são necessários para "alimentar o mundo". No entanto, produtores de soja (como Bernetti no capítulo 2) não alimentam a si mesmos nem a família com sua colheita. Como mostram os números que apresentei nos primeiros capítulos, a produção global de alimentos aumentou sem parar nas últimas décadas e, ainda assim, milhões de pessoas continuam passando fome no mundo. As Nações Unidas estimam que uma a cada nove pessoas sofra de desnutrição crônica e que a fome global esteja aumentando.[159] Alcançar o

159 "Global Hunger Continues to Rise, New UN Report Says" (*press release*), Unicef, 11 set. 2018.

bem-estar e a justiça social de forma ecologicamente sustentável requer mais do que soluções tecnológicas; é necessário um olhar profundo e complexo para as dinâmicas de poder que guiam a inovação tecnológica e o controle dos recursos naturais, bem como para a própria definição de "desenvolvimento". Quais objetivos, conhecimentos e valores importam? E de quem?

Obviamente, não estou propondo desconsiderar o conhecimento científico para se basear em sentimentos e intuições. Enquanto escrevo estas linhas de conclusão, em março de 2019, está ocorrendo um surto de sarampo no noroeste do Pacífico, em parte por conta de estadunidenses com alto nível de educação formal que desacreditam a ciência e o governo e se recusam a vacinar as crianças, argumentando que os pais sabem o que é melhor para os filhos.[160] Comportamentos como esse colocam em risco a saúde pública, ao invés de protegê-la. As vacinas acumulam décadas de testes e financiamento público em pesquisa, e têm como objetivo principal a defesa da saúde pública, não o lucro.[161] Muito ao contrário, os herbicidas à base de glifosato, companheiros da soja geneticamente modificada, foram desenvolvidos e testados principalmente pela mesma empresa que lucra com sua venda.

Em dezembro de 2017, um painel científico consultivo do governo federal para a Agência de Proteção Ambiental dos Estados Unidos (EPA) avaliou o potencial cancerígeno do glifosato e concluiu que "não há evidência científica confiável" para

160 "Measles Outbreak in Pacific Northwest about Half of US Cases", *The New York Times*, 1º mar. 2019; "Teen Tells Senate Why He Defied His Mom to Get Vaccinated", *The New York Times*, 5 mar. 2019.
161 "Why Don't We Have Vaccines against Everything?", *The New York Times*, 19 nov. 2018.

associar a exposição a essa substância com tumores, leucemia e linfoma não Hodgkin. No entanto, imediatamente depois dessa declaração, esses mesmos especialistas alertaram sobre "lacunas críticas de dados", argumentando que "nenhum dos estudos epidemiológicos disponíveis sobre pessoas que usam glifosato incluem pesquisas com trabalhadores superexpostos ao glifosato".[162] Se a investigação sobre o impacto do glifosato não inclui aqueles que estão cronicamente expostos a ele, então as conclusões da EPA são, para dizer o mínimo, questionáveis. O aprendizado com as práticas das indústrias de tabaco, chumbo e amianto tornou a sociedade civil mais cautelosa em relação a pesquisas e testes financiados por empresas (Markowitz & Rosner, 2013; Oreskes & Conway, 2011). Desde que Rachel Carson publicou *Primavera silenciosa*, em 1962, o impacto tóxico dos agroquímicos na saúde e no meio ambiente se tornou parte da consciência e dos medos públicos (Harrison, 2011; Szasz, 2007). O glifosato está atualmente sob escrutínio da imprensa como o possível próximo escândalo corporativo. Jornalistas e advogados começaram a descobrir documentos internos da Monsanto que detectam que o Roundup pode ser prejudicial à saúde, e a empresa teria intencionalmente ocultado essas descobertas do público. "O maior herbicida do mundo causa câncer?" foi uma das principais manchetes quando houve o primeiro julgamento internacional relacionando câncer ao Roundup (Gillam, 2017).[163] Em agosto de 2018, um júri da Califórnia determinou que a Monsanto pagasse cerca de trezentos milhões de dólares por danos a um zelador de escola que sofria de linfoma não

162 Ver ata da reunião do painel científico consultivo da Fifra: Fifra Scientific Advisory Panel Meeting, "A Set of Scientific Issues Being Considered by the Environmental Protection Agency Regarding: EPA's Evaluation of the Carcinogenic Potential of Glyphosate", Arlington, 13-16 dez. 2016, p. 5, 16, disponível em: https://tinyurl.com/2fpnufvx.
163 Ver também "Does the World's Top Weed Killer Cause Cancer? Trump's EPA Will Decide", *Bloomberg Businessweek*, 13 jul. 2017.

Hodgkin e alegou que seu câncer era decorrente da exposição crônica ao herbicida à base de glifosato.[164] Um pouco antes, em julho de 2018, a União Europeia votou contra a última geração de culturas geneticamente modificadas pela tecnologia CRISPR, submetendo-as — sob o princípio da precaução — às mesmas regulamentações rígidas que controlam outros transgênicos.[165] Enquanto isso, na Argentina, assim como nos Estados Unidos, os promotores da biotecnologia GM logo saíram em defesa dos herbicidas à base de glifosato e das culturas geneticamente modificadas.[166]

Vamos ver o que vai acontecer. O poder está entrincheirado e mesmo aqueles que arcam pessoalmente com os custos do extrativismo da soja muitas vezes ajudam a perpetuar a injustiça social e ambiental. Ainda assim, acredito que essas histórias — as dos jornais, as de Schweblin, as minhas — ajudam a revelar incômodos que são mantidos velados pelas sinergias do poder. Elas evidenciam o elefante no campo. Mostram que cuidado e precaução com as pessoas e o meio ambiente estão sendo diminuídos e desvirtuados em nome do lucro. Os que estão no poder com certeza tentarão esconder o elefante de novo, mas, como diz o ditado, o que uma vez foi visto jamais poderá ser desvisto.

164 "Monsanto Ordered to Pay $289 Million in World's First Roundup Cancer Trial", *The New York Times*, 10 ago. 2018.

165 "Europe Applies Strict Regulations to CRISPR Crops", *Smithsonian*, 27 jul. 2018; "CRISPR & Co Are GMOs, Says EU Court", *European Biotechnology, Life Science and Industry Magazine*, 25 jul. 2018.

166 "La batalla contra el glifosato no tiene fundamentos científicos ni legales", *La Nación*, 30 jun. 2018; "Sin el glifosato, la alternativa sería catastrófica", *Clarín Rural*, 14 out. 2018; "Publican online más de 300 resúmenes de estudios sobre la seguridad del glifosato", *Clarín Rural*, 12 nov. 2018.

AGRADECIMENTOS

As sementes deste livro foram plantadas em 2008, quando fiz minha primeira pós-graduação em sociologia ambiental em meio ao *conflicto del campo*. No processo, conheci várias pessoas que, como eu, estavam tentando entender "como escrever uma dissertação" e depois, como se não bastasse, "como escrever um livro". Aprendi com cada conversa e me ative a cada livro que percebi ter sido originado de uma dissertação. Só posso dizer que, se esse for o seu caso, continue. *Sí se puede*. Sim, você consegue.

No Centro de Pós-Graduação da Universidade da Cidade de Nova York (The City University of New York), Ken Gould foi o orientador mais generoso e solidário que uma estudante poderia pedir. Obrigada, Ken, por garantir um espaço de aprendizagem e curiosidade intelectual com rigor acadêmico, e, ao mesmo tempo, por nunca perder de vista a urgência dos problemas que estudamos nem a paixão pelo engajamento dos estudantes bolsistas. Fico feliz em poder continuar a aprender e buscar conselhos com você e com Tammy Lewis, mesmo depois de já graduada. Agradeço a vocês dois. Também sou profundamente grata a Jack Hammond e a Bill Kornblum pelos conselhos durante o longo processo de aprendizagem e escrita. Agradeço também ao Centro de Pós-Graduação, ao Departamento de Sociologia em particular, e ao Programa Escolar de Estudos Profissionais (School of Professional Studies), por financiar minha experiência na pós-graduação.

Sinto-me sortuda e grata por ter encontrado um trabalho e uma casa na Universidade Tulane, na mágica cidade de Nova Orleans. Agradeço aos meus colegas do Departamento de Sociologia pela orientação e pelo apoio. Com David Smilde, Michele Adams, Mimi Schippers, Mariana Craciun e Camilo Leslie, tive uma série de ideias e deles recebi retornos cruciais sobre este projeto. Obrigada também a Laura McKinney, Chris Oliver e, para além do departamento, Virginia Oliveros, Eduardo Silva e Maria Akchurin.

Sou profundamente grata pelo apoio que recebi da Universidade Tulane para finalizar esta pesquisa. Agradeço do fundo do coração a Tom Reese e ao Centro Stone para Estudos Latino-Americanos (Stone Center for Latin American Studies), bem como a Ludovico Feoli e ao Centro de Política e Pesquisa Interamericana (Center for Inter-American Policy and Research). Muito obrigada à Escola de Artes Liberais (School of Liberal Arts), ao Instituto Newcomb, ao Studio in the Woods e ao escritório da Reitoria Internacional, em especial a Ana López. Também sou profundamente grata aos meus estudantes da Tulane: um público cativo que me ouviu falar sobre a pesquisa e me fez todas as perguntas difíceis e importantes para que eu afinasse meus argumentos e minha capacidade de contar histórias.

Quero agradecer aos muitos colegas brilhantes que, ao longo dos anos, leram partes deste trabalho e me deram retornos inestimáveis: Phil McMichael, Rachel Schurman, Sam Cohn, Gerardo Otero, Matthew Schnurr, Brian Dowd-Uribe, Gustavo Oliveira, Susanna Hecht, Linda Farthing e Nicole Fabricant, bem como às figuras anônimas que revisaram os artigos que publiquei sobre o tema. Pablo Lapegna e Shannon Bell leram o primeiro manuscrito e me deram um retorno completo e com ótimas ideias. Obrigada a vocês dois por me ajudarem a descobrir o que eu tinha a dizer e como dizê-lo da melhor maneira. Fico honrada por sua generosidade.

Obrigada, Gisela Fosado, minha editora da Duke University Press, por acreditar neste projeto e fazer com que ele frutificasse. Obrigada por seu apoio constante e entusiasmado. Agradeço a Alejandra Mejía por sua assistência atenta e completa na montagem do manuscrito. Antes mesmo que eu pudesse pensar em entregar este texto, Anitra Grisales me ofereceu uma assistência editorial considerável, para não dizer radical. Anitra, seus comentários e sua edição ajudaram a elevar este livro (e a minha voz) a outro nível: serei eternamente grata. Kate Hahn-Madole, da Tulane, e Kirsteen Anderson me ajudaram a organizar as citações e as referências bibliográficas, e Bill Nelson fez o mapa da Argentina. Obrigada, Ellen Goldlust, Lisl Hampton, Courtney Richardson e a todo mundo dos departamentos de produção e arte da editora Duke, bem como à editora Christine Dahlin, que fez o texto ficar compacto e bonito... e virar um livro físico! Este livro é milhares de vezes melhor graças aos comentários que recebi de dois revisores que agora já não são mais anônimos: Javier Auyero e Shannon Bell.

Minha imensa gratidão às pessoas que, durante meu trabalho de campo, abriram suas casas, fazendas e seus escritórios para me ajudar a entender o que está acontecendo com o pacote tecnológico da soja geneticamente modificada e a agricultura em larga escala na Argentina. Muitos de vocês me pediram para compartilhar o que escrevo; tenho me debatido com o fato de que o livro pode não atender as expectativas de vocês. Eu desejo que, caso vocês leiam este livro, possamos conversar mais, para que eu possa aprender mais e melhor. Meu objetivo era ser verdadeira e, claro, minha escrita é minha responsabilidade.

Finalmente, agradeço a meus amigos e minha família, que me ajudaram a me manter sã, feliz e saudável ao longo dessa jornada. Muitos de vocês também sugeriram seus próprios amigos e familiares para que eu os entrevistasse. Da Argentina: Silvina Soria, Virginia Guerstein, Mariana Severini, Laura Lezcano, Adriana Llinares e Daniela Olivera. De Nova York: Pilar Ortiz,

Amanda Riesman, Yolanda Martín, Laura Limonic e Antonia Levy. De Nova Orleans: Virginia Medinilla, Eric Normand, Izabela Steflja, Timothy e Joan Kimbell. Para Luke McEvoy, por seu cuidado amoroso, pelas tantas refeições preparadas enquanto eu precisava escrever, por ler e reler e depois ler de novo e revisar um pouco mais. A meus irmãos, sobrinhos, primos e tios. E especialmente aos meus pais, Mirta Quattrocchio e Osvaldo Leguizamón. Este livro é dedicado a eles.

REFERÊNCIAS

ACADEMIA ARGENTINA DE LETRAS. *Diccionario del habla de los argentinos*. Buenos Aires: Espasa, 2003.

ACOSTA, Alberto. "Extractivism and Neoextractivism: Two Sides of the Same Curse". *In*: LANG, Miriam & MOKRANI, Dunia (org.). *Beyond Development: Alternative Visions from Latin America*. Quito/Amsterdã: Fundación Rosa Luxemburg/Transnational Institute, 2013, p. 61-86.

ADAMOVSKY, Ezequiel. *Historia de la clase media argentina: apogeo y decadencia de una ilusión, 1919-2003*. Buenos Aires: Planeta, 2009.

AGOSTO, Patricia (org.). *Malvinas: un pueblo en lucha contra Monsanto*. Buenos Aires: América Libre, 2014.

AKRAM-LODHI, A. Haroon. "Land, Markets and Neoliberal Enclosure: An Agrarian Political Economy Perspective", *Third World Quarterly*, v. 28, n. 8, p. 1.437-56, 2007.

ALBERDI, Juan Bautista. *Bases y puntos de partida para la organización política de la República Argentina*. Buenos Aires: Biblioteca del Congreso de la Nación, 2017 [1852]. Disponível em: https://bcn.gob.ar/uploads/BasesAlberdi.pdf. [Ed. bras.: *Bases e pontos de partida para a organização política da República Argentina*. Trad. J. Paulo de Medeyros. Rio de Janeiro: Ministério das Relações Exteriores, 1941.]

ALBERTO, Paulina & ELENA, Eduardo. "Introduction: The Shades of the Nation". *In*: ALBERTO, Paulina & ELENA, Eduardo (org.). *Rethinking Race in Modern Argentina*. Cambridge: Cambridge University Press, 2016, p. 1-22.

ALKON, Alison Hope. "Food Justice and the Challenge to Neoliberalism", *Gastronomica: The Journal of Critical Food Studies*, v. 14, n. 2, p. 27-40, 2014.

ANTONIOU, Michael; HABIB, Mohamed Ezz El-Din Mostafa; HOWARD, C. Vyvyan; JENNINGS, Richard C.; LEIFERT, Carlo; NODARI, Rubens

Onofre; ROBINSON, Claire & FAGAN, John. *Roundup and Birth Defects: Is the Public Being Kept in the Dark?* Londres: Earth Open Source, 2011.

ANTONIOU, Michael; ROBINSON, Claire & FAGAN, John. *GMO Myths and Truths: An Evidence-Based Examination of the Claims Made for the Safety and Efficacy of Genetically Modified Crops*, version 1.3b. Londres: Earth Open Source, 2012.

ARANCIBIA, Florencia. "Challenging the Bioeconomy: The Dynamics of Collective Action in Argentina", *Technology in Society*, v. 35, n. 2, p. 79-92, 2013.

ARANCIBIA, Florencia. "Regulatory Science and Social Movements: The Trial against the Use of Pesticides in Argentina", *Theory in Action*, v. 9, n. 4, 2016.

ARANDA, Darío. *Tierra arrasada: petróleo, soja, pasteras y megaminería — radiografía de la Argentina del siglo XXI*. Buenos Aires: Sudamericana, 2015.

ARSEL, Murat; HOGENBOOM, Barbara & PELLEGRINI, Lorenzo. "The Extractive Imperative in Latin America", *The Extractive Industries and Society*, v. 3, n. 4, p. 880-7, 2016.

AUYERO, Javier & SWISTUN, Débora A. *Flammable: Environmental Suffering in an Argentine Shantytown*. Oxford: Oxford University Press, 2009.

AVNI, Haim. "La agricultura judía en la Argentina, ¿éxito o fracaso?", *Desarrollo Económico*, v. 22, n. 88, p. 535-48, 1983.

BACHRACH, Peter & BARATZ, Morton S. "Two Faces of Power", *American Political Science Review*, v. 56, n. 4, p. 947-52, 1962.

BARBETTA, Pablo. "El movimiento campesino de Santiago del Estero: luchas y sentidos en torno a la problemática de la tierra". *In*: GIARRACCA, Norma & TEUBAL, Miguel (org.). *El campo argentino en la encrucijada: estrategias y resistencias sociales, ecos en la ciudad*. Buenos Aires: Alianza Editorial, 2005, p. 423-48.

BARBETTA, Pablo; DOMÍNGUEZ, Diego & SABATINO, Pablo. "La ausencia campesina en la Argentina como producción científica y enfoque de intervención", *Mundo Agrario*, v. 13, n. 25, 2012.

BARRETT, Jim. "USDA Reports Soybeans, Corn Acreage Down", USDA-Nass News Release, 29 jun. 2018. Disponível em: https://www.nass.usda.gov/Newsroom/archive/2018/06-29-2018.php.

BARRUTI, Soledad. *Mal comidos: cómo la industria alimentaria argentina nos está matando*. Buenos Aires: Planeta, 2013.

BARSKY, Osvaldo & DÁVILA, Mabel. *La rebelión del campo: historia del conflicto agrario argentino*. Buenos Aires: Sudamericana, 2008.

BARSKY, Osvaldo & GELMAN, Jorge. *Historia del agro argentino: desde la conquista hasta fines del siglo XX*. Buenos Aires: Grijalbo Mondadori, 2001.

BARSKY, Osvaldo & GELMAN, Jorge. *Historia del agro argentino: desde la conquista hasta comienzos del siglo XXI*. 3. ed. Buenos Aires: Sudamericana, 2009.

BEAMISH, Thomas D. *Silent Spill: The Organization of an Industrial Crisis*. Cambridge: MIT Press, 2002.

BELL, David E. & SCOTT, Cintra. "Los Grobo: Farming's Future?", Harvard Business School Case 511-088, dez. 2010.

BELL, Shannon E. *Our Roots Run Deep as Ironweed: Appalachian Women and the Fight for Environmental Justice*. Champaign: University of Illinois Press, 2013.

BELL, Shannon E. *Fighting King Coal: The Challenges to Micromobilization in Central Appalachia*. Cambridge: MIT Press, 2016.

BELLO, Walden F. *The Food Wars*. Londres: Verso, 2009.

BENBROOK, Charles M. "Trends in Glyphosate Herbicide Use in the United States and Globally", *Environmental Sciences Europe*, v. 28, n. 1, 2016.

BENFORD, Robert & SNOW, David. "Framing Processes and Social Movements: An Overview and Assessment", *Annual Review of Sociology*, v. 26, p. 611-39, 2000.

BENÍTEZ-ROJO, Antonio. "The Nineteenth-Century Spanish American Novel". *In*: ECHEVARRÍA, Roberto González & PUPO-WALKER, Enrique (org.). *The Cambridge History of Latin American Literature*, v. 1, *Discovery to Modernism*. Cambridge: Cambridge University Press, 1996, p. 417-89.

BERGER, Mauricio. "Afectados ambientales: hacia una conceptualización en el contexto de luchas por el reconocimiento", *Debates en Sociología*, v. 42, p. 31-53, 2016.

BERGER, Mauricio & ORTEGA, Francisco. "Poblaciones expuestas a agrotóxicos: autoorganización ciudadana en la defensa de la vida y la salud, ciudad de Córdoba, Argentina", *Physis: Revista de Saúde Coletiva*, v. 20, n. 1, p. 119-43, 2010.

BÉRTOLA, Luis & OCAMPO, José Antonio. *The Economic Development of Latin America since Independence*. Oxford: Oxford University Press, 2012. [Ed. bras.: *O desenvolvimento econômico da América Latina desde a Independência*. Rio de Janeiro: Elsevier, 2015.]

BINIMELIS, Rosa; PENGUE, Walter & MONTERROSO, Iliana. "'Transgenic Treadmill': Responses to the Emergence and Spread of Glyphosate-

-Resistant Johnsongrass in Argentina", *Geoforum*, v. 40, n. 4, p. 623-33, 2009.

BINSTOCK, Georgina & CERRUTTI, Marcela. *Los pueblos indígenas en Argentina y niños, niñas y adolescentes indígenas de Argentina: diagnóstico socioeducativo basado en la ECPI*. Buenos Aires: Unicef, 2010.

BINSTOCK, Georgina & CERRUTTI, Marcela. "La población y la estructura social". *In*: KESSLER, Gabriel (org.). *La sociedad argentina hoy: radiografía de una nueva estructura*. Buenos Aires: Siglo Veintiuno, 2016, p. 37-59.

BISANG, Roberto. "Apertura económica, innovación y estructura productiva: la aplicación de biotecnología en la producción agrícola pampeana argentina", *Desarrollo Económico*, v. 43, n. 171, p. 413-42, 2003.

BITHER-TERRY, Russell. *Zero Hunger: The Politics of Anti-Hunger Policy in Brazil*. Tese de doutorado, Chapel Hill, Universidade da Carolina do Norte, 2013.

BLANCO, Gabriel *et al*. "Drivers, Trends, and Mitigation." *In*: IPCC. *Climate Change 2014: Mitigation of Climate Change. Contribution of Working Group III to the Fifith Assessment Report of the Intergovernmental Panel on Climate Change*. Cambridge/Nova York: Cambridge University Press, 2014. Disponível em: https://www.ipcc.ch/site/assets/uploads/2018/02/ipcc_wg3_ar5_chapter5.pdf.

BORRAS JR., Saturnino M.; FRANCO, Jennifer C.; GÓMEZ, Sergio; KAY, Cristóbal & SPOOR, Max. "Land Grabbing in Latin America and the Caribbean", *Journal of Peasant Studies*, v. 39, n. 3-4, p. 845-72, 2012.

BOYER, Christopher R. "Latin American Environmental History". *In*: *Oxford Research Encyclopedia of Latin American History*. Oxford: Oxford University Press, 2016. Disponível em: https://doi.org/10.1093/acrefore/9780199366439.013.295.

BRAILOVSKY, Antonio & FOGUELMAN, Dina. *Memoria verde: historia ecológica de la Argentina*. Buenos Aires: Debolsillo, 2009.

BROWN, Phil. "Popular Epidemiology and Toxic Waste Contamination: Lay and Professional Ways of Knowing", *Journal of Health and Social Behavior*, v. 33, n. 3, p. 267-81, 1992.

BROWN, Phil. *Toxic Exposures: Contested Illnesses and the Environmental Health Movement*. Nova York: Columbia University Press, 2007.

BROWN, Phil & FERGUSON, Faith I. T. "'Making a Big Stink': Women's Work, Women's Relationships, and Toxic Waste Activism", *Gender and Society*, v. 9, n. 2, p. 145-72, 1995.

BROWN, Phil & MIKKELSEN, Edwin J. *No Safe Place: Toxic Waste, Leukemia, and Community Action*. Berkeley: University of California Press, 1997.

BROWN, Phil; MORELLO-FROSCH, Rachel & ZAVESTOSKI, Stephen (org.). *Contested Illnesses: Citizens, Science, and Health Social Movements*. Berkeley: University of California Press, 2011.

BULLARD, Robert D. *Dumping in Dixie: Race, Class, and Environmental Quality*. Berkeley: University of California Press, 1990.

BURNS, E. Bradford. *The Poverty of Progress: Latin America in the Nineteenth Century*. Berkeley: University of California Press, 1980.

BUTTEL, Frederick H. "Ecological Modernization as Social Theory", *Geoforum*, v. 31, n. 1, p. 57-65, 2000.

CABLE, Sherry; SHRIVER, Thomas E. & MIX, Tamara L. "Risk Society and Contested Illness: The Case of Nuclear Weapons Workers", *American Sociological Review*, v. 73, n. 3, p. 380-401, 2008.

CABRAL, Consuelo. "Quedó firme el fallo de Ituzaingó: 'Fumigar es delito y los agrotóxicos son peligrosos'", *La Nueva Mañana*, 13 set. 2017.

CÁCERES, Daniel M. "Accumulation by Dispossession and Socio-Environmental Conflicts Caused by the Expansion of Agribusiness in Argentina", *Journal of Agrarian Change*, v. 15, n. 1, p. 116-47, 2015.

CARASSAI, Sebastián. *The Argentine Silent Majority: Middle Classes, Politics, Violence, and Memory in the Seventies*. Durham: Duke University Press, 2014.

CARDOSO, Fernando Henrique & FALETTO, Enzo. *Dependency and Development in Latin America*. Trad. Marjory Mattingly Urquidi. Berkeley: University of California Press, 1979. [Ed. bras.: *Dependência e desenvolvimento na América Latina: ensaio de interpretação sociológica*. 3. ed. Rio de Janeiro: Zahar, 1975.]

CARRANZA, Mario E. "Poster Child or Victim of Imperialist Globalization? Explaining Argentina's December 2001 Political Crisis and Economic Collapse", *Latin American Perspectives*, v. 32, n. 6, p. 65-89, 2005.

CARRIZO, Cecilia & BERGER, Mauricio. *Estado incivil y ciudadanos sin Estado: paradojas del ejercicio de derechos en cuestiones ambientales*. Unquillo: Narvaja, 2008.

CARSON, Rachel. *Silent Spring*. Boston: Houghton Mifflin, 1962. [Ed. bras.: *Primavera silenciosa*. Trad. Claudia Sant'Anna Martins. São Paulo: Gaia, 2010.]

CATACORA-VARGAS, Georgina; GALEANO, Pablo; AGAPITO-TENFEN, Sarah Zanon; ARANDA, Darío; PALAU, Tomás & NODARI, Rubens Onofre. *Soybean Production in the Southern Cone of the Americas: Update on Land and Pesticide Use*. Cochabamba: SSNC/GenØk-UFSC/REDES-AT/BASE-IS, 2012. Disponível em: https://tinyurl.com/j4u9haxm.

CHAZARRETA, Adriana & ROSATI, Germán. "Los cambios en la estructura social agraria argentina". *In*: KESSLER, Gabriel (org.). *La sociedad argentina hoy: radiografía de una nueva estructura*. Buenos Aires: Siglo Veintiuno, 2016, p. 85-110.

CHUDNOVSKY, Daniel. "Argentina: Adopting RR Soy, Economic Liberalization, Global Markets, and Socio-Economic Consequences". *In*: FUKUDA-PARR, Sakiko (org.). *Gene Revolution: GM Crops and Unequal Development*. Londres: Earthscan, 2006, p. 85-103.

CLAPP, Jennifer. "Financialization, Distance and Global Food Politics", *Journal of Peasant Studies*, v. 41, n. 5, p. 797-814, 2014.

CLARK, Meri L. "The Emergence and Transformation of Positivism". *In*: NUCCETELLI, Susana; SCHUTTE, Ofelia & BUENO, Otávio (org.). *A Companion to Latin American Philosophy*. Oxford: Wiley-Blackwell, 2013, p. 53-67.

COLE, Luke W. & FOSTER, Sheila R. *From the Ground Up: Environmental Racism and the Rise of the Environmental Justice Movement*. Nova York: New York University Press, 2001.

COLLADO, Patricia A. "Social Conflict in Argentina: Land, Water, Work", *Latin American Perspectives*, v. 42, n. 2, p. 125-41, 2015.

CONNELL, R. W. & MESSERSCHMIDT, James. "Hegemonic Masculinity: Rethinking the Concept", *Gender and Society*, v. 19, n. 6, p. 829-59, 2005.

CORONIL, Fernando. *The Magical State: Nature, Money, and Modernity in Venezuela*. Chicago: University of Chicago Press, 1997.

CRENSON, Matthew A. *The Un-Politics of Air Pollution: A Study of Non-Decisionmaking in the Cities*. Baltimore: Johns Hopkins University Press, 1971.

DE CRISTÓFORIS, Nadia Andrea. *Inmigrantes y colonos en la provincia de Buenos Aires: una mirada de largo plazo (siglos XIX-XXI)*. Buenos Aires: Facultad de Filosofía y Letras de la Universidad de Buenos Aires, 2016.

DE LA CADENA, Marisol. "Indigenous Cosmopolitics in the Andes: Conceptual Reflections beyond 'Politics'", *Cultural Anthropology*, v. 25, n. 2, p. 334-70, 2010.

DELVENNE, Pierre; VASEN, Federico & VARA, Ana María. "The 'Soy-ization' of Argentina: The Dynamics of the 'Globalized' Privatization Regime in a Peripheral Context", *Technology in Society*, v. 35, n. 2, p. 153-62, 2013.

DE SY, Veronique; HEROLD, Martin; ACHARD, Frédéric; BEUCHLE, René; CLEVERS, Jan G. P. W.; LINDQUIST, Erik & VERCHOT, Louis. "Land Use Patterns and Related Carbon Losses Following Deforestation in South America", *Environmental Research Letters*, v. 10, 2015.

DHHS — UNITED STATES DEPARTMENT OF HEALTH AND HUMAN SERVICES. "NTP Brief on Soy Infant Formula: Peer-Review Comments and NTP Response", set. 2010. Disponível em: https://ntp.niehs.nih.gov/ntp/about_ntp/bsc/2010/may/sif_peer_review_report.pdf.

DJENDEREDJIAN, Julio. *Gringos en las Pampas: inmigrantes y colonos en el campo argentino*. Buenos Aires: Sudamericana, 2008.

DOMÍNGUEZ, Diego Ignacio. *La lucha por la tierra en Argentina en los albores del siglo XXI: la recreación del campesinado y de los pueblos originarios*. Tese de doutorado, Buenos Aires, Universidad de Buenos Aires, 2009.

DOWD-URIBE, Brian. "GMOs and Poverty: Definitions, Methods, and the Silver Bullet Paradox", *Canadian Journal of Development Studies*, v. 38, n. 1, p. 129-38, 2017.

DURKHEIM, Émile. *The Division of Labor in Society*. Nova York: Simon and Schuster, 1997. [Ed. bras.: *Da divisão do trabalho social*. Trad. Eduardo Brandão. São Paulo: Martins Fontes, 1999.]

ELSHEIKH, Elsadig & AYAZI, Hossein. "The Era of Corporate Consolidation and the End of Competition: Bayer-Monsanto, Dow-DuPont, and ChemChina-Syngenta", Haas Institute for a Fair and Inclusive Society, Berkeley, University of California, out. 2018.

FAIRBAIRN, Madeleine. "'Like Gold with Yield': Evolving Intersections between Farmland and Finance", *The Journal of Peasant Studies*, v. 41, n. 5, p. 777-95, 2014.

FAO — FOOD AND AGRICULTURE ORGANIZATION OF THE UNITED NATIONS. *State of the World's Forests, 2016. Forests and Agriculture: Land-Use Challenges and Opportunities*. Roma: FAO, 2016. Disponível em: http://www.fao.org/3/a-i5588e.pdf.

FAO — FOOD AND AGRICULTURE ORGANIZATION OF THE UNITED NATIONS. "Crop Prospects and Food Situation", quarterly global report, set. 2018. Disponível em: https://www.fao.org/3/CA1487EN/ca1487en.pdf.

FARTHING, Linda & FABRICANT, Nicole. "*Open Veins* Revisited: Charting the Social, Economic, and Political Contours of the New Extractivism in Latin America", *Latin American Perspectives*, v. 45, n. 5, p. 4-17, 2008.

FEENEY, Roberto & BERARDI, Valeria. "Seed Market Segmentation: How Do Argentine Farmers Buy Their Expendable Inputs?", *International Food and Agribusiness Management Review*, v. 16, n. 1, p. 7-40, 2013.

FERRO, Silvia Lilian. *Género y propiedad rural: República Argentina*. 2. ed. Buenos Aires: Ucar/MAGyP, 2013.

FITTING, Elizabeth. *The Struggle for Maize: Campesinos, Workers, and Transgenic Corn in the Mexican Countryside*. Durham: Duke University Press, 2011.

FOSTER, John Bellamy. "Marx's Theory of Metabolic Rift: Classical Foundations for Environmental Sociology", *American Journal of Sociology*, v. 105, n. 2, p. 366-405, 1999.

FOSTER, John Bellamy; CLARK, Brett & YORK, Richard. *The Ecological Rift: Capitalism's War on the Earth*. Nova York: New York University Press, 2011.

FRIEDMAN, Thomas L. *Hot, Flat, and Crowded: Why We Need a Green Revolution — And How It Can Renew America*. Nova York: Farrar, Straus and Giroux, 2008.

FRIEDMANN, Harriet & MCMICHAEL, Philip. "The Rise and Decline of National Agricultures, 1870 to the Present", *Sociologia Ruralis*, v. 29, n. 2, p. 93-117, 1989.

GALAFASSI, Guido. "Conflictos agrarios del Nordeste argentino en la década de los setenta", *Perfiles Latinoamericanos*, v. 13, n. 28, p. 159-84, 2006.

GALEANO, Eduardo. *Open Veins of Latin America: Five Centuries of the Pillage of a Continent*. Trad. Cedric Belfrage. Nova York: Monthly Review Press, 1974. [Ed. bras.: *As veias abertas da América Latina*. Trad. Galeno de Freitas. 27. ed. Rio de Janeiro: Paz e Terra, 1988.]

GALLO, Ezequiel. *La república en ciernes: surgimiento de la vida política y social pampeana, 1850-1930*. Buenos Aires: Siglo Veintiuno, 2013.

GANSON, Barbara. *The Guaraní under Spanish Rule in the Río de la Plata*. Stanford: Stanford University Press, 2003.

GARCÍA CANCLINI, Néstor. *Culturas híbridas: estrategias para entrar y salir de la modernidad*. Cidade do México: Grijalbo, 1990.

GASPARRI, N. Ignacio; GRAU, H. Ricardo & MANGHI, Eduardo. "Carbon Pools and Emissions from Deforestation in Extra-Tropical Forests of Northern Argentina between 1900 and 2005", *Ecosystems*, v. 11, n. 8, p. 1.247-61, 2008.

GAVENTA, John. *Power and Powerlessness: Quiescence and Rebellion in an Appalachian Valley*. Champaign: University of Illinois Press, 1982.

GIARRACCA, Norma & TEUBAL, Miguel (org.). *Actividades extractivas en expansión: ¿Reprimarización de la economía argentina?* Buenos Aires: Antropofagia, 2013.

GIARRACCA, Norma & TEUBAL, Miguel. "Del desarrollo agroindustrial a la expansión del 'agronegocio': el caso argentino". *In*: GIARRACCA, Norma. *Estudios rurales y movimientos sociales: miradas desde el Sur — antología esencial*. Org. Miguel Teubal. Buenos Aires: Clacso, 2017, p. 349-80.

GIBERTI, Horacio C.; SOLARI, Aldo; GERMANI, Gino & EGUILEOR, Jorge A. Ochoa de. *Sociedad, economía y reforma agraria*. Buenos Aires: Libera, 1965.

GILBERT, Natasha. "Case Studies: A Hard Look at GM Crops", *Nature*, v. 497, n. 7.447, p. 24-6, 2013.

GILLAM, Carey. *Whitewash: The Story of a Weed Killer, Cancer, and the Corruption of Science*. Washington: Island Press, 2017.

GILLESPIE, Richard. *Soldiers of Perón: Argentina's Montoneros*. Oxford: Oxford University Press, 1982.

GIVENS, Jennifer; CLARK, Brett & JORGENSON, Andrew K. "Strengthening the Ties between Environmental Sociology and Sociology of Development". *In*: HOOKS, Gregory (org.). *The Sociology of Development Handbook*. Berkeley: University of California Press, 2016, p. 69-94.

GLOVER, Dominic. "The Corporate Shaping of GM Crops as a Technology for the Poor", *Journal of Peasant Studies*, v. 37, n. 1, p. 67-90, 2010.

GOFFMAN, Erving. *The Presentation of Self in Everyday Life*. Nova York: Doubleday, 1959. [Ed. bras.: *A representação do eu na vida cotidiana*. Trad. Maria Célia Santos Raposo. 10. ed. Petrópolis: Vozes, 2002.]

GONZÁLEZ ARZAC, Rodolfo. *¡Adentro! Millonarios, chacareros y perdedores en la nueva Argentina rural*. Buenos Aires: Marea, 2009.

GOODWIN, Jeff & JASPER, James M. (org.). *The Social Movements Reader: Cases and Concepts*. Malden: Blackwell, 2003.

GOODWIN, Jeff; JASPER, James & POLLETTA, Francesca. "Emotional Dimensions of Social Movements". *In*: SNOW, David A.; SOULE, Sarah A.

& KRIESI, Hanspeter (org.). *The Blackwell Companion to Social Movements*. Malden: Blackwell, 2004, p. 413-32.

GORDILLO, Gastón. *Rubble: The Afterlife of Destruction*. Durham: Duke University Press, 2014.

GORDILLO, Gastón. "The Savage Outside of White Argentina". *In*: ALBERTO, Paulina & ELENA, Eduardo (org.). *Rethinking Race in Modern Argentina*. Cambridge: Cambridge University Press, 2016, p. 241-67.

GORDILLO, Gastón & HIRSCH, Silvia. "Indigenous Struggles and Contested Identities in Argentina: Histories of Invisibilization and Reemergence", *Journal of Latin American Anthropology*, v. 8, n. 3, p. 4-30, 2003.

GOULD, Kenneth. "The Sweet Smell of Money: Economic Dependency and Local Environmental Political Mobilization", *Society and Natural Resources*, v. 4, n. 2, p. 133-50, 1991.

GOULD, Kenneth. "Pollution and Perception: Social Visibility and Local Environmental Mobilization", *Qualitative Sociology*, v. 16, n. 2, p. 157-78, 1993.

GOULD, Kenneth; PELLOW, David N. & SCHNAIBERG, Allan. *The Treadmill of Production: Injustice and Unsustainability in the Global Economy*. Boulder: Paradigm, 2008.

GRAMSCI, Antonio. *Selections from the Prison Notebooks of Antonio Gramsci*. Nova York: International, 1971.

GRAS, Carla. "Changing Patterns in Family Farming: The Case of the Pampa Region, Argentina", *Journal of Agrarian Change*, v. 9, n. 3, p. 345-64, 2009.

GRAS, Carla & HERNÁNDEZ, Valeria (org.). *La Argentina rural: de la agricultura familiar a los agronegocios*. Buenos Aires: Biblos, 2009.

GRAS, Carla & HERNÁNDEZ, Valeria. *El agro como negocio: producción, sociedad y territorios en la globalización*. Buenos Aires: Biblos, 2013.

GRAS, Carla & HERNÁNDEZ, Valeria. "Agribusiness and Large-Scale Farming: Capitalist Globalisation in Argentine Agriculture", *Canadian Journal of Development Studies*, v. 35, n. 3, p. 339-57, 2014.

GRAS, Carla & HERNÁNDEZ, Valeria. "Hegemony, Technological Innovation, and Corporate Identities: 50 Years of Agricultural Revolutions in Argentina", *Journal of Agrarian Change*, v. 16, n. 4, p. 675-83, 2016.

GREEN, Duncan. *Silent Revolution: The Rise and Crisis of Market Economics in Latin America*. Nova York: New York University Press, 2003.

GREEN, Duncan & BRANFORD, Sue. *Faces of Latin America*. 4. ed. Nova York: Monthly Review Press, 2012.

GROSSO, Susana & ALBALADEJO, Christophe. "Los ingenieros agrónomos y la 'nueva agricultura': des/reterritorialización de la profesión". *In*: GRAS, Carla & HERNÁNDEZ, Valeria (org.). *La Argentina rural: de la agricultura familiar a los agronegocios*. Buenos Aires: Biblos, 2009, p. 117-34.

GROSSO, Susana; BELLINI, María Eva; QÜESTA, Laura; GUIBERT, Martine; LAUXMANN, Silvia & ROTONDI, Fabiana. "Impactos de los 'pools de siembra' en la estructura social agraria: una aproximación a las transformaciones en los espacios centrales de la provincia de Santa Fe (Argentina)", *Revista de Estudios Regionales y Mercado de Trabajo*, n. 26, p. 115-38, 2010.

GRUGEL, Jean & RIGGIROZZI, Pía. "Post-Neoliberalism in Latin America: Rebuilding and Reclaiming the State after Crisis", *Development and Change*, v. 43, n. 1, p. 1-21, 2012.

GRUPO DE REFLEXIÓN RURAL. *Pueblos fumigados: informe sobre la problemática del uso de plaguicidas en las principales provincias sojeras de la Argentina*. Buenos Aires: Grupo de Reflexión Rural, 2009. Disponível em: https://prensarural.org/spip/IMG/pdf/Pueblos_Fumigados.pdf.

GUDYNAS, Eduardo. "Diez tesis urgentes sobre el nuevo extractivismo: contextos y demandas bajo el progresismo sudamericano actual". *In*: SCHULDT, Jürgen *et al*. *Extractivismo, política y sociedad*. Quito: Centro Andino de Acción Popular/Centro Latino Americano de Ecología Social, 2009.

GUDYNAS, Eduardo. "Debates on Development and Its Alternatives in Latin America: A Brief Heterodox Guide". *In*: LANG, Miriam & MOKRANI, Dunia (org.). *Beyond Development: Alternative Visions from Latin America*. Quito/Amsterdã: Fundación Rosa Luxemburg/Transnational Institute, 2013, p. 15-40.

HABERMAS, Jürgen. *Legitimation Crisis*. Trad. Thomas McCarthy. Boston: Beacon, 1973. [Ed. bras.: *A crise de legitimação no capitalism tardio*. Trad. Vamireh Chacon. Rio de Janeiro: Tempo Brasileiro, 2002.]

HALPERIN DONGHI, Tulio. *Una nación para el desierto argentino*. Buenos Aires: Prometeo, 2010.

HARRISON, Jill Lindsey. *Pesticide Drift and the Pursuit of Environmental Justice*. Cambridge: MIT Press, 2011.

HARVEY, David. *A Brief History of Neoliberalism*. Nova York: Oxford University Press, 2005a. [Ed. bras.: *O neoliberalismo: história e implicações*. Trad. Adail Sobral e Maria Stela Gonçalves. 2. ed. São Paulo: Loyola, 2011.]

HARVEY, David. *The New Imperialism*. Oxford: Oxford University Press, 2005b. [Ed. bras.: *O novo imperalismo*. Trad. Adail Sobral e Maria Stela Gonçalves. 2. ed. São Paulo: Loyola, 2005.]

HASBROUCK, Alfred. "The Conquest of the Desert", *Hispanic American Historical Review*, v. 15, n. 2, p. 195-228, 1935.

HAYES, Tyrone B.; KHOURY, Vicky; NARAYAN, Anne; NAZIR, Mariam; PARK, Andrew; BROWN, Travis; ADAME, Lillian; CHAN, Elton; BUCHHOLZ, Daniel; STUEVE, Theresa & GALLIPEAU, Sherrie. "Atrazine Induces Complete Feminization and Chemical Castration in Male African Clawed Frogs (*Xenopus laevis*)", *PNAS*, v. 107, n. 10, p. 4.612-7, 2010.

HELLER, Chaia. *Food, Farms, and Solidarity: French Farmers Challenge Industrial Agriculture and Genetically Modified Crops*. Durham: Duke University Press, 2013.

HERMAN, Edward S. & CHOMSKY, Noam. *Manufacturing Consent: The Political Economy of the Mass Media*. Nova York: Pantheon, 2002. [Ed. bras.: *A manipulação do público*. São Paulo: Futura, 2003.]

HERNÁNDEZ, Valeria. "La ruralidad globalizada y el paradigma de los agronegocios en las pampas gringas". *In*: GRAS, Carla & HERNÁNDEZ, Valeria. *La Argentina rural: de la agricultura familiar a los agronegocios*. Buenos Aires: Biblos, 2009, p. 39-64.

HORA, Roy. "La crisis del campo del otoño de 2008", *Desarrollo económico*, v. 50, n. 197, p. 81-111, 2010.

HORA, Roy. "La evolución del sector agroexportador argentino en el largo plazo, 1880-2010", *Historia Agraria*, v. 58, p. 145-81, 2012.

HORA, Roy. *¿Cómo pensaron el campo los argentinos? Y cómo pensarlo hoy, cuando ese campo ya no existe*. Buenos Aires: Siglo Veintiuno, 2018.

HOROWITZ, Joel. "Populism and Its Legacies in Argentina". *In*: CONNIFF, Michael (org.). *Populism in Latin America*. Tuscaloosa: University of Alabama Press, 1999, p. 23-47.

HOWARD, Philip H. "AFHVS 2016 Presidential Address: Decoding Diversity in the Food System — Wheat and Bread in North America", *Agriculture and Human Values*, v. 33, n. 4, p. 953-60, 2016.

IARC — INTERNATIONAL AGENCY FOR RESEARCH ON CANCER. "Iarc Monographs Volume 112: Evaluation of Five Organophosphate Insecticides and Herbicides", 20 mar. 2015.

IPCC — INTERGOVERNMENTAL PANEL ON CLIMATE CHANGE. *Climate Change 2014: Synthesis Report. Contribution of Working Groups I, II, and III to the Fifth Assessment Report of the Intergovernmental Panel on Climate Change*. Genebra: IPCC, 2014. Disponível em: https://www.ipcc.ch / report/ar5/syr/.

IPCC — INTERGOVERNMENTAL PANEL ON CLIMATE CHANGE. *Global Warming of 1.5°C: An IPCC Special Report on the Impacts of Global Warming of 1.5°C above Pre-Industrial Levels and Related Global Greenhouse Gas Emissions Pathways, in the Context of Strengthening the Global Response to the Threat of Climate Change, Sustainable Development, and Efforts to Eradicate Poverty*. Cambridge: Cambridge University Press, 2018. Disponível em: https://www.ipcc.ch/sr15/.

IPES-FOOD — INTERNATIONAL PANEL OF EXPERTS ON SUSTAINABLE FOOD SYSTEMS. *Too Big To Feed: Exploring the Impacts of Mega-Mergers, Consolidation and Concentration of Power in the Agri-Food Sector*. Ipes-Food, 2017.

ISAA — INTERNATIONAL SERVICE FOR THE ACQUISITION OF AGRI-BIOTECH APPLICATIONS. *Global Status of Commercialized Biotech/GM Crops in 2017: Biotech Crop Adoption Surges as Economic Benefits Accumulate in 22 Years*. ISAAA Brief n. 53. Ithaca, NY: ISAAA, 2017. Disponível em: https://www.isaaa.org/resources/publications/briefs/53/download/isaaa-brief-53-2017.pdf.

ISAKSON, S. Ryan. "Food and Finance: The Financial Transformation of Agro-Food Supply Chains", *The Journal of Peasant Studies*, v. 41, n. 5, p. 749-75, 2014.

JACOBSEN, Sven-Erik; SØRENSEN, Marten; PEDERSEN, Søren & WEINER, Jacob. "Feeding the World: Genetically Modified Crops versus Agricultural Biodiversity", *Agronomy for Sustainable Development*, v. 33, n. 4, p. 651-62, 2013.

JASPER, James M. "Emotions and Social Movements: Twenty Years of Theory and Research", *Annual Review of Sociology*, v. 37, p. 285-303, 2011.

JORGENSON, Andrew K. "Global Warming and the Neglected Greenhouse Gas: A Cross-National Study of the Social Causes of Methane Emissions Intensity, 1995", *Social Forces*, v. 84, n. 3, p. 1.779-98, 2006.

KAY, Cristóbal. *Latin American Theories of Development and Underdevelopment*. Nova York: Routledge, 1989.

KAY, Cristóbal. "Latin America's Agrarian Reform: Lights and Shadows", *Land Reform*, v. 2, p. 8-31, 1998.

KIM, Ki-Hyun; KABIR, Ehsanul & JAHAN, Shamin Ara. "Exposure to Pesticides and the Associated Human Health Effects", *Science of the Total Environment*, v. 575, p. 525-35, 2017.

KIMMEL, Michael. *The Gendered Society*. Nova York: Oxford University Press, 2013.

KINCHY, Abby. *Seeds, Science, and Struggle: The Global Politics of Transgenic Crops*. Cambridge: MIT Press, 2012.

KLOPPENBURG JR., Jack Ralph. *First the Seed: The Political Economy of Plant Biotechnology*. 2. ed. Madison: University of Wisconsin Press, 2005.

KONEFAL, Jason. "Forces of Social Change". *In*: GOULD, Kenneth A. & LEWIS, Tammy L. (org.). *Ten Lessons in Introductory Sociology*. Oxford: Oxford University Press, 2018, p. 251-86.

KRAUSS, Celene. "Women and Toxic Waste Protests: Race, Class and Gender as Resources of Resistance", *Qualitative Sociology*, v. 16, n. 3, p. 247-62, 1993.

LANE, Kris. *Potosí: The Silver City That Changed the World*. Berkeley: University of California Press, 2019.

LAPEGNA, Pablo. "The Expansion of Transgenic Soybeans and the Killing of Indigenous Peasants in Argentina", *Societies Without Borders*, v. 8, n. 2, p. 291-308, 2013.

LAPEGNA, Pablo. *Soybeans and Power: Genetically Modified Crops, Environmental Politics, and Social Movements in Argentina*. Nova York: Oxford University Press, 2016.

LARRAÍN, Jorge. *Identity and Modernity in Latin America*. Malden: Blackwell, 2000.

LARRAÍN, Jorge. "Modernity and Identity: Cultural Change in Latin America". *In*: GWYNNE, Robert N. & CRISTOBAL, Kay (org.). *Latin America Transformed: Globalization and Modernity*. Nova York: Arnold, 2004, p. 22-38.

LEGUIZAMÓN, Amalia. "Modifying Argentina: GM Soy and Socio-Environmental Change", *Geoforum*, v. 53, p. 149-60, 2014.

LEGUIZAMÓN, Amalia. "Disappearing Nature? Agribusiness, Biotechnology and Distance in Argentine Soybean Production", *The Journal of Peasant Studies*, v. 43, n. 2, p. 313-30, 2016a.

LEGUIZAMÓN, Amalia. "Environmental Injustice in Argentina: Struggles against Genetically Modified Soy", *Journal of Agrarian Change*, v. 16, n. 4, p. 684-92, 2016b.

LEGUIZAMÓN, Amalia. "The Gendered Dimensions of Resource Extractivism in Argentina's Soy Boom", *Latin American Perspectives*, v. 46, n. 2, p. 199-216, 2019.

LEVINE, Adeline. *Love Canal: Science, Politics, and People*. Lexington: Lexington Books, 1982.

LEWIS, Tammy L. *Ecuador's Environmental Revolutions: Ecoimperialists, Ecodependents, and Ecoresisters*. Cambridge: MIT Press, 2016.

LIVINGSTON, Michael; FERNANDEZ-CORNEJO, Jorge; UNGER, Jesse; OSTEEN, Craig; SCHIMMELPFENNIG, David; PARK, Tim & LAMBERT, Dayton. *The Economics of Glyphosate Resistance Management in Corn and Soybean Production*. Economic Research Report n. 184. Rochester: US Department of Agriculture, 2015.

LÓDOLA, Agustín. *Contratistas, cambios tecnológicos y organizacionales en el agro argentino*. Documento de proyecto. Buenos Aires: Cepal, 2008.

LUDMER, Josefina. "The Gaucho Genre". *In*: ECHEVARRÍA, Roberto González & PUPO-WALKER, Enrique (org.). *The Cambridge History of Latin American Literature*, v. 1, *Discovery to Modernism*. Cambridge: Cambridge University Press, 1996, p. 608-31.

LUKES, Steven. *Power: A Radical View*. 2. ed. Nova York: Palgrave Macmillan, 2005.

LUKES, Steven. "Questions about Power: Lessons from the Louisiana Hurricane", *Items — Insights from the Social Sciences*, 11 jun. 2006.

LUNA, Félix. *Breve historia de los argentinos*. Buenos Aires: Planeta, 2005. [Ed. bras.: *Breve história dos argentinos*. Trad. Andrea Cecilia Ramal. Rio de Janeiro: Quartet, 1995.]

LUSTIG, Nora; LOPEZ-CALVA, Luis F; ORTIZ-JUAREZ, Eduardo & MONGA, Célestin. "Deconstructing the Decline in Inequality in Latin America". *In*: BASU, Kaushik & STIGLITZ, Joseph E. (org.). *Inequality and Growth: Patterns and Policy*. Londres: Palgrave Macmillan, 2016, p. 212-47.

LUSTIG, Nora & PESSINO, Carola. "Social Spending and Income Redistribution in Argentina during the 2000s: The Increasing Role of Noncontributory Pensions", *Public Finance Review*, v. 42, n. 3, p. 304-25, 2014.

MACDONALD, James M. & HOPPE, Robert A. "Large Family Farms Continue To Dominate U.S. Agricultural Production", USDA Economic Research Service, 6 mar. 2017.

MAGDOFF, Fred; FOSTER, John Bellamy & BUTTEL, Frederick H. (org.). *Hungry for Profit: The Agribusiness Threat to Farmers, Food, and the Environment*. Nova York: Monthly Review Press, 2000.

MAGDOFF, Fred & TOKAR, Brian. *Agriculture and Food in Crisis: Conflict, Resistance, and Renewal*. Nova York: New York University Press, 2010.

MAGYP — MINISTERIO DE AGRICULTURA, GANADERÍA Y PESCA. *Plan estratégico agroalimentario y agroindustrial participativo y federal 2010-2020*. Buenos Aires: MAGyP, 2010.

MANGONNET, Jorge & MURILLO, M. Victoria. "El *boom* sojero y la protesta fiscal de los productores rurales", *Desarrollo económico*, v. 57, n. 221, p. 165-79, 2017.

MARKOWITZ, Gerald & ROSNER, David. *Deceit and Denial: The Deadly Politics of Industrial Pollution*. Berkeley: University of California Press, 2013.

MARX, Karl. *Capital*, v. 1, *A Critique of Political Economy*. Londres: Penguin Classics, 1990. [Ed. bras.: *O capital: crítica da economia política*, livro I, *O processo de produção do capital*. Trad. Rubens Enderle. São Paulo: Boitempo, 2011.]

MARX, Karl & ENGELS, Friedrich. *Manifesto of the Communist Party*. Moscou: Progress Publishers, 1969. Disponível em: https://www.marxists.org/archive/marx/works/1848/communist-manifesto/index.htm. [Ed. bras.: *Manifesto comunista*. Trad. Álvaro Pina e Ivana Jinkings. São Paulo: Boitempo, 1998.]

MASCARENHAS, Michael. *Where the Waters Divide: Neoliberalism, White Privilege, and Environmental Racism in Canada*. Lanham: Rowman & Littlefield, 2012.

MASON-DEESE, Liz. "Unemployed Workers' Movements and the Territory of Social Reproduction", *Journal of Resistance Studies*, v. 2, n. 2, p. 65-99, 2016.

MASTRINI, Gillermo; BIZBERGE, Ana; BECERRA, Martín; NOAM, Eli & MUTTER, Paul. "Media Ownership and Concentration in Argentina". *In*: NOAM, Eli (org.). *Who Owns the World's Media? Media Concentration and Ownership around the World*. Nova York: Oxford University Press, 2015, p. 575-605.

MAY, Rachel. "Theories and Experiences of Guerrilla Warfare across the Americas". *In*: *Oxford Research Encyclopedia of Latin American History*. Oxford: Oxford University Press, 2019. Disponível em: https://doi.org/10.1093/acrefore/9780199366439.013.688.

MCADAM, Doug. *Political Process and the Development of Black Insurgency, 1930-1970*. Chicago: University of Chicago Press, 1982.

MCCARTHY, John D. & ZALD, Mayer N. "Resource Mobilization and Social Movements: A Partial Theory", *American Journal of Sociology*, v. 82, n. 6, p. 1.212-41, 1977.

MCCHESNEY, Robert Waterman. *Rich Media, Poor Democracy: Communication Politics in Dubious Times*. Nova York: New Press, 2000.

MCMICHAEL, Philip. "A Food Regime Genealogy", *The Journal of Peasant Studies*, v. 36, n. 1, p. 139-69, 2009.

MCMICHAEL, Philip. *Development and Social Change: A Global Perspective*. Newbury Park: Pine Forge, 2012.

MCMICHAEL, Philip. *Food Regimes and Agrarian Questions*. Black Point: Fernwood, 2013.

MEYER, David S. *The Politics of Protest: Social Movements in America*. 2. ed. Nova York: Oxford University Press, 2014.

MILLS, Charles Wright. *The Sociological Imagination*. Nova York: Oxford University Press, 1959.

MOCASE — MOVIMIENTO CAMPESINO DE SANTIAGO DEL ESTERO-VÍA CAMPESINA. *Recorriendo caminos polvorientos: cuadernillo sobre trabajo de base en el Mocase-VC*. Santiago del Estero: Mocase-VC, 2017.

MOHAI, Paul; PELLOW, David & ROBERTS, J. Timmons. "Environmental Justice", *Annual Review of Environment and Resources*, v. 34, n. 1, p. 405-30, 2009.

MONTENEGRO, Celina; GASPARRI, Ignacio; MANGHI, Eduardo; STRADA, Mabel; BONO, Julieta & PARMUCHI, María Gabriela. "Informe sobre deforestación en Argentina", Unidad de Manejo del Sistema de Evaluación Florestal, Secretaría de Ambiente y Desarrollo Sustentable, dez. 2004.

MOONEY, Pat & ETC GROUP. *Blocking the Chain: Industrial Food Chain Concentration, Big Data Platforms and Food Sovereignty Solutions*. Val-David/Berlim: ETC Group/Glocon/Inkota/Rosa-Luxemburg-Stiftung, out. 2018.

MOTTA, Renata. "Social Disputes over GMOs: An Overview", *Sociology Compass*, v. 8, n. 12, p. 1.360-76, 2014.

MOTTA, Renata. *Social Mobilization, Global Capitalism and Struggles over Food: A Comparative Study of Social Movements*. Nova York: Routledge, 2016.

MOTTA, Sara C. "'We Are the Ones We Have Been Waiting For': The Feminization of Resistance in Venezuela", *Latin American Perspectives*, v. 40, n. 4, p. 35-54, 2013.

MOTTA, Sara C. & SEPPÄLÄ, Tiina. "Feminized Resistances", *Journal of Resistance Studies*, v. 2, n. 2, p. 5-32, 2016.

MUMFORD, Lewis. *Technics and Civilization*. Nova York: Harcourt, Brace, 1963. [Ed. port.: *Técnica e civilização*. Trad. Fernanda Barão e Isabel Fernandes. Lisboa: Antígona, 2018.]

MURMIS, Miguel & MURMIS, Maria R. "Land Concentration and Foreign Land Ownership in Argentina in the Context of Global Land Grabbing", *Canadian Journal of Development Studies*, v. 33, n. 4, p. 490-508, 2012.

NAS — NATIONAL ACADEMIES OF SCIENCES, ENGINEERING, AND MEDICINE. *Genetically Engineered Crops: Experiences and Prospects*. Washington: National Academies Press, 2016. Disponível em: https://doi.org/10.17226/23395.

NAVARRO, Marysa. "The Personal Is Political: Las Madres de Plaza de Mayo". *In*: ECKSTEIN, Susan Eva (org.). *Power and Popular Protest: Latin American Social Movements*. Berkeley: University of California Press, 2001, p. 241-58.

NEFFA, Julio César. *Modos de regulación, regímenes de acumulación y sus crisis en Argentina (1880-1996): una contribución a su estudio desde la teoría de la regulación*. Buenos Aires: Eudeba, 1998.

NEWELL, Peter. "Bio-Hegemony: The Political Economy of Agricultural Biotechnology in Argentina", *Journal of Latin American Studies*, v. 41, n. 1, p. 27-57, 2009.

NORGAARD, Kari Marie. *Living in Denial: Climate Change, Emotions, and Everyday Life*. Cambridge: MIT Press, 2011.

NOVARO, Marcos. *Historia de la Argentina, 1955-2010*. Buenos Aires: Siglo Veintiuno, 2010.

O'CONNOR, James. *Natural Causes: Essays in Ecological Marxism*. Nova York: Guilford, 1998.

OLIVEIRA, Gustavo & HECHT, Susanna. "Sacred Groves, Sacrifice Zones and Soy Production: Globalization, Intensification and Neo-Nature in South America", *The Journal of Peasant Studies*, v. 43, n. 2, p. 251-85, 2016.

ORESKES, Naomi & CONWAY, Erik M. *Merchants of Doubt: How a Handful of Scientists Obscured the Truth on Issues from Tobacco Smoke to Climate Change*. Nova York: Bloomsbury, 2011.

ORTNER, Sherry B. "Gender Hegemonies", *Cultural Critique*, v. 14, p. 35-80, 1989.

OTERO, Gerardo. "The Neoliberal Food Regime in Latin America: State, Agribusiness Transnational Corporations and Biotechnology", *Canadian Journal of Development Studies*, v. 33, n. 3, p. 282-94, 2012.

PAGANELLI, Alejandra; GNAZZO, Victoria; ACOSTA, Helena; LÓPEZ, Silvia L. & CARRASCO, Andrés E. "Glyphosate-Based Herbicides Produce Teratogenic Effects on Vertebrates by Impairing Retinoic Acid Signaling", *Chemical Research in Toxicology*, v. 23, n. 10, p. 1.586-95, 2010.

PAIGE, Jeffery. *Agrarian Revolution: Social Movements and Export Agriculture in the Underdeveloped World*. Nova York: Free Press, 1978.

PALACIO, Juan Manuel. *Chacareros pampeanos: una historia social y productiva*. Buenos Aires: Capital Intelectual, 2006.

PAOLASSO, Pablo; KRAPOVICKAS, Julieta & GASPARRI, Néstor Ignacio. "Deforestación, expansión agropecuaria y dinámica demográfica en el Chaco Seco Argentino durante la década de los noventa", *Latin American Research Review*, v. 47, n. 1, p. 35-63, 2012.

PARK, Lisa Sun-Hee & PELLOW, David N. *The Slums of Aspen: Immigrants vs. the Environment in America's Eden*. Nova York: New York University Press, 2013.

PARSONS, Talcott. *The Evolution of Societies*. Englewood Cliffs: Prentice-Hall, 1977.

PATEL, Raj. *Stuffed and Starved: The Hidden Battle for the World Food System*. Brooklyn: Melville House, 2008.

PATEL, Raj. "The Long Green Revolution", *The Journal of Peasant Studies*, v. 40, n. 1, p. 1-63, 2013.

PEET, Richard & HARTWICK, Elaine. *Theories of Development: Contentions, Arguments, Alternatives*. Nova York: Guilford, 2015.

PELLOW, David N. *What Is Critical Environmental Justice?* Cambridge: Polity Press, 2018.

PELLOW, David N. & BREHM, Hollie Nyseth. "An Environmental Sociology for the Twenty-First Century", *Annual Review of Sociology*, v. 39, p. 229-50, 2013.

PELLOW, David N. & BRULLE, Robert J. (org.). *Power, Justice, and the Environment: A Critical Appraisal of the Environmental Justice Movement*. Cambridge: MIT Press, 2005.

PENGUE, Walter A. "Transgenic Crops in Argentina: The Ecological and Social Debt", *Bulletin of Science, Technology and Society*, v. 25, n. 4, p. 314-22, 2005.

PIERRI, José & ABRAMOVSKY, Marcelo. "Legislaciones de patentes de semilla y uso de insumos en la producción de soja en la Argentina y en Estados Unidos, 1990-2006", *Realidad económica*, v. 244, p. 88-117, 2009.

PIGNA, Felipe. *Los mitos de la historia argentina*, v. 2, *De San Martín a "El granero del mundo"*. 2. ed. Buenos Aires: Booket, 2009.

PINKER, Steven. *Enlightenment Now: The Case for Reason, Science, Humanism, and Progress*. Nova York: Viking, 2018.

PINTO, Fábio; MATTOS, Marcos; SILVA, Farley; ROCHA, Silma & ELLIOT, Simon. "The Spread of *Helicoverpa armigera* (Lepidoptera: Noctuidae) and Coexistence with *Helicoverpa zea* in Southeastern Brazil", *Insects*, v. 8, n. 3, p. 87, 2017.

PIOVANO, Pablo E. *The Human Cost of Agrotoxins/El costo humano de los agrotoxicos*. Heidelberg: Kehrer, 2017.

POLLETTA, Francesca & HO, M. Kai. "Frames and Their Consequences". *In*: GOODIN, Robert & TILLY, Charles (org.). *The Oxford Handbook of Contextual Political Analysis*. Oxford: Oxford University Press, 2006, p. 187-209.

PRÉVÔT-SCHAPIRA, Marie-France & VELUT, Sébastien. "El sistema urbano y la metropolización". In: KESSLER, Gabriel (org.). *La sociedad argentina hoy: radiografía de una nueva estructura*. Buenos Aires: Siglo Veintiuno, 2016, p. 61-84.

PULIDO, Laura. "Rethinking Environmental Racism: White Privilege and Urban Development in Southern California", *Annals of the Association of American Geographers*, v. 90, n. 1, 2000, p. 12-40.

QAIM, Matin. "GM Crop Regulation". *In*: QAIM, Matin. *Genetically Modified Crops and Agricultural Development*. Nova York: Palgrave Macmillan, 2016, p. 109-34.

QAIM, Matin & TRAXLER, Greg. "Roundup Ready Soybeans in Argentina: Farm Level and Aggregate Welfare Effects", *Agricultural Economics*, v. 32, n. 1, p. 73-86, 2005.

RAUCHECKER, Markus. "¿Sustentabilidad de qué? Las dimensiones de género en los debates argentinos por la agricultura biotecnológica". *In*: RAUCHECKER, Markus & CHAN, Jennifer (org.). *Sustentabilidad desde abajo: luchas desde el género y la etnicidad*. Berlim/Buenos Aires: Lateinamerika-Institut der Freien Universität Berlin/Clacso, 2016, p. 65-90.

RAUCHECKER, Markus. "La estructura territorial y funcional del orden político como filtro simplificador de problemas políticos: el caso de los agroquímicos en la Argentina". *In*: SANCHÍZ, Alejandro Agudo; SAAVEDRA, Marco Estrada & BRAIG, Marianne (org.). *Estatalidades y soberanías disputadas: la reorganización contemporánea de lo político en América Latina*. Cidade do México: El Colegio de México, 2017, p. 171-203.

RECCHINI DE LATTES, Zulma. "El proceso de urbanización en la Argentina: distribución, crecimiento y algunas características de la población urbana", *Desarrollo Económico*, v. 12, n. 48, p. 867-86, 1973.

REDAF — RED AGROFORESTAL CHACO ARGENTINA. *Conflictos sobre la tenencia de la tierra y ambientales en la región chaqueña Argentina: 3º Informe*. Reconquista: Redaf, 2013.

REDUAS — RED UNIVERSITARIA DE AMBIENTE Y SALUD. "Informe del I Encuentro Nacional de Médicos de Pueblos Fumigados", Facultad de Ciencias Médicas, Universidad Nacional de Córdoba, Córdoba, 27-28 ago. 2010. Disponível em: http://www.reduas.com.ar/informe-encuentro-medicos-pueblos-fumigados/.

REDUAS — RED UNIVERSITARIA DE AMBIENTE Y SALUD. "Plantas de bioetanol a partir de maíz transgénico: como funcionan, como contaminan y sus efectos en la salud", ago. 2013. Disponível em: https://tinyurl.com/yeytbud7.

RESTALL, Matthew & LANE, Kris. *Latin America in Colonial Times*. Cambridge: Cambridge University Press, 2018.

RISMAN, Barbara. "Gender as a Social Structure: Theory Wrestling with Activism", *Gender and Society*, v. 18, n. 4, p. 429-50, 2004.

ROBERTS, J. Timmons & THANOS, Nikki Demetria. *Trouble in Paradise: Globalization and Environmental Crises in Latin America*. Nova York: Routledge, 2003.

ROCK, David. *Argentina, 1516-1987: From Spanish Colonization to Alfonsín*. Berkeley: University of California Press, 1987.

ROSA, Eugene A.; RUDEL, Thomas K.; YORK, Richard; JORGENSON, Andrew K. & DIETZ, Thomas. "The Human (Anthropogenic) Driving

Forces of Global Climate Change". *In*: DUNLAP, Riley E. & BRULLE, Robert J. (org.). *Climate Change and Society: Sociological Perspectives*. Oxford: Oxford University Press, 2015, p. 32-60.

ROSAL, Miguel Ángel. "La exportación de cueros, lana y tasajo a través del puerto de Buenos Aires entre 1835 y 1854", *Anuario de Estudios Americanos*, v. 55, n. 2, p. 565-88, 1998.

ROSATI, Germán. "Patrones espaciales de expansión de la frontera agrícola: la soja en la Argentina (1987-1988/2009-2010)". *In*: GRAS, Carla & HERNÁNDEZ, Valeria Hernández. *El agro como negocio: producción, sociedad y territorios en la globalización*. Buenos Aires: Biblos, 2013, p. 97-122.

ROSCIGNO, Vincent J. "Power, Revisited", *Social Forces*, v. 90, n. 2, p. 349-74, 2011.

RUDEL, Thomas K.; ROBERTS, J. Timmons & CARMIN, JoAnn. "Political Economy of the Environment", *Annual Review of Sociology*, v. 37, p. 221-38, 2011.

RUDERMAN, Luciana; FASOLIS, Betiana Cabrera; DOZZO, Gloria; NOTA, C. & AVILA VAZQUEZ, Medardo. "Análisis de la salud colectiva ambiental de Malvinas Argentinas-Córdoba: una investigación sócio-ambiental y sanitaria a través de técnicas cualitativas y relevamiento epidemiológico cuantitativo", informe, ago. 2012. Disponível em: https://tinyurl.com/yued8kjr.

SABATO, Hilda. *Historia de la Argentina, 1852-1890*. Buenos Aires: Siglo Veintiuno, 2012.

SACHS, Jeffrey D. *The Age of Sustainable Development*. Nova York: Columbia University Press, 2015. [Ed. port.: *A era do desenvolvimento sustentável*. Coimbra: Actual, 2017.]

SAGPYA — SECRETARÍA DE AGRICULTURA, PESCA Y ALIMENTOS. *Plan estratégico 2005-2015 para el desarrollo de la biotecnología agropecuaria*. Buenos Aires: Secretaría de Agricultura, Pesca y Alimentos de la Nación, 2004.

SÁNDEZ, Fernanda. *La Argentina fumigada: agroquímicos, enfermedad y alimentos en un país envenenado*. Buenos Aires: Planeta, 2016.

SANZ-VILLARROYA, Isabel. "The Convergence Process of Argentina with Australia and Canada: 1875-2000", *Explorations in Economic History*, v. 42, n. 3, p. 439-58, 2005.

SARLO, Beatriz. *Una modernidad periférica: Buenos Aires 1920 y 1930*. Buenos Aires: Nueva Visión, 1988.

SARMIENTO, Domingo F. *Facundo: Civilization and Barbarism — The First Complete English Translation*. Trad. Kathleen Ross. Berkeley: University of California Press, 2003. [Ed. bras.: *Facundo, ou civilização e barbárie*. São Paulo: Cosac & Naify, 2010.]

SAUTU, Ruth. "La formación y la actualidad de la clase media argentina". *In*: KESSLER, Gabriel (org.). *La sociedad argentina hoy: radiografía de una nueva estructura*. Buenos Aires: Siglo Veintiuno, 2016, p. 163-83.

SCHIPPERS, Mimi. "Recovering the Feminine Other: Masculinity, Femininity, and Gender Hegemony", *Theory and Society*, v. 36, n. 1, p. 85-102, 2007.

SCHNAIBERG, Allan. *The Environment: From Surplus to Scarcity*. New York: Oxford University Press, 1980.

SCHNAIBERG, Allan & GOULD, Kenneth. *Environment and Society: The Enduring Conflict*. Nova York: St. Martin's, 1994.

SCHNURR, Matthew A. "Can Genetically Modified Crops Help the Poor? Incomplete Answers to a Flawed Question", *Canadian Journal of Development Studies*, v. 38, n. 1, p. 125-28, 2017.

SCHURMAN, Rachel. "Micro(soft) Managing a 'Green Revolution' for Africa: The New Donor Culture and International Agricultural Development", *World Development*, v. 112, p. 180-92, 2018.

SCHURMAN, Rachel & MUNRO, William. "Targeting Capital: A Cultural Economy Approach to Understanding the Efficacy of Two Anti-Genetic Engineering Movements", *American Journal of Sociology*, v. 115, n. 1, p. 155-202, 2009.

SCHURMAN, Rachel & MUNRO, William. *Fighting for the Future of Food: Activists versus Agribusiness in the Struggle over Biotechnology*. Mineápolis: University of Minnesota Press, 2010.

SCHWEBLIN, Samanta. *Fever Dream: A Novel*. Trad. Megan McDowell. Nova York: Riverhead, 2017. [Ed. bras.: *Distância de resgate*. Trad. Ivone Benedetti. Rio de Janeiro: Record, 2016.]

SCOONES, Ian. "Mobilizing against GM Crops in India, South Africa and Brazil", *Journal of Agrarian Change*, v. 8, n. 2-3, p. 315-44, 2008.

SCOTT, James C. *Weapons of the Weak: Everyday Forms of Peasant Resistance*. New Haven: Yale University Press, 1985.

SÉRALINI, Gilles-Éric; CLAIR, Emilie; MESNAGE, Robin; GRESS, Steeve; DEFARGE, Nicolas; MALATESTA, Manuela; HENNEQUIN, Didier & VENDÔMOIS, Joël Spiroux de. "Republished Study: Long-Term Toxicity of a Roundup Herbicide and a Roundup-Tolerant Genetically Modified Maize", *Environmental Sciences Europe*, v. 26, p. 1-17, 2014.

SHIVA, Vandana. *The Violence of the Green Revolution: Third World Agriculture, Ecology, and Politics*. Londres: Zed, 1991.

SHIVA, Vandana. *Stolen Harvest: The Hijacking of the Global Food Supply*. Cambridge: South End Press, 2000.

SHRIVER, Thomas E.; ADAMS, Alison E. & MESSER, Chris M. "Power, Quiescence, and Pollution: The Suppression of Environmental Grievances", *Social Currents*, v. 1, n. 3, p. 275-92, 2014.

SHRIVER, Thomas E.; CABLE, Sherry & KENNEDY, Dennis. "Mining for Conflict and Staking Claims: Contested Illness at the Tar Creek Superfund Site", *Sociological Inquiry*, v. 78, n. 4, p. 558-79, 2008.

SHUMWAY, Nicolas. *The Invention of Argentina*. Berkeley: University of California Press, 1991. [Ed. bras.: *A invenção da Argentina: história de uma ideia*. Trad. Sérgio Bath e Mário Higa. São Paulo: Edusp, 2008.]

SITRIN, Marina. "'If We Can Stop Monsanto, We Can Change the World'", *TeleSUR*, 1º mar. 2015.

SKIDMORE, Thomas & SMITH, Peter H. *Modern Latin America*. 6. ed. Oxford: Oxford University Press, 2005.

SKILL, Karin & GRINBERG, Ezequiel. "Controversias socio-técnicas en torno a las fumigaciones con glifosato en Argentina: una mirada desde la construcción social del riesgo". *In*: MERLINSKY, Gabriela (org.). *Cartografías del conflicto ambiental en Argentina*. Buenos Aires: Fundación Ciccus, 2013, p. 91-117.

SKOCPOL, Theda. "What Makes Peasants Revolutionary?", *Comparative Politics*, v. 14, n. 3, p. 351-75, 1982.

SMITH, Adam M.; SMITH, Martyn T.; LA MERRILL, Michele A.; LIAW, Jane & STEINMAUS, Craig. "2,4-Dichlorophenoxyacetic Acid (2,4-D) and Risk of Non-Hodgkin Lymphoma: A Meta-Analysis Accounting for Exposure Levels", *Annals of Epidemiology*, v. 27, n. 4, p. 281-89. 2017.

SORENSEN, Diana. *Facundo and the Construction of Argentine Culture*. Austin: University of Texas Press, 1996.

STAUBER, John C. & RAMPTON, Sheldon. *Toxic Sludge Is Good for You! Lies, Damn Lies and the Public Relations Industry*. Monroe: Common Courage, 1995.

STOKES, Susan. *Mandates and Democracy: Neoliberalism by Surprise in Latin America*. Cambridge: Cambridge University Press, 2001.

STØLEN, Kristi Anne. *La decencia de la desigualdad: género y poder en el campo argentino*. Buenos Aires: EPICa, 2004.

STØLEN, Kristi Anne. "Agricultural Change in Argentina: Impacts of the Gene Modified Soybean Revolution". *In*: HANSEN, Arve & WETHAL, Ulrikke (org.). *Emerging Economies and Challenges to Sustainability: Theories, Strategies, Local Realities*. Nova York: Routledge, 2015, p. 149-61.

STONE, Glenn Davis. "The Anthropology of Genetically Modified Crops", *Annual Review of Anthropology*, v. 39, p. 381-400, 2010.

STONE, Glenn Davis & GLOVER, Dominic. "Disembedding Grain: Golden Rice, the Green Revolution, and Heirloom Seeds in the Philippines", *Agriculture and Human Values*, v. 34, n. 1, p. 87-102, 2017.

SUNDBERG, Juanita. "Tracing Race: Mapping Environmental Formations in Environmental Justice Research in Latin America". *In*: CARRUTHERS, David V. (org.). *Environmental Justice in Latin America: Problems, Promise, and Practice*. Cambridge: MIT Press, 2008, p. 25-47.

SVAMPA, Maristella. "The End of Kirchnerism", *New Left Review*, n. 53, p. 79-95, 2008.

SZASZ, Andrew. *Shopping Our Way to Safety: How We Changed from Protecting the Environment to Protecting Ourselves*. Mineápolis: University of Minnesota Press, 2007.

TAYLOR, Carl C. *Rural Life in Argentina*. Baton Rouge: Louisiana State University Press, 1948.

TAYLOR, Diana. *Disappearing Acts: Spectacles of Gender and Nationalism in Argentina's "Dirty War"*. Durham: Duke University Press, 1997.

TAYLOR, Dorceta. *The Environment and the People in American Cities, 1600s-1900s: Disorder, Inequality, and Social Change*. Durham: Duke University Press, 2009.

TEUBAL, Miguel. "Expansión del modelo sojero en la Argentina: de la producción de alimentos a los commodities", *Realidad económica*, v. 220, p. 71-96, 2006.

TEUBAL, Miguel. "Genetically Engineered Soybeans and the Crisis of Argentina's Agriculture Model". *In*: OTERO, Gerardo (org.). *Food for the Few: Neoliberal Globalism and Biotechnology in Latin America*. Austin: University of Texas Press, 2008, p. 189-216.

TEUBAL, Miguel. "Agrarian Reform and Social Movements in the Age of Globalization: Latin America at the Dawn of the Twenty-First Century", trad. Mariana Ortega Breña, *Latin American Perspectives*, v. 36, n. 4, p. 9-20, 2009.

TOKAR, Brian (org.). *Redesigning Life? The Worldwide Challenge to Genetic Engineering*. Londres: Zed, 2001.

TOLEDO, Víctor M.; GARRIDO, David & BARRERA-BASSOLS, Narciso. "The Struggle for Life: Socio-Environmental Conflicts in Mexico", trad. Mariana Ortega Breña, *Latin American Perspectives*, v. 42, n. 5, p. 133-47, 2015.

TÖNNIES, Ferdinand. *Community and Society*. Org. e trad. Charles P. Loomis. Nova York: Harper and Row, 1963 [1887].

TORRADO, Marla. "Madres en contra de la soja: planeamiento, salud y resistência en Córdoba, Argentina". *In*: RAUCHECKER, Markus & CHAN, Jennifer (org.). *Sustentabilidad desde abajo: luchas desde el género y la etnicidad*. Berlim/Buenos Aires: Lateinamerika-Institut der Freien Universität Berlin/Clacso, 2016, p. 169-90.

TRIGO, Eduardo J. "Fifteen Years of Genetically Modified Crops in Argentine Agriculture", ArgenBio, nov. 2011.

TRIGO, Eduardo J. & CAP, Eugenio J. "The Impact of the Introduction of Transgenic Crops in Argentinean Agriculture", *AgBioForum*, v. 6, n. 3, p. 87-94, 2003.

TURZI, Mariano. *The Political Economy of Agricultural Booms: Managing Soybean Production in Argentina, Brazil, and Paraguay*. Cham: Palgrave Macmillan, 2017.

USDA — UNITED STATES DEPARTMENT OF AGRICULTURE. "World Agricultural Production", USDA Foreign Agricultural Service, Circular Series WAP-12-17, mar. 2013. Disponível em: https://tinyurl.com/5n6b8fbn.

USDA — UNITED STATES DEPARTMENT OF AGRICULTURE. "Japan's Regulatory System for GE Crops Continues to Improve", USDA Foreign Agricultural Service, 13 jul. 2015. Disponível em: https://tinyurl.com/mr2t6jp4.

USDEF — UNIDAD DE MANEJO DEL SISTEMA DE EVALUACIÓN FORESTAL. *Pérdida de bosque nativo en el norte de Argentina: Diciembre 2007 — Octubre 2008*. Buenos Aires: Secretaría de Ambiente y Desarrollo Sustentable, nov. 2008. Disponível em: https://tinyurl.com/bddn84dx.

VANDEN, Harry E. & PREVOST, Gary. *Politics of Latin America: The Power Game*. Oxford: Oxford University Press, 2014.

VOMMARO, Gabriel & GENÉ, Mariana. "Argentina: el año de Cambiemos", *Revista de Ciencia Política*, v. 37, n. 2, p. 231-54, 2017.

WALSH, Edward; WARLAND, Rex & SMITH, D. Clayton. "Backyards, NIMBYs, and Incinerator Sitings: Implications for Social Movement Theory", *Social Problems*, v. 40, n. 1, p. 25-38, 1993.

WALTER, Mariana & URKIDI, Leire. "Community Consultations: Local Responses to Large-Scale Mining in Latin America". *In*: CASTRO, Fábio de; HOGENBOOM, Barbara & BAUD, Michiel (org.). *Environmental Governance in Latin America*. Londres: Palgrave Macmillan, 2016, p. 287-325.

WALTON, John. "Making the Theoretical Case". *In*: RAGIN, Charles C. & BECKER, Howard Saul (org.). *What Is a Case? Exploring the Foundations of Social Inquiry*. Cambridge: Cambridge University Press, 1992, p. 121-38.

WEBER, Max. *The Protestant Ethic and the Spirit of Capitalism*. Los Angeles: Roxbury, 2001. [Ed. bras.: *A ética protestante e o "espírito" do capitalismo*. Trad. José Marcos Mariani de Macedo. São Paulo: Companhia das Letras, 2004.]

WEDEEN, Lisa. *Ambiguities of Domination: Politics, Rhetoric, and Symbols in Contemporary Syria*. Chicago: University of Chicago Press, 2015.

WICKHAM-CROWLEY, Timothy. *Guerrillas and Revolution in Latin America: A Comparative Study of Insurgents and Regimes since 1956*. Princeton: Princeton University Press, 1992.

WILPERT, Gregory. *Changing Venezuela by Taking Power: The History and Policies of the Chávez Government*. Londres: Verso, 2007.

WOLF, Eric R. *Peasant Wars of the Twentieth Century*. Norman: University of Oklahoma Press, 1999 [1969].

YORK, Richard & GOSSARD, Marcia Hill. "Cross-National Meat and Fish Consumption: Exploring the Effects of Modernization and Ecological Context", *Ecological Economics*, v. 48, n. 3, p. 293-302, 2004.

ZERUBAVEL, Eviatar. *The Elephant in the Room: Silence and Denial in Everyday Life*. Oxford: Oxford University Press, 2006.

Foto: Divulgação

AMALIA LEGUIZAMÓN é doutora em sociologia pelo Graduate Center da Universidade da Cidade de Nova York (CUNY) e professora de sociologia e estudos latino-americanos na Universidade Tulane, em Nova Orleans, Estados Unidos. *Sementes de poder* foi publicado pela primeira vez em inglês pela Duke University Press e traduzido para o espanhol pela Unsam Edita. Em 2022, o livro foi contemplado pelos prêmios Global Development Studies Book Award, da International Studies Association (ISA), e Outstanding Book Award, da seção de sociologia ambiental da American Sociological Association (ASA).

A publicação deste livro recebeu o apoio do Michael and Loryn Kass Endowed Fund e da Escola de Artes Liberais (School of Liberal Arts) da Universidade Tulane.

Título original:
Seeds of Power: Environmental Injustice and Genetically Modified Soybeans in Argentina
Duke University Press, 2020

Primeira edição, agosto de 2023
São Paulo, Brasil

Dados Internacionais de Catalogação na Publicação (CIP)
Angélica Ilacqua CRB-8/7057

Leguizamón, Amalia
Sementes de poder: injustiça ambiental e soja geneticamente modificada na Argentina / Amalia Leguizamón; tradução de Gabriela Moncau. — São Paulo: Elefante, 2023.
288 p.

ISBN 978-85-93115-98-1

1. Engenharia genética vegetal 2. Soja
3. Alimentos — biotecnologia 4. Agricultura — Argentina
I. Título II. Moncau, Gabriela

23-2510 CDD 338.1

Índices para catálogo sistemático:
1. Engenharia genética vegetal

elefante
editoraelefante.com.br
contato@editoraelefante.com.br
fb.com/editoraelefante
@editoraelefante

Aline Tieme [comercial]
Sidney Schunck [mídia]
Leandro Melito [redes]
Samanta Marinho [financeiro]

fontes Rand e Signifier

papéis Cartão 250 g/m² & Pólen natural 70 g/m²

impressão BMF Gráfica